Conversemos juntos

A framework for exercising interpersonal communication

Lourdes Cuellar
Joseph Scott
Elizabeth Zwanziger

Wayside™
PUBLISHING

waysidepublishing.com

Printed in USA

3 4 5 6 7 8 9 10 KP 18

Print Date: 1021

Softcover ISBN 978-1-938026-83-6

ÍNDICE

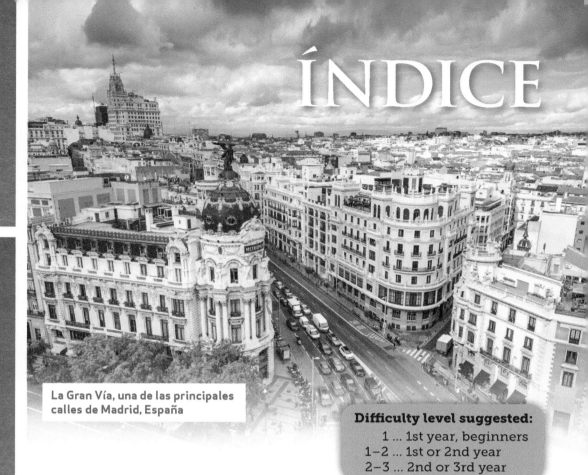

La Gran Vía, una de las principales calles de Madrid, España

Difficulty level suggested:
1 ... 1st year, beginners
1–2 ... 1st or 2nd year
2–3 ... 2nd or 3rd year

Introducción

Capítulo - Nivel de dificultad . . . . *Página*
i Conversación diaria *1* . . . . **xiv**
ii Conversación diaria *1* . . . . **xvi**
iii Conversación diaria *1* . . . . **xviii**
iv Conversación diaria *1* . . . . **xx**

Tema 1 - La gente que nos rodea

1. La amistad *1-2* **4**
2. El amor *2-3* **8**
3. La etiqueta *2-3* **12**
4. La familia *1-2* **16**
5. Los encuentros *1-2* **20**
6. Las fiestas nocturnas *2-3* **24**

Tema 2 - Mi vida

7. Después de los exámenes *2-3* **30**
8. Después de las vacaciones *1-2* **34**
9. Antes de las vacaciones *1-2* **38**
10. Las clases *1-2* **42**
11. La escuela *1-2* **46**
12. La universidad *2-3* **50**

Tema 3 - La vida diaria

Capítulo - Nivel de dificultad . . . . *Página*
13. Las compras *2-3* **56**
14. El otoño *1-2* **60**
15. Las bebidas *2-3* **64**
16. Los números *1-2* **68**
17. Una cena inolvidable *2-3* **72**
18. El verano *1-2* **76**
19. La hora *1-2* **80**
20. El invierno *1-2* **84**
21. El día *1-2* **88**
22. La nieve *1-2* **92**
23. La noche *2-3* **96**
24. La lluvia *1-2* **100**
25. La primavera *1-2* **104**
26. El restaurante *2-3* **108**
27. El fin de semana *2-3* **112**

Tema 4 - La vida es bella

28. El campo *2-3* **118**
29. El cine *1-2* **122**
30. La cocina *2-3* **126**
31. Los juegos de mesa *2-3* **130**
32. El mejor momento *2-3* **134**
33. El pícnic *1-2* **138**
34. La playa *1-2* **142**
35. Las estaciones y las fiestas *1-2* **146**
36. Los deportes *1-2* **150**
37. La televisión *2-3* **154**
38. El teatro *2-3* **158**
39. La ciudad *2-3* **162**
40. Los viajes *1-2* **166**

Tema 5 - Los avances tecnológicos

41. El avión *2-3* **172**
42. El futuro *2-3* **176**
43. Internet *2-3* **180**
44. El celular y la computadora portátil *2-3* **184**

Tema 6 - El mundo complejo

45. Los accidentes *2-3* **190**
46. Las bebidas alcohólicas *2-3* **194**
47. El dinero *2-3* **198**
48. El medio ambiente *2-3* **202**
49. Las profesiones *2-3* **206**
50. La salud *2-3* **210**

Bienvenido a *Conversemos juntos*. Welcome to *Conversemos juntos*.

This book is designed to help you and your classmates learn how to speak Spanish by speaking, thus *Conversemos juntos*, Let's talk together. Together you will learn to communicate with other speakers of Spanish.

There are more than four hundred million Spanish speakers in the world and more than twenty countries in which Spanish is the official language. Español or castellano (designations used interchangeably) is one of the six official languages of the United Nations.

This entire book is a support system for working out loud with peers. There are nearly a thousand questions that one can ask a classmate as well as multiple suggestions for question formation. As the conversation topics change, vocabulary (with English translation) is provided to aid both question comprehension and answer formation.

Every one of the fifty conversational topics includes an invitation to respond in writing to a text message and to an email related to the topic.

Grammar is always presented as a paired activity, which should be repeated with different peers (and at different speeds) until the individuals can perform the grammatical behavior correctly without any support. Grammar topics are not "conversation" but they provide another opportunity to speak and to listen when practiced in paired alternation.

Listings in the back of the book provide access to different conversation topics and to specific points of grammar, all of which are designed for oral work with a peer. Every student is also a teacher when using this book, thus everyone can read "To the student" and "To the teacher" in the following pages.

Pages xiv–xxi at the end of the introduction serve as a beginning guide to how the book works. Students are invited to have *Una conversación diaria* (a daily conversation) with different classmates every day.

Acknowledgements for *Conversemos juntos*

This book exists as the result of years of classroom teaching experience. Joseph Scott taught Romance languages at independent schools (Cranbrook School, Michigan; Middlesex School, Massachusetts) for decades and the conversations and paired activities were developed for and with his students. Elizabeth Zwanziger, who gives courses in teacher education and the use of technology in language instruction at the University of Northern Iowa, attuned his work to the twenty-first century. The vision of our publisher, Gregory Greuel of Wayside Publishing, brought us together for a very rewarding collaboration. We are joined in the creation of *Conversemos juntos* by our co-author (and translator from the French *En Parlant*) Lourdes Cuellar.

We express special thanks to Lourdes Cuellar for her extraordinary attention to detail and for her pursuit of authenticity, to her collaborator Amalia Mayeregger de Acosta, and to all those who have contributed to the work: Laure Bessiere Hallworth who assisted Joseph Scott, our designer Anthony/Saizon Design, our project manager Derrick Alderman, Rivka Levin at Bookwonders for composition, and to the many staff members of Wayside Publishing who contributed to this project: Greg Greuel and Rachel Ross.

We hope you enjoy *Conversemos juntos* as much as we enjoyed creating a unique resource for students of Spanish.

To the student

Conversemos juntos is a conversational support system, which presents you with an opportunity to communicate on a wide variety of topics.

The "essential questions" that appear at the beginning of each theme are designed as overarching key inquiries within the theme. They are meant as a springboard for class discussion and as a way to provoke thinking about the topics at hand. The essential questions may be used before starting to work on a theme, anytime during the theme, or a as way to wrap up a theme.

Each one of the fifty conversational topics can stand alone, according to the needs of the class. The alphabetical index of topic titles at the back of the book provides a guide to individual conversations.

Conversations are loosely grouped under the headings of six themes, which may serve as curricular units or simply as variations in preparation.

To use *Conversemos juntos* effectively students must be able to read questions to each other with an easily comprehensible conversational quality. Everyone must work to attain and maintain pronunciation at an acceptable level, clear and comprehensible. Less experienced students will rely heavily upon each question, both visually and auditorily, to form a full sentence answer by rearranging the elements of the question and supplying a single piece of information.

With experience and familiarity students outgrow the need for visual support and rely on more developed listening and speaking skills. At more advanced levels students use the questions as a departure point for original or personal observations or additional inquiry. In short, every student will look at the question until the respondent can dispense with such support. The questions are the same no matter what the skill level of the student; progress is measured in the quantity and quality of the response.

The recycling portion of each conversation reuses the exact questions that precede it. Here students are asked to reconstruct a directive, given in the third person, in order to formulate the appropriate question in the second person. Students are performing variations in the interpersonal mode of communication and must be able to perform the mental gymnastics necessary to make this transformation. In *Reciclaje,* three students (as opposed to paired grouping) can work together in the following roles: 1. Reading instructions. 2. Following instructions to form a question. 3. Answering the question. These roles can also be recycled among the students in the group. Success for the group depends upon equally significant participation of all parties and serves as a variation on the paired work that comprises the vast majority of *Conversemos juntos.*

The text message writing activity is placed in the first half of each chapter, asking the student to participate in interpersonal communication in written form about the conversation topic. Text messages are brief and to the point, providing a maximum of information with a minimum of characters or sentences.

Vocabulary has been selected as appropriate to topic; therefore there is no distinction between "beginning" and "advanced" vocabulary. Students should be familiar with all interrogative forms in order to recognize what is asked for in each question and to be able to form "follow-up" questions. (See *Hagan Uds. sus propias preguntas* in the Introduction.)

Las pirámides de Teotihuacán, antigua ciudad maya, México

Facing each page of questions is a vocabulary section divided into three columns. Words found in the questions on the left are listed in the first column (under *comprensión*) immediately to the right of the questions in which they occur. The second column (*sugerencias*) lists vocabulary which may be appropriate in an answer, depending on the respondent's needs. Each word is listed with its minimal English equivalent and is identified by part of speech. The third empty column (*otras posibilidades*) is intended to receive vocabulary of the individual or of the class. Note that the second column is based on the authors' teaching experience and is in no sense complete. Every individual will have directions or observations, which he or she wishes to pursue or relate.

Note that there may be more than one way to convey a message given the many cultural variations of the many Spanish speaking countries. Synonyms in common use are included. Additional discoveries from class, from dictionaries and from native speakers may be written under "*otras posibilidades.*"

Spanish vocabulary is followed immediately by commonly used abbreviations indicating the part of speech, thus indicating the grammatical "behavior" of the word. For all language students, a sound knowledge of the parts of speech is essential. Abbreviations: (**v.**) verb, (**n.m.**) masculine noun, (**n.f.**) feminine noun, (**adj.**) adjective (the feminine form is given only if it is different from the masculine form plus "a"), (**pron.**) pronoun, (**adv.**) adverb, (**prep.**) preposition, (**conj.**) conjunction, (**int.**) interjection. Combinations of words are usually identified by (**exp.**) which indicates an expression combining different parts of speech.

The grammar of the questions is determined as appropriate to topic. The vast majority of the questions are in the present tense. Questions about the future will use that tense and the preterite occurs naturally in questions about the past. The grammar is functional in that it serves the communicative needs appropriate to a given subject. The grammatical behavior presented on every right hand page under *Gramática oral* has its own page of explanation in this introduction.

The email writing activity occurs in the second half of each chapter. As is the case with the text message activity, students are prompted to participate in written interpersonal communication on the conversation topic. Emails are likely to be longer than text messages, so the students can express themselves in this short writing activity with a wider vocabulary in more sentences. Both the text message and email are invitations for students to actually use their digital devices to practice Spanish outside of class.

Conversemos juntos attempts to provide all the elements necessary for two students to rehearse and to develop conversational competence with minimal supervision. Multiple rehearsals with a variety of peers will enable the individual student to discard the elements of the support system, first the vocabulary page as the vocabulary is learned, second the visual reference to the questions and finally the book itself. The book is intended to help you continue language learning and language use with the confidence that comes from repetition and more repetition. Neither the book nor your teacher will be present as you pursue further Spanish conversation with those outside your classroom.

To the teacher

Conversemos juntos is intended for students of any age who are capable of working together in pairs. There are fifty different conversations. The answers of all class members provide variations on the topic to every other member. The teacher's answers provide another variation and the teacher participates as half of a pair if the class has an odd number of students. Ideally, everyone in the classroom practices conversational competence simultaneously.

The conversations in *Conversemos juntos* lend themselves to random access. One can choose a specific topic for the reason of the moment, because it is raining (*La lluvia*), because it is Friday (*El fin de semana*), because a class outing is planned (*La excursión*), or to provide a variation on and reinforcement of another part of the course. Fitting the conversation to the moment gives additional context for vocabulary learning.

Each page in the book includes references to different Spanish speaking countries around the world (not related to the conversation topic) through pictures or more subtly through text messages, phone numbers and emails, as well as email address suffixes from specific countries, selected randomly. The authors wish to emphasize the diversity within the common language, to encourage student curiosity and to demonstrate different forms of address.

To begin - a class must understand clearly the task at hand: to provide full sentence answers to each question in conversational Spanish. (Note that the "correct" answer often varies with the individual.) Initially a member (or members) of the class might read the questions to the teacher (the opposite of more traditional procedures) and the teacher can demonstrate full sentence answers.

For a time working in pairs requires close supervision and regular "public" performances to achieve the desired level of competence. The quality of the work improves if each student realizes that the private conversation is a rehearsal for public presentation. Before long a working mode and a level of competence are established and the entire class can work independently. As with any classroom task, too little time in which to finish is preferred to too much time in which students lose interest.

The time available for the task will determine the number of variations performed on a single topic. The following ideas invite you to explore and to add:

Student A asks Student B all the questions. B gives **full sentence answers**. (Reverse roles, change partners.)

Student A asks Student B all the questions. B gives **minimum significant answers**. (Change roles, partners, speed.)

Repeat the above **without** allowing the respondent to see the **questions**. (one book for two students) Language laboratories, telephones, cell phones all allow student to talk to each other without seeing each other – or the questions.

Each student **writes** (usually outside of class) full sentence answers to each question, **writes a composition**, which includes answers to the questions, **writes on the topic** including some answers to the questions using vocabulary provided.

Each student **telephones** (or texts) another student outside of class to rehearse questions and answers yet again.

Each student makes an **oral presentation** (with a strict time limit: 60–90 seconds) on the topic including as many answers as possible, with or without questions in hand.

Oral presentations and written work can be graded, of course, along with vocabulary quizzes based on the vocabulary provided with each conversation topic. Individual teachers will make grading decisions appropriate to their classes.

Just as the teacher encourages students to use independence and choice wisely in pursuit of conversational competence, so also the authors encourage teachers to choose topics appropriately and often from *Conversemos juntos.*

This is your book and you should know...

You will learn to speak Spanish confidently and competently by doing just that... speaking Spanish. The best way to learn is face to face with another person. The strongest stimulus in learning a language is the undivided attention of another individual.

Conversemos juntos presents you with many kinds of material for paired oral work and the opportunity to control the pace of this work as you work with other students. You should expect to work with your teacher, of course, and with every other member of your class as well. Speaking with people of your own age is essential to learning to use Spanish for communication in your life outside a classroom.

Conversemos juntos assumes both your ability and desire to work with other students. It is in your interest to be as helpful and informative to other language learners as you hope they will be to you. You will be preparing yourself to perform in conversation with any Spanish speaker, and the seriousness of your preparation will determine the success of your learning.

Working together for a given period of time permits the greatest amount of active participation for every individual in the class. You are protected from "exposure" by the noise of other conversations, but you have the responsibility to speak clearly and listen actively. As a speaker you can engage a listener's attention by your effort and interest in communication. As a listener you can notice errors of which the speaker is unaware and help the speaker by working to find mutually satisfactory communication. You are both working to satisfy your teacher as well as yourselves.

Be aware, in control, and proud of your progress. Be specific about what you don't know or don't understand. Communicate why and how (if ever) you are lost. As soon as you can do this in a language, you will have some choice as to what happens to you; and that is what communication is all about.

Put your feelings, your consideration, and your imagination into your conversations, as well as your knowledge. Work at a sensible rate, interesting and understandable. The topic of the day may seem irrelevant, but it represents one more step along the way to the ultimate goal: **to be able to say what you want to say**. Take advantage of all opportunities to practice communication.

Conversemos juntos exists because students are imaginative, lively, original and interesting people, each with unique perceptions, experiences and points of view. Discover your classmates as you prepare to discover other people who speak Spanish. Language is a valuable tool, but the goal is to communicate with other people.

The grammar in this book invites you to over-learn orally how Spanish behaves. The questions and vocabulary in the book invite you to find the ideas, which come to your classroom every day. By working with your classmates you will be rehearsing constantly correct language behavior in your travels to find those ideas. *¡Buen viaje!*

Acerca de la gente

¿Quién habla?

¿A quién ve él/ella?

¿Con quién habla él/ella?

Sobre las cosas

¿Qué ocurre?/¿Qué pasa?/¿Qué sucede?

¿Qué dice él/ella?

¿Qué dices tú?

¿Con qué hace uno?

¿Cómo se dice...?

Con palabras interrogativas

¿Qué es un asterisco?

¿Qué es eso?

¿A qué hora termina la clase?

¿De qué color es?

¿Cuántos años tienes?

¿Cómo se llaman ellos/ellas?

¿Cuál es tu color favorito?

¿Con qué mano escribes?

¿Qué flor(es) prefieres?

¿Qué mes(es) te gusta(n)?

Hola, soy yo, _____. (¿Aló?) ¿Quién habla?

¿Está mi amigo(a) _____ ahí?

¿Está _____ en la casa?

Llamo para hablar con _____.

Me gustaría hablar en español con _____

Muchas gracias. Adiós.

Perdón. Por favor. Disculpe.

¿Cómo? ¿Qué? (¿Eh?)

Gracias. Muchas gracias. Mil gracias.

Yo se lo agradezco.

Yo te lo agradezco.

Soy yo el/la que le/te agradece.

De nada. No hay de qué. No es nada.

About people

Who is speaking? (Who talks?)

Whom does he/she see?

To whom is he/she talking? (does he talk?)

About things

What is happening?

What does he/she say? (is he/she saying?)

What are you saying? (do you say?)

With what does one do it?

How do you say...?

With question words

What is an asterisk? (*)

What is that?

At what time does class end?

What color is it?

How old are you?

What are their names?

What is your favorite color?

With which hand do you write?

What flower(s) do you prefer?

What month(s)s do you like?

Hello, it's me, _____ Who's on the phone?

Is my friend _____ there?

Is _____ home?

I'm calling to talk with _____.

I would like to speak in Spanish with _____.

Thank you very much. Goodbye.

Pardon. Please. Excuse me.

How? What? (Huh?)

Thanks. Thanks a lot. Thanks a million.

I thank you for it. (Ud. - respectful)

I thank you for it. (tú - casual)

It is I who thank you.

You're welcome. There is no need. It's nothing.

An introduction to Gramática oral

Gramática oral presents a single aspect of Spanish language behavior organized in such a way that two students effectively teach it to each other by alternating in reciting the listed elements. The simplest example: the seven days of the week. Repetition in alternation (suggested by **bold** and plain type) continues until the behavior can be reproduced independently by an individual, with the book closed.

Learning is reinforced by alternating repetition, for the speaker learns to think what a partner is going to say while repeating the pattern. Thinking and speaking rapidly align in small doses such that eventually thinking and speaking are one and the same; this is both the practice and the goal of *Conversemos juntos*. Speaking enough Spanish eventually internalizes grammatical rules so that speaking is no longer impeded by thinking of a rule and its application before making a statement.

Small icons suggest patterns for repetition of the topic presented in *Gramática oral*. Arrows indicate the direction to proceed, usually top to bottom and left to right, rarely in all directions. Two heads indicate that the pattern can be reviewed randomly using the pronoun diagram ("personas pequeñas") found inside the covers of the book. A question mark suggests that the grammar can be reviewed in question and answer form (?) just the way students review for a quiz on the pattern. (For example: Given the masculine adjective, what is the feminine form?) A clock face and subscript icon challenges the individual student to demonstrate independent mastery against the clock and to record the number of seconds required to reproduce the pattern with the book closed.

The authors decided it was impossible to pretend to match grammar topics to conversations but that it was important that grammar topics be always present as students work together. The index in the back of the book identifies specific presentational patterns, which will facilitate grammatical learning. The goals of *Gramática oral* and a traditional explicative grammar are the same: that the student understand what is grammatically correct. *Gramática oral* goes further in creating patterns, which the student will understand and be able to *speak* with grammatical correctness as well.

Patterns and paired work by their repetitive nature lend themselves to the development of speed in production. In a very limited way each presentation allows a student to develop - and to help a peer develop - competence and confidence in expression. Each mastery of a discrete grammatical behavior is a step towards conversational proficiency. The mastery of enough grammatical behavior results in the ability to speak the language without hesitation and without unspoken internal grammatical review, just as one speaks one's native tongue.

Getting started...

The authors suggest that classwork begin with the final eight pages of this introduction, with *Conversación diaria* and *Conversación acera de la conversación*. It is useful to develop a sound working style in the classroom such that every student is engaged simultaneously in paired work in the same conversation and that every student has the opportunity to work with a number of other students. At first, periods of total class engagement will be brief, followed by individual presentations.

Gramática oral is best limited to the first four examples in these introductory pages and to working exclusively on them to develop full class participation, and to develop learning the materials presented in paired alternating repetition. When all the individuals in the class know the days of the week, know the months of the year, can recite the alphabet and count to twenty-five and have mastered the basic questions on page viii – and all of the above with acceptable pronunciation and facility – then one may choose the next *Gramática oral* and venture on to a new *Conversación*.

One can repeat *Conversación diara* on a daily basis as a warm-up activity until it becomes a routine performed without opening the book. The behavior presented - and learned - in *Gramática oral* should be reproducible at any time by any student when called upon. As with most learning tasks, it is better to learn a little very, very well than to attempt too much all at once.

Physical cues for rapid practice for use in paired work

Repetition is essential to language learning. Repetition can be slow and dull and unsatisfactory and unsuccessful ... or it can be rapid and entertaining. Language learners are more than capable of entertaining each other with simple gestures, which call for an oral response. Working in pairs one student can make gestures as the other student responds. As both seek mastery, roles should be reversed often.

A very simple example in Spanish involves the affirmative, negative, interrogative and negative interrogative of the present tense. (or any tense with any subject)

Two hands forward, palms up	Nosotros hablamos.
Two hands forward, cross wrists	¿Hablamos (nosotros)?
Two hands forward, close fists	(Nosotros) no hablamos.
Two hands forward, closed fists crossed	¿No hablamos (nosotros)?

(In Spanish, intonation of the response is more important than the use of the subject.)

Paired practice is usually more effective than extensive explanation in establishing the concepts involved and much more effective in creating oral facility.

In the races, which these activities naturally provoke, the mouth of one student tries to keep up with the hands of the other. In these races the mouth always loses and the brain always wins. Note that the gestures can be referred to long after drilling in order to recapture language behavior.

Pointing with a purpose: Inside each cover of *Conversemos juntos* one finds "personas pequeñas", a diagram giving a visual form to a simple gesture. The organization comes from the natural use of subject pronouns. **Yo** – *point to chest*, **tú** – *point forward (one finger)*, **él** – *point to side (either side)*, **ella** – *point to (other) side*, **nosotros** – *point to chest with two hands*, **vosotros** – *point forward with two hands*, **ellos** – *point to side (where "él" is) with two hands*, **ellas** – *point to other side with two hands*.

For Spanish gestures students have come up with the following ideas: **usted** – one hand forward, **ustedes** – two hands forward (fingers together, no pointing), **nosotros** and **vosotros** – point with palms down, **nosotras** and **vosotras** – point with palms up (inside wrist up).

On paper the little people are organized in the "I-you" vertical axis and the "he-she" horizontal axis. This is the same organization as that of the gestures above. The gesturer is the center; the student responding says what the gesturer is saying with hands.

For absolute clarity here is the "key" to the final page diagram with subject pronouns.

	ustedes	you	**vosotros / vosotras**	
	usted		**tú**	
	(formal – with hat)			
they / **ellos**	he / **él**	I / **yo**	she / **ella**	they / **ellas**
		we / **nosotros**		
		nosotras		
(objects) they / **ellos**	it / **él**		it / **ella**	they / **ellas**

In grammar presentations students are expected to learn both the "vosotros" (most common in Spain) and the "ustedes" (more common in Latin America) forms of address. Note also that the pronoun "vos" will be used in place of "tú" in texts or emails from countries where that use is common: in Argentina, Paraguay and Uruguay.

Note that the diagram is repeated in effect when one points to oneself, ahead and back, left and right. On a page the diagram is clear both to the student giving the cue (touching the figure) and to the student seeing the cue and then speaking. Speed and random access provide enough entertainment to support active learning. One student learns aurally, the other orally, and both learn physically.

A full physical response reinforces learning when each student stands and steps according to the placement of the little people (one foot = singular, two feet = plural). This activity continues a drill and at the same time provides relief from too long a time in a sitting position.

Students who are learning Spanish accept (1) verb repetition in a list on a board or a projection screen with the infinitive plus 12 subjects: yo, tú, él, ella, usted, nosotros, nosotras, vosotros, vosotras, ellos, ellas, ustedes (=13 for odd-numbered alternation in paired work), (2) gestural cueing with a partner while seated, (3) pointed cuing using the little people and (4) stepping and speaking (on the little people, as it were) as four different activities. They are thereby, in effect, overlearning for effortless reproduction in meaningful settings.

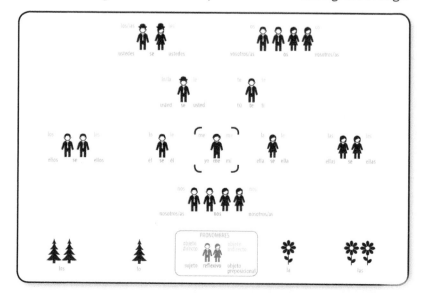

Presenting nouns by gesture:

In Spanish the presentation of the noun (using articles and adjectives) indicates gender and number and provides other information as well. Using gestures to reinforce meaning associated with a noun provides familiarity and flexibility difficult to obtain otherwise. Consider the following simple variations and all they have to teach.

one finger up	un café	una tarta
two fingers up	dos cafés	dos tartas
three fingers up (etc.)	tres cafés	tres tartas
one finger down	el café	la tarta
two fingers down (etc.)	los cafés	las tartas
closed fist	ningún café	ninguna tarta
one finger down, touch	este café	esta tarta
two fingers down, touch	estos cafés	estas tartas
finger(s) circle (all)	todo un café, todo el café	toda una tarta, toda la tarta
	todos los cafés	todas las tartas
	todo este café	toda esta tarta
	todos estos cafés	todas estas tartas
finger and thumb rub	café	tarta
	(¿café? ¡no!)	(¿tarta? ¡no!)
fingers up, wiggle	unos cafés	unas tartas
palm(s) up to side	¿qué café(s)?	¿qué tarta(s)?
palm(s) on cheek	¡qué café(s)!	¡qué tarta(s)!
knuckle on surface	este	esta
knuckles on surface	estos	estas
Awareness of the little people gives easy access to possessive adjectives	mi café, tu café	mi tarta, tu tarta…

Consider also using difficult or unfamiliar nouns to improve pronunciation and to establish familiarity and immediate recall.

un corazón, un pescado, un hispanoamericano

una corrida, una ventana, una puertorriqueña

Parque Güell, obra de Antoni
Gaudí, Barcelona, España

Gestures for comparatives and superlatives:

One hand out, palm up	Él/ella es una persona amable.
Two hands out, palms up	Él/ella es una persona tan amable como yo.
Two fists out	Él/ella no es una persona tan amable como yo.
One hand out, other hand up	Él/ella es más amable que yo.
One hand out, other hand down	Él/ella es menos amable que yo.
One hand way up	Él/ella es el/la más amable de toda la clase.
One hand way down	Él/ella es el/la menos amable de toda la clase.

To set up further drilling as above: two for comparison (*él, ella*), a group (*la escuela*), an adjective (*inteligente*) and a verb (*ser*).

Explore grammar with gestures:

Students who are familiar with drilling techniques using physical cues can be remarkably inventive in creating gestures to drill a point of grammar – a fist on a desk to be "**la montaña**" in drilling prepositions, two hands in different positions to indicate different sentences with "**si ... entonces**" (if ... then), pointing to indicate tenses (*down* = **presente**, *one finger ahead* = "**ir a ...**", *one finger back* = "**acabar de ...**", *one finger way forward* = **futuro**, *one finger over shoulder* = **pretérito**). Mastery of the language through cueing by gesture allows these same gestures to be used for emphasis and expressiveness (and perhaps as reminders of grammar) while conversations continue.

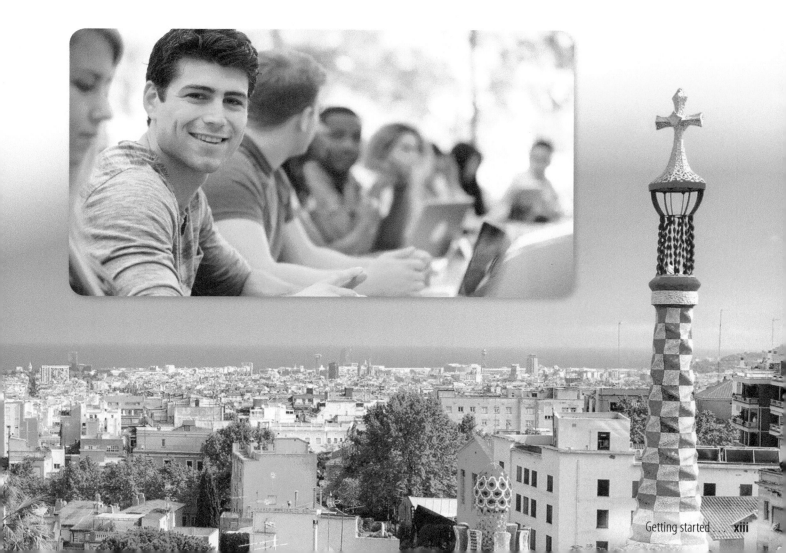

Preguntas para hacer a otro/otra compañero/compañera *(conversación entre dos)*

1. Buenos días.
2. ¿Qué tal?
2. ¿Cómo estás?
2. ¿Cómo andas?
2. ¿Cómo te va?
3. ¿En qué día de la semana estamos?
3. ¿Qué día de la semana es hoy?
4. ¿Cuál es la fecha?
4. ¿Cuál es la fecha de hoy?
4. ¿Qué fecha es hoy?
4. ¿En qué fecha estamos?
4. ¿Qué día es hoy?
5. ¿Qué tiempo hace?
5. ¿Cómo está el tiempo hoy?
5. ¿Cómo está el clima de hoy?
6. ¿Estás preparado/preparada?
6. ¿Estás listo/lista?
7. ¿Adónde vas a ir/irás después de la clase?
7. ¿Qué haces luego/después del curso?
7. ¿Adónde vas luego/después del curso?

Reciclaje *(para hablar con otro/otra alumno/alumna)*

1. Dile "buenos días" a la persona con quien hablas, a tu compañero/compañera.
2. Pregunta a tu compañero o compañera qué tal/cómo está/cómo anda/cómo le va.
3. Hazle una pregunta para saber en qué día de la semana estamos/qué día de la semana es hoy.
4. Quisieras saber cuál es la fecha de hoy/qué día es hoy. Elabora la pregunta.
5. Pregúntale qué tiempo hace/cómo está el tiempo hoy/cómo está el clima de hoy.
6. Averigua si él/ella está preparado/preparada/listo/lista.
7. Deseas saber adónde va a ir/irá él/ella después/luego de la clase/del curso. Formula la pregunta.

El mensaje de texto de hoy

Margarita (57) 4331 8759

¿Qué tal? ¿Cómo te va en la escuela? ¡Cuéntame!

Respuesta:

_____

_____

_____

_____

_____

Plaza Botero en Medellín, Colombia

Vocabulario: Conversación diaria

Comprensión

Buenos días./ Buen día. (exp.) Hello. Good morning. Greeting also used any time of day during daylight.

el día (n.m.) day

la semana (n.f.) week

hoy (adv.) today

qué (adv.) what

¿Cómo estás? How are you?

¿Qué tal?/¿Cómo andas?/ ¿Cómo te va? How are you doing?/How are things going?

¿Qué tiempo hace?/¿Cómo está el tiempo hoy?/¿Cómo está el clima de hoy? What's the weather like today?

vas a ir (v. ir, futuro próximo) you are going to go

irás (v. ir, futuro) you will go

adónde (adv.) where

después/luego (adv.) after

Sugerencias

Buenos días./ Buen día. (exp.) Hello. Good morning. Greeting also used any time of day during daylight.

Hola. Hello./Hi.

domingo, lunes, martes, miércoles, jueves, viernes, sábado

Hace buen tiempo./El tiempo está lindo. The weather is nice.

Hace mal tiempo./El tiempo está feo. The weather is bad.

Hace sol./Hay sol./Está soleado. It's sunny.

Llueve. (v. llover) It is raining.

Nieva. (v. nevar) It snows.

a la clase de _____ (exp.) to _____ class

a practicar deportes (n.m.pl.) to sports practice

a la práctica de <u>fútbol</u> (exp.) to <u>soccer</u> practice

a la cantina/cafetería (exp.) to the cafeteria

a la biblioteca (exp.) to the library

al receso/recreo (exp.) to recess, to the break

Otras posibilidades

_____

_____

_____

_____

_____

_____

_____

_____

_____

_____

_____

_____

_____

_____

_____

_____

_____

Gramática oral _____

Los días y los meses. 7 días	_Alternar la lectura con otra persona para aprender el vocabulario._ 13 elementos para alternar

lunes
martes
miércoles
jueves
viernes
sábado
domingo

Los meses del año

enero	**julio**
febrero	agosto
marzo	**septiembre**
abril	octubre
mayo	**noviembre**
junio	diciembre

Conversación entre dos

1. ¿Está tu profesor o profesora de buen humor o de mal humor en este momento?
2. ¿Dormiste bien?
3. ¿Qué hora es? (más común)
3. ¿Qué horas son? (más coloquial)
3. ¿Qué hora tiene Ud. por favor? (más respetuoso en algunos países de Latinoamérica)
3. ¿Me podría Ud. decir la hora por favor)? (otra forma de preguntar de manera respetuosa en algunos países de Latinoamérica)
4. ¿A qué hora te has acostado anoche?
4. ¿A que hora te fuiste a la cama anoche?
5. ¿A qué hora te has levantado hoy?
6. ¿Quién fue la primera persona con quien hablaste esta mañana?
7. ¿Qué desayunaste hoy?
7. ¿Qué comiste en el desayuno?
8. ¿Qué has bebido/tomado?

Reciclaje

1. Pregunta a tu compañero/compañera si el profesor o la profesora está de buen humor o de mal humor en este momento.
2. Quisieras saber si él/ella ha dormido bien.
3. Pregúntale qué hora es.
4. Averigua a qué hora se ha acostado anoche.
5. Te gustaría saber a qué hora se ha levantado hoy tu compañero/a.
6. Quieres saber quién fue la primera persona con quien él/ella habló esta mañana. Formula la pregunta.
7. Deseas saber qué desayunó tu compañero/a hoy/qué ha comido él/ella en el desayuno. Hazle la pregunta.
8. Pregúntale qué ha bebido/tomado él/ella para el desayuno.

El correo electrónico de hoy

Mensaje recibido

| De: | oscar@conversemosjuntos.co |
| Para: | tú@conversemosjuntos.co |

¡Hola! ¿Cómo te ha ido en el día? ¿Qué has hecho esta mañana?

Respuesta

| De: | tú@conversemosjuntos.co |
| Para: | oscar@conversemosjuntos.co |

Respuesta:

_____

_____

_____

_____

_____

_____

Vocabulario: Conversación diaria

Comprensión

el/la profesor(a) (n.m./f.) teacher

de buen humor (exp.) in a good mood

de mal humor (exp.) in a bad mood

el humor (n.m.) mood

dormido (v. dormir, participio) slept

bien (adv.) well

qué (pron. inter.) what

la hora (n.f.) hour, time

te has acostado (v. acostarse) you have gone to bed, have slept (yo me acuesto, nosotros nos acostamos)

te has levantado (v. levantarse) you have gotten up (yo me levanto, nosotros nos levantamos)

habló (v. hablar, pretérito) he/she spoke (yo hablo, nosotros hablamos)

la primera (adj.) first

esta (adj.) this

la mañana (n.f.) morning

desayunar (v.) to have breakfast

el desayuno (n.m.) breakfast

comido (v. comer, participio) eaten (yo como, tú comes)

bebido/tomado (v. beber, participio) drank

Sugerencias

Yo dormí/he dormido bien. I slept well.

Yo dormí/he dormido mal. I slept badly.

Es la una. It's one o'clock.

Son las diez horas. It's ten o'clock.

Son las diez horas y diez minutos. It's ten ten.

diez horas y media (exp.) 10:30

diez horas y cuarto (exp.) 10:15

diez horas menos cuarto (exp.) 9:45

nueve horas y cuarenta y cinco (exp.) 9:45

Yo me acosté/me fui a la cama. I went to bed.

Yo me levanté. I got up.

a las seis y veinte (exp.) at 6:20

Yo hablé con _____. I spoke with _____.

los cereales (n.f.pl.) cereal

los huevos (n.m.pl.) eggs

el pan (n.m.) bread

una medialuna (n.f.) a croissant

el pan tostado con mermelada (n.m.) toasted bread with jelly/jam

el alfajor (n.m.) traditional pastry made with flour, coconut and filled with *dulce de leche* (caramel)

el jugo de naranja (n.m.) orange juice

el café con leche (n.m.) latte, coffee with milk

la manteca/mantequilla (n.f.) butter

Otras posibilidades

_____

_____

_____

_____

_____

_____

_____

_____

_____

_____

_____

_____

_____

_____

_____

_____

_____

_____

_____

_____

_____

_____

_____

Gramática oral _____

El abecedario/El alfabeto 29 letras
Alternar con un/a compañero/a

a	**(a)**	j	**(jota)**	r	**(ere/erre)**
b	(be)(be larga)	k	(ka)	s	(ese)
c	**(ce)**	l	**(ele)**	t	**(te)**
ch	(che)	ll	(elle)	u	(u)
d	**(de)**	m	**(eme)**	v	**(ve)(uve)(ve corta)(ve baja)**
e	(e)	n	(ene)	w	(ve doble) (doble ve)(uve doble)
f	**(efe)**	ñ	**(eñe)**	x	**(equis)**
g	(ge)	o	(o)	y	(y griega)(ye)
h	**(hache)**	p	**(pe)**	z	**(zeta)**
i	(i)	q	(cu)		*rr (erre doble) – no es una letra independiente*

Conversación entre dos

1. ¿Por qué está Ud. aquí? (muestra de respeto en algunos países latinoamericanos)
1. ¿Por qué estás tú aquí? (trato más amistoso y familiar)
1. ¿Por qué estás vos aquí? (trato amistoso y familiar en algunos países latinoamericanos)
2. ¿Qué ropa llevas?
3. ¿Qué joyas u otros accesorios llevas?
4. ¿Qué es eso? (en referencia al objeto indicado)
5. ¿Qué has hecho anoche? / ¿Qué hiciste anoche?
6. ¿Qué harás esta noche? / ¿Qué vas a hacer esta noche?
7. ¿Cuántos alumnos hay en la clase hoy?
8. ¿Quién está ausente hoy?
9. ¿Cuántas clases tienes hoy?   *(Ahora hazme tú estas preguntas por favor.)*

Reciclaje

1. Pregúntale a tu compañero/a por qué él/ella está aquí.
2. Deseas saber qué ropa lleva él/ella.
3. Quisieras saber qué joyas u otros accesorios lleva él/ella. Pregúntale.
4. Pregúntale qué es eso por el objeto que él/ella indica.
5. Averigua qué ha hecho/hizo él/ella anoche. Formula la pregunta.
6. Te gustaría saber qué hará/va a hacer él/ella esta noche. Hazle la pregunta.
7. Pregúntale cuántos alumnos hay en la clase hoy.
8. Pídele que pregunte quién está ausente hoy.
9. Pregúntale cuántas clases tiene él/ella hoy.

Catedral y Cabildo de Córdoba, Argentina

El mensaje de texto de hoy

De: Soledad (54) 3519 6208
¿Cómo te va el curso de español hasta ahora?
Respuesta:

_____

_____

_____

_____

_____

Vocabulario: Conversación diaria

Comprensión

tú eres/vos sos (v. ser) you are (yo soy, nosotros somos)

por qué (adv.) why

aquí (adv.) here

qué (adv.) what

la ropa (n.f.) clothes

las joyas (n.f.pl.) jewerly

los accesorios (n.m.pl.) accessories

¿Qué es eso? (exp.) what is that?

harás/vas a hacer (v. hacer, futuro/ futuro próximo) you will do, you are going to do

hiciste/has hecho (v. hacer, pretérito/ presente perfecto) you did, you have done

anoche (adv.) last night

la noche (n.f.) night

esta (adj.) this

cuántos (adj.) how many

un(a) alumno(a) (n.m./f.) student

en (prep.) in

hoy (adv.) today

Sugerencias

Para aprender español (exp.) to learn Spanish

Yo soy un(a) alumno(a) de esta escuela. I am a student in this school.

la camisa (n.f.) shirt

el pantalón (n.m.) pants

la falda/pollera (n.f.) skirt

el jersey/suéter (n.m.) sweater

el vestido (n.m.) dress

los zapatos/calzados (n.m.pl.) shoes

los calcetines (n.m.pl.) socks

las medias (n.f.pl.) socks

un saco/abrigo (n.m.) a coat, jacket

una chaqueta (n.f.) a jacket, coat

una corbata (n.f.) a tie

un collar (n.f.) a necklace

un aro/arete/pendiente (n.m.) an earring

un anillo (n.f.) a ring

un brazalete (n.m.) a bracelet

una pulsera (n.f.) a bracelet

un reloj (n.m.) a watch

Yo he estudiado/estudié. I have studied./I studied.

Yo trabajé con la computadora/ con el ordenador. I worked with the computer.

Yo voy a prepararme para _____. I am going to prepare myself for _____.

Voy a divertirme. I am going to have fun.

Tengo cinco clases. I have five classes.

Otras posibilidades

_____

_____

_____

_____

_____

_____

_____

_____

_____

_____

_____

_____

_____

_____

_____

_____

_____

_____

_____

_____

_____

_____

_____

_____

Gramática oral ⬇

Pronunciación de las vocales. *Alternar con otra persona.*

a	e	i	o	u
Ana	me	**y**	no	**tú**
papá	**te**	difícil	**yo**	uva
mamá	se	**mi**	solo	**mucho**
banana	**Elena**	si	**Antonio**	usar
Clara	Pepe	**Misisipi**	olor	**Raúl**
hasta	**Teresa**	Cristina	**dos**	Perú
Panamá	leche	**así**	toco	**universal**
Juana	**el**	Lili	**como**	Susana
mañana	elegante	**Vivi**	loco	**Unamuno**

Conversación sobre el tema de la conversación: (página de preparación)

Conversación entre dos

1. Buenos días, ¿me escuchas/oyes bien?
2. ¿La voz de quién escuchas claramente además de la mía?
3. ¿Te parece que hablo muy bajo o muy fuerte? ¿Puedes entender lo que digo cuando toda la clase está hablando?
4. ¿Te gusta hablar español? ¿Por qué?
5. ¿Es difícil para ti conversar en español?
6. ¿Prefieres hablar con un(a) profesor(a) o con un(a) compañero(a) de clase? ¿Por qué?
7. Cuando hablas con un(a) compañero(a), ¿prefieres hablar con un chico o con una chica? ¿Por qué?
8. ¿Estás cansado(a) de responder a estas preguntas? ¿Son estas preguntas fáciles o difíciles para ti?
9. Para mejorar nuestras habilidades con el español, hazme tú estas preguntas ahora.

Reciclaje

1. Pregunta a tu compañero/a si ella/él puede escucharte. (Antes de eso salúdalo(a) diciendo "Buenos días".)
2. Quisieras saber la voz de quién escucha él/ella claramente además de la tuya. Pregúntale.
3. Pregúntale si a él/ella le parece que tú hablas muy bajo o muy fuerte y si él/ella puede entender lo que dices cuando toda la clase está hablando.
4. Quisieras saber si a él/ella le gusta hablar español. Hazle la pregunta.
5. Pregúntale si conversar en español es difícil para él/ella.
6. Averigua si él/ella prefiere hablar con un(a) profesor(a) o con un(a) compañero(a) y por qué.
7. Pregúntale si cuando él/ella habla con un(a) compañero(a) prefiere hablar con un chico o con una chica.
8. Pregúntale si él/ella está cansado(a) de responder a estas preguntas y si estas preguntas son fáciles o difíciles para él/ella.
9. Para mejorar sus habilidades con el español, dile que ahora te pida a ti que tú le hagas estas preguntas a él/ella.

El correo electrónico de hoy

Mensaje recibido

| De: | guillermo@conversemosjuntos.ar |
| Para: | tú@conversemosjuntos.ar |

Por favor contame los detalles de tu día escolar.

-Tu amigo argentino,

Guillermo.

Respuesta

| De: | tú@conversemosjuntos.ar |
| Para: | guillermo@conversemosjuntos.ar |

Respuesta:

_____

_____

_____

_____

_____

_____

Vocabulario: Conversación diaria

Comprensión

escuchar (v.) to hear, listen

oír (v.) to hear, listen

qué (pron.inter.) what

la voz (n.f.) voice

otro (adj.) other

claramente (adv.) clearly

muy (adv.) very, too

bajo (adj./adv.) low

fuerte (adj./adv.) loud

puedes (v. poder) can you (yo puedo, nosotros podemos)

entender (v.) understand

toda la clase (exp.) the whole/entire class

preferir (v.) to prefer (yo prefiero, nosotros preferimos)

¿Por qué? (exp.) Why?

cuando habla (exp.) when he/she talks

un chico (n.m.) a boy

una chica (n.f.) a girl

cansado(a) (n.m./f.) tired

responder (v.) to answer (yo respondo, nosotros respondemos)

fácil (adj.) easy

difícil (adj.) difficult

mejorar (v.) to improve

hacer una pregunta (exp.) to ask a question

ahora (adv.) now

Sugerencias

Yo te escucho bien. I hear you well.

Yo no te escucho bien. I don't hear you well.

A mí me gusta _____. I like _____.

A mí me encanta _____. I love_____.

Yo odio _____. I hate _____.

A mí no me gusta _____. I don't like _____.

más (adv.) more

inteligente (adj.) intelligent

agradable (adj.) pleasant

claro (adj.) clear

más claro (exp.) clearer

más útil (exp.) more useful

más fácil de entender (exp.) easier to understand

menos paciente (exp.) less patient

más impaciente (exp.) more impatient

Otras posibilidades

_____

_____

_____

_____

_____

_____

_____

_____

_____

_____

_____

_____

_____

_____

_____

_____

_____

_____

_____

_____

_____

_____

_____

_____

Gramática oral

 _____

Los números 1–25 *Contar alternando con otra persona.*

1	uno	**10**	**diez**	19	diecinueve
2	**dos**	11	once	**20**	**veinte**
3	tres	**12**	**doce**	21	veintiuno
4	**cuatro**	13	trece	**22**	**veintidós**
5	cinco	**14**	**catorce**	23	veintitrés
6	**seis**	15	quince	**24**	**veinticuatro**
7	siete	**16**	**dieciséis**	25	veinticinco
8	**ocho**	17	diecisiete		*repetir o continuar*
9	nueve	**18**	**dieciocho**		*hasta el infínito ;-)*

nombre de pila
novio
cita
fiesta
grupo
matrimonio
presentar
papá
novio
amigo
mamá
los dos
extrañar
mascota
nombre
besar
novio
apellido
amor a primera vista
estrechar las manos
amiga
familia
encuentro
ambos
echar de menos
la vida sentimental
confiar
cortesía
abrazar
hermano
gustar
compañero
compañera
atraer
hermana
gente
conocido
descortés
encontrarse
íntimo
gesto
gentil
enamorado
agradar

Plaza de Isabel II
(Plaza de la Ópera)
en Madrid, España

LA GENTE QUE NOS RODEA

PREGUNTAS ESENCIALES

1. ¿Quiénes son las personas más importantes en tu vida?

2. ¿Cómo expresas tu amor hacia alguien?

3. ¿Cuáles son las reglas de etiqueta en los Estados Unidos y en otros países?

4. ¿Cuán de importante es tu familia en tu vida?

5. ¿Cómo prefieres pasar el tiempo con tus amigos?

6. ¿Qué te gusta hacer en una fiesta?

La amistad *(conversación entre dos)*

1. ¿Son importantes para ti los amigos?
2. ¿Tus mejores amigos son muchachos/chicos o muchachas/chicas?
3. ¿Tienes un mejor amigo o una mejor amiga? ¿Asiste esa persona a la misma escuela que tú?
4. ¿Qué haces con tu mejor amigo(a) que no haces con otros amigos?
5. ¿Con qué frecuencia hablas con tus amigos? ¿De qué hablan ustedes?
6. Durante la semana, ¿a quién telefoneas/llamas por teléfono?
7. ¿A quién le mandas mensajes de texto o correos electrónicos? ¿Escribes cartas?
8. ¿En qué momento son tus amigos más importantes para ti?
9. ¿Adónde vas con tus amigos?

Reciclaje

1. Pregunta a tu compañero/a si los amigos son importantes para él/ella.
2. Te gustaría saber si sus mejores amigos son muchachos/chicos o muchachas/chicas. Hazle la pregunta.
3. Tienes ganas de saber si él/ella tiene un mejor amigo o una mejor amiga y si esa persona asiste a la misma escuela que él/ella. Elabora dos preguntas.
4. Averigua qué hace él/ella con su mejor amigo(a) que no hace con otros amigos.
5. Pregúntale con qué frecuencia habla él/ella con sus amigos y de qué hablan ellos/ellas.
6. Quisieras saber a quién telefonea/llama por teléfono él/ella durante la semana. Hazle la pregunta.
7. Pregúntale a quién le manda él/ella mensajes de texto o correos electrónicos y si escribe cartas.
8. Te gustaría saber en qué momento son sus amigos más importantes para él/ella. Pregúntale.
9. Deseas saber adónde va él/ella con sus amigos. Formula la pregunta.

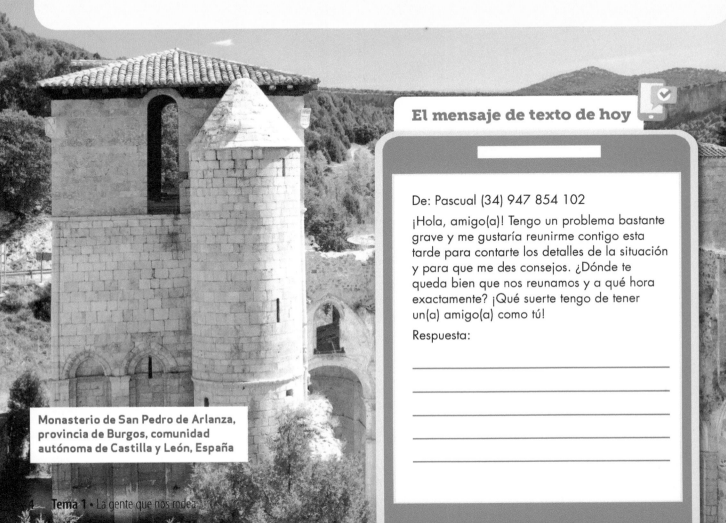

Monasterio de San Pedro de Arlanza, provincia de Burgos, comunidad autónoma de Castilla y León, España

El mensaje de texto de hoy

De: Pascual (34) 947 854 102

¡Hola, amigo(a)! Tengo un problema bastante grave y me gustaría reunirme contigo esta tarde para contarte los detalles de la situación y para que me des consejos. ¿Dónde te queda bien que nos reunamos y a qué hora exactamente? ¡Qué suerte tengo de tener un(a) amigo(a) como tú!

Respuesta:

_____

_____

_____

_____

_____

Vocabulario: La amistad

Comprensión

mejor (adj.) best

muchachos/chicos (n.m. pl.) boys

muchachas/chicas (n.f. pl.) girls

asistir (v.) to attend

hacer (v.) to do (hago, hacemos)

¿qué? (pron.) what?

telefonear (v.) to call on the phone, to phone

llamar por teléfono (exp.) to call on the phone

escribir (v.) to write

ir (v.) to go (voy, vamos)

conocer (v.) to know, meet (conozco, conocemos)

poder (v.) to be able to (puedo, podemos)

los mensajes de texto (n.m.pl.) text messages

los correos electrónicos (n.m.pl.) e-mail messages

bastante (adj./adv.) enough, quite

grave (adj.) serious, important

Sugerencias

ambos/ambas (pron.) both (los dos, las dos)

tanto los chicos como las chicas (exp.) both boys and girls

durante (prep.) during

salir (v.) to go out

ir al cine (v.) to go to the movies

hacerle una visita (exp.) to pay a visit to him/her

una dificultad (n.f.) a problem

la felicidad (n.f.) happiness

una desgracia (n.f.) a misfortune

la amistad (n.f.) friendship

tener buena suerte (exp.) to be lucky

hablar sinceramente/francamente (exp.) to speak sincerely, openly

con sinceridad (adv.) with sincerity, with honesty

Otras posibilidades

_____

_____

_____

_____

_____

_____

_____

_____

_____

_____

_____

_____

_____

_____

_____

_____

_____

Gramática oral

Pronunciación y velocidad – lo más rápido posible ;-)

ba-be-bi-bo-bu	la-le-li-lo-lu	**ra-re-ri-ro-ru**
cha-che-chi-cho-chu	**ma-me-mi-mo-mu**	sa-se-si-so-su
da-de-di-do-du	na-ne-ni-no-nu	**ta-te-ti-to-tu**
fa-fe-fi-fo-fu	**¡ña-ñe-ñi-ño-ñu!**	va-ve-vi-vo-vu
ja-je-ji-jo-ju	pa-pe-pi-po-pu	**za-ze-zi-zo-zu**

(y también bu-bo-bi-be-ba…)

¡Hola guapo! ¿Dónde estás?

¡Hola maja! Estoy saliendo del instituto. Voy para allá.

La amistad *(conversación entre dos)*

1. ¿Tienes amigos que se burlan de ti o que te insultan?
2. ¿Confías más en un muchacho o en una muchacha para compartir tus secretos más íntimos?
3. ¿Tienes amigos adultos o mayores que tú?
4. ¿Tienes un amigo o una amiga fuera de la escuela a quien extrañas durante el día escolar?
5. ¿Tienes un(a) amigo(a) que vive lejos de tu casa? ¿Con qué frecuencia se ven?
6. ¿Pueden tus padres ser también tus amigos?
7. ¿Consideras amigos a todos tus conocidos o sólo a los amigos con quienes compartes más de tu vida?
8. ¿Sería posible que tú llegaras a ser mi amigo(a)?
9. Te doy las gracias por haberme hablado de tus amigos. ¡Hazme estas preguntas, por favor!

Reciclaje

1. Pregunta a tu compañero/a si tiene amigos que se burlan de él/ella o que le insultan.
2. Deseas saber si él/ella confía más en un muchacho o en una muchacha para compartir sus secretos más íntimos. Elabora la pregunta.
3. Averigua si él/ella tiene amigos adultos o mayores que él/ella.
4. Pregúntale si él/ella tiene un amigo o una amiga fuera de la escuela a quien él/ella extraña durante el día escolar.
5. Te gustaría saber si él/ella tiene un(a) amigo(a) que vive lejos de su casa y con qué frecuencia se ven. Formula dos preguntas.
6. Deseas saber si sus padres pueden ser también sus amigos. Hazle la pregunta.
7. Quisieras saber si él/ella considera amigos a todos sus conocidos o sólo a los amigos con quienes él/ella comparte más de su vida. Pregúntale.
8. Te gustaría saber si sería posible que él/ella llegara a ser tu amigo(a). Formula la pregunta.
9. Agradécele a tu compañero/a por haberte hablado de sus amigos. Además pídele que por favor él/ella te haga todas estas preguntas.

El correo electrónico de hoy

Mensaje recibido

Respuesta

De:	celeste@conversemosjuntos.es
Para:	tú@conversemosjuntos.es

¡Hola, amigo(a) mío! Gracias por haberme invitado a tu casa ayer de tarde. Como me acabo de mudar no conozco a mucha gente. ¿Tienes algunos amigos a quienes podrías presentarme? ¿Qué hacéis vosotros las tardecitas y los fines de semana? ¿Viven tus amigos cerca de tu casa? Tengo ganas de conocer a otras personas que viven en esta ciudad. Espero con ansias tu respuesta. :)

De:	tú@conversemosjuntos.es
Para:	celeste@conversemosjuntos.es

Respuesta:

_____

_____

_____

_____

_____

_____

Vocabulario: La amistad

Comprensión

burlarse de (v.) to make fun of

insultar (v.) to insult

compartir (v.) to share

confiar (v.) to trust

fuera (adv.) out, outside

extrañar (v.) to miss

lejos (adv.) far

padres (n.m.pl.) parents

un conocido (n.m.) an acquaintance

una conocida (n.f.) an acquaintance

íntimo (adj.) close

sería posible que llegaras a ser mi amigo(a) (exp.) would it be possible that you would become my friend

llegar a ser (v.) to become

dar(le) las gracias a alguien (exp.) to thank someone

agradecer (v.) to thank

Se lo agradezco. (exp.) I am grateful to you. (a more respectful treatment - Ud.)

Te lo agradezco. (exp.) I am grateful to you. (a friendlier treatment - tú)

hacer una pregunta (exp.) to ask a question

Sugerencias

en la casa de un(a) amigo(a) (exp.) at/in a friend's house

en la casa de (+ persona) (exp.) at/in the home of

al centro (exp.) into town, downtown

Al que más extraño es a _____. = I miss _____.the most.

Otras posibilidades

_____
_____
_____
_____
_____
_____
_____
_____
_____
_____
_____
_____
_____
_____
_____
_____
_____
_____

Gramática oral

Los números ordinales

primero	**el primer libro**	**la primera avenida**
segundo	el segundo libro	la segunda avenida
tercero	**el tercer libro**	**la tercera avenida**
cuarto	el cuarto libro	la cuarta avenida
quinto	**el quinto libro**	**la quinta avenida**
sexto	el sexto libro	la sexta avenida
séptimo	**el séptimo libro**	**la séptima avenida**
octavo	el octavo libro	la octava avenida
noveno	**el noveno libro**	**la novena avenida**
décimo	el décimo libro	la décima avenida
undécimo	**el undécimo libro**	**la undécima avenida**
duodécimo	el duodécimo libro	la duodécima avenida
decimotercero	**el decimotercer libro**	**la decimotercera avenida**
Atención:	los primer<u>os</u> días	las primer<u>as</u> bailarinas

El amor *(conversación entre dos)*

1. ¿Estás enamorado(a)? ¿De quién estás enamorado(a)?
2. ¿Con quién hablas de tu novio(a)?
3. ¿Le dijiste a tu amigo(a) que lo/la quieres?
4. ¿Te quiere también a ti esta persona?
5. ¿Por qué te gusta esta persona?
6. ¿De qué color son los ojos y los cabellos de la persona que te gusta?
7. ¿Sabes cuál es su pasatiempo favorito? ¿Cuál es su plato preferido?
8. ¿De qué hablas con esta persona? ¿Cómo te comunicas más con él/ella: por cartas o por teléfono?
9. ¿Qué les gusta hacer juntos? ¿Cuándo ves a esta persona?

Reciclaje

1. Pregunta a tu compañero/a si él/ella está enamorado(a) y de quién está enamorado(a).
2. Quisieras saber con quién habla él/ella de su novio(a). Pregúntale.
3. Te gustaría saber si él/ella le dijo a su amigo(a) que lo/la quiere. Hazle la pregunta.
4. Pregúntale si esta persona también lo/la quiere.
5. Deseas saber por qué le gusta esta persona. Formula la pregunta.
6. Tienes ganas de saber de qué color son los ojos y los cabellos de la persona que le gusta. Formula la pregunta.
7. Averigua si él/ella sabe cuál es su pasatiempo favorito y cuál es su plato preferido.
8. En forma de pregunta, pídele que te explique de qué habla con esta persona y cómo se comunica más con él/ella: por cartas o por teléfono. Elabora dos preguntas.
9. Tienes la curiosidad de saber qué les gusta hacer juntos y cuándo ve a esta persona. Hazle dos preguntas.

Querétaro, México

El mensaje de texto de hoy

De: Julia (52) 442 859 1338

¿Qué tal? ¿Te gustaría salir conmigo este fin de semana? Cuéntame cuáles son tus pasatiempos preferidos. ¿Qué es lo que más te gusta comer? Bueno, sabes que te quiero mucho, ¿no?

Respuesta:

_____

_____

_____

_____

_____

_____

Vocabulario: El amor

Comprensión

estar enamorado de (exp.) to be in love with

un novio (n.m.) a boyfriend

una novia (n.f.) a girlfriend

gustar (v.) to please, like

¿Por qué te gusta esta persona? = Why do you like this person?

Me gusta (él/ ella). (He/she) pleases me. I like him/her.

sus ojos (n.m.pl.) his/her eyes

sus cabellos (n.m.pl.) his/her hair

su pelo (n.m.) his/her hair

el pasatiempo (n.m.) pastime

el plato (n.m.) dish, food

le (pron.) to him, to her

escribir (v.) to write

Sugerencias

mis padres (exp.) my parents

un amigo (n.m.) a male friend

una amiga (n.f.) a female friend

inteligente (adj.) smart

guapo/lindo (adj.) good-looking (for a boy)

guapa/linda/hermosa/bonita (adj.) good-looking, beautiful (for a girl)

ingenioso (adj.) witty, clever

agradable/simpático (adj.) pleasant, nice

feliz (adj.) happy

contento/alegre (adj.) happy, cheerful

vivo (adj.) lively

ojos marrones/pardos/de color café (adj.) brown eyes

castaño (adj.) chestnut brown (for hair)

pelirrojo (adj.) red-haired

rubio (adj.) blond

los deportes (n.m.pl.) sports

la lectura (n.f.) reading

la música (n.f.) music

la pizza (n.f.) pizza

el helado (n.m.) ice cream

el bistec (n.m.) steak

el pollo (n.m.) chicken

Otras posibilidades

_____

_____

_____

_____

_____

_____

_____

_____

_____

_____

_____

_____

_____

_____

_____

_____

_____

_____

_____

Gramática oral ⬇

El acento prosódico (pronunciación) y el acento ortográfico

Terminación en "n", "s" o vocal	Terminación en otra letra	El acento prosódico indicado por el acento ortográfico		
clases	español	**café**	cómodo	**médico**
como	fa**vor**	aquí	**diálogo**	máquina
repitan	ar**roz**	**González**	diversión	**león**
his**to**ria	se**ñor**	inglés	**escándalo**	informática
buenos	us**ted**	**lápiz**	trágico	**irlandés**
ele**fan**te	**preli**mi**nar**	adiós	**interrupción**	suéter
raqueta	liberta**dor**	**relación**	semáforo	**función**
restau**ran**te	**general**	próximo	**máquina**	estrés
literatura	enferme**dad**	**nilón**	simpático	**egoísta**
do**min**go	**adicional**	cómico	**pretérito**	dólar
pregunta	cali**dad**	**capítulo**	monarquía	**música**

El amor (conversación entre dos)

1. ¿Te gustan los amigos de tu novio(a)? ¿Te agradan tanto sus amigos como sus amigas?
2. ¿Es esta persona siempre amable contigo? ¿Siempre?
3. ¿Qué hace esta persona para hacerte feliz? ¿Cómo es él/ella?
4. ¿Puede esta persona ponerte celoso(a)?
5. ¿Adónde te gusta ir con esta persona?
6. ¿Cuándo está de buen humor esta persona? ¿Y de mal humor?
7. ¿Piensas que vas a querer a esta persona mucho tiempo?
8. ¿Cuál es la mejor cualidad de la persona a quien quieres?
9. ¿Crees en el amor a primera vista?

Reciclaje

1. Pregunta a tu compañero/a si le gustan los amigos de su novio(a) y si le agradan tanto los amigos de su novio(a) como sus amigas.
2. Quisieras saber si esta persona es siempre amable con él/ella. Pregúntale.
3. Averigua qué hace esta persona para hacerle feliz y cómo es él/ella.
4. Te gustaría saber si esta persona puede ponerle celoso(a). Hazle la pregunta.
5. Deseas saber adónde le gusta ir con esta persona. Elabora la pregunta.
6. Averigua cuándo está de buen humor esta persona y cuándo está de mal humor.
7. Pregúntale si él/ella piensa que va a querer a esta persona mucho tiempo.
8. Te gustaría saber cuál es la mejor cualidad de la persona a quien él/ella quiere. Formula la pregunta.
9. Pregúntale si él/ella cree en el amor a primera vista.

El correo electrónico de hoy

Mensaje recibido

Respuesta

| De: | vicente@conversemosjuntos.mx |
| Para: | tú@conversemosjuntos.mx |

¡Buenos días! Tengo que revelarte un secreto...¡estoy enamorado! Tú conoces a la chica, pero quiero que adivines quién es. Hazme algunas preguntas a ver si adivinas. Si no adivinas después de cuatro preguntas te digo quién es.

| De: | tú@conversemosjuntos.mx |
| Para: | vicente@conversemosjuntos.mx |

Respuesta:

_____

_____

_____

_____

_____

_____

Vocabulario: El amor

Comprensión

amable (adj.) nice, kind
adónde (adv.) where
hacer (v.) to make
feliz (adj.) happy
celoso (adj.) jealous
tener celos (exp.) to be jealous
de buen/mal humor (exp.) in a good/bad mood
la cualidad (n.f.) quality
mejor (adj.) best
amor a primera vista (exp.) love at first sight
desear (v.) ta wish, desire
adivinar (v.) to guess

Sugerencias

simpático (adj.) nice
antipático (adj.) not nice
malhumorado (adj.) grumpy
quejumbroso (adj.) cranky, whiny
optimista (adj.) optimistic
la personalidad (n.f.) personality
el encanto (n.m.) charm
el intelecto (n.m.) intellect
la inteligencia (n.f.) intelligence
la amabilidad (n.f.) kindness
la belleza (n.f.) beauty
el ingenio (n.m.) wit
el entusiasmo (n.m.) enthusiasm
la bondad (n.f.) goodness
buena suerte (n.f.) good luck
la vida sentimental (exp.) one's love life

Otras posibilidades

_____
_____
_____
_____
_____
_____
_____
_____
_____
_____
_____
_____
_____
_____

Gramática oral ?

Pronombres indefinidos

Forma afirmativa	Forma negativa
sí	**no**
alguien	nadie
algo	**nada**
algún	ningún
alguno	**ninguno**
algunos	ninguno
alguna	**ninguna**
algunas	ninguna
también	**tampoco**
siempre	nunca
o...o...	ni...ni...

La etiqueta *(conversación entre dos)*

1. ¿Qué significa la etiqueta/los modales? ¿Cuál es el otro significado de la palabra "etiqueta"?
2. ¿Por qué es bueno ser una persona cortés/amable/cordial? ¿Cómo ayuda en la vida comportarse educadamente?
3. ¿Quién en tu familia es la persona más preocupada por los buenos modales?
4. ¿Qué haces cuando un(a) amigo(a) tuyo(a) es descortés?
5. Cuando uno es bien educado/cortés, ¿piensa en primer lugar en uno mismo o en los demás?
6. ¿Cuál de estas dos frases es más educada: permíteme presentarte a mi amigo o permítame presentarle a mi amigo? ¿Es más cortés decir "yo quiero" o "yo quisiera"?
7. ¿Cómo se saluda a una persona de manera informal en EE.UU.? ¿Y formalmente? ¿Cómo se saluda la gente en los países hispanos?
8. ¿Cuál es la etiqueta cuando se pasa por una puerta en público y viene alguien detrás tuyo?
9. ¿Qué se puede decir después de haber dicho o hecho algo descortés?

Reciclaje

1. Pregunta a tu compañero/a qué significa la etiqueta/los modales y cuál es el otro significado de la palabra "etiqueta".
2. Te gustaría saber por qué es bueno ser una persona cortés/amable/cordial y cómo ayuda en la vida comportarse educadamente. Hazle dos preguntas.
3. Pregúntale quién en su familia es la persona más preocupada por los buenos modales.
4. Averigua qué hace él/ella cuando un amigo suyo es descortés.
5. Quisieras saber si cuando uno es bien educado/cortés piensa en primer lugar en uno mismo o en los demás. Elabora la pregunta.
6. Deseas saber cuál de estas dos frases es más educada: permíteme presentarte a mi amigo o permítame presentarle a mi amigo. Además pregúntale si es más cortés decir "yo quiero" o "yo quisiera".
7. Pregúntale cómo se saluda a una persona de manera informal en EE.UU. y cómo se saluda formalmente. Pregúntale además cómo se saluda la gente en los países hispanos.
8. Averigua cuál es la etiqueta cuando se pasa por una puerta en público y viene alguien detrás tuyo.
9. Te gustaría saber qué se puede decir después de haber dicho o hecho algo descortés. Formula la pregunta.

El mensaje de texto de hoy

De: Clara (504) 2 383 2495

Hola, ¿Qué tal? Esta noche tengo una cena laboral con mi jefe. Estoy un poco nerviosa porque no quiero cometer un error de etiqueta. ¿Tienes consejos para mí?

Respuesta:

_____

_____

_____

_____

_____

Isla de Roatán, Honduras

Vocabulario: La etiqueta

Comprensión

la etiqueta (n.f.) manners, etiquette, polite social behavior

una etiqueta (n.f.) a label

los modales (n.m.pl.) behavior, attitude

educado/cortés/amable/cordial/gentil/atento/considerado (adj.) courteous, polite, kind

comportarse educadamente (exp.) to behave politely

preocupado (adj.) worried, concerned

descortés (adj.) impolite, rude (pl. descorteses)

presentar (v.) to introduce

los demás (n.m.pl.) others

yo quiero (v. querer) I want

yo quisiera (v. querer, imperfecto de subjuntivo) I would like

permíteme presentarte a mi amigo (exp.) allow me to introduce my friend to you (friendly treatment - tú)

permítame presentarle a mi amigo (exp.) allow me to introduce my friend to you (respectful treatment- Ud.)

saludar (v.) to greet

detrás (adv.) behind

Sugerencias

la cortesía (n.f.) courtesy

la abuela (n.f.) grandmother

la tía (n.f.) aunt

la madre (n.f.) mother

el padre (n.m.) father

estrechar la mano a alguien (exp.) to shake hands with someone

abrazar (v.) to hug

besar (v.) to kiss

las mejillas (n.f. pl.) cheeks

un beso, dos besos, tres besos... one kiss, two kisses, three kisses...

un anciano (n.m.) a senior citizen

una señora embarazada (exp.) a pregnant woman

Mucho gusto en conocerlo/la. It's a pleasure to meet you.

El gusto es mío. The pleasure is mine.

Perdón = Excuse me/I am sorry

Con permiso = excuse me, may I get by please?

Perdona/Perdóname/Disculpa/Discúlpame = Excuse me/I am sorry. (Tú)

Perdone/Perdóneme/Disculpe/Discúlpeme = Excuse me/I am sorry. (Usted/Ud.)

Perdonen/Perdónenme/Disculpen/Discúlpenme. (Ustedes/Uds.)

Perdonad/Perdonadme/Disculpad/Disculpadme. (Vosotros)

Con su permiso = if you'll excuse me (respectful treatment - Ud.)

Otras posibilidades

_____

_____

_____

_____

_____

_____

_____

_____

_____

_____

_____

_____

_____

_____

_____

_____

_____

_____

_____

_____

Gramática oral ➡ ⬇

Preguntas con ¿verdad? ¿no? ¿de acuerdo? ¿cierto?

Frase	Pregunta
Usted se llama María.	**Usted se llama María, ¿verdad?**
Los estudiantes están aquí.	Los estudiantes están aquí, ¿no?
Ella va al cine.	**Ella va al cine, ¿no?**
Nosotros comemos juntos.	Nosotros comemos juntos, ¿de acuerdo?
Él es tu amigo.	**Él es tu amigo, ¿no?**
Los niños van a la escuela.	Los niños van a la escuela, ¿verdad?
Te gusta la música clásica.	**Te gusta la música clásica, ¿cierto?**
Nosotros podemos continuar.	Nosotros podemos continuar, ¿de acuerdo?
Este ejercicio es muy fácil.	**Este ejercicio es muy fácil, ¿no?**

La etiqueta *(conversación entre dos)*

1. ¿Conoces cuáles son las reglas de etiqueta a seguir en un restaurante? ¿Quién es normalmente el primer comensal que hace su pedido?
2. ¿Se sirve el plato a la izquierda o a la derecha del comensal? ¿Se retira el plato de la izquierda o de la derecha del comensal?
3. ¿Es correcto retirar el plato de uno de los comensales cuando otros todavía están comiendo?
4. Al comer, ¿dónde pone uno los codos y las manos? ¿Es igual en todos los países?
5. ¿Qué significan las expresiones "de nada" y "no hay de qué" y cuándo se usan?
6. ¿Cuáles son las dos palabras de cortesía más usadas?
7. ¿Qué debes decirle a una persona a quien le acabas de pisar el pie sin querer?
8. ¿Puedes darme algunos ejemplos de cómo se demuestra el respeto hacia los demás?
9. ¿Cuáles son los gestos descorteses que disgustan a tus padres y que ellos te corrigen reiteradamente?

Reciclaje

1. Pregunta a tu compañero/a si él/ella conoce cuáles son las reglas de etiqueta a seguir en un restaurante y quién es normalmente el primer comensal que hace su pedido.
2. Quisieras saber si normalmente el plato se sirve a la izquierda o a la derecha del comensal y si el plato se retira de la izquierda o de la derecha del comensal. Elabora dos preguntas.
3. Te gustaría saber si es correcto retirar el plato de uno de los comensales cuando otros todavía están comiendo. Formula la pregunta.
4. Averigua si al comer dónde pone uno los codos y las manos y si es igual en todos los países. Hazle dos preguntas.
5. Pregúntale qué significan las expresiones "de nada" y "no hay de qué" y cuándo se usan.
6. Deseas saber cuáles son las dos palabras de cortesía más usadas. Pregúntale.
7. Averigua qué debes decirle a una persona a quien le acabas de pisar el pie sin querer.
8. En forma de pregunta pídele que te dé algunos ejemplos de cómo se demuestra el respeto hacia los demás.
9. Pregúntale cuáles son los gestos descorteses que disgustan a sus padres y que ellos le corrigen reiteradamente.

El correo electrónico de hoy

Mensaje recibido

| De: | carmen@conversemosjuntos.hn |
| Para: | tú@conversemosjuntos.hn |

¡Buen día! Voy a viajar a México este verano con mis padres. Unos amigos mexicanos nos van a hospedar. No veo la hora de viajar, pero estoy un poco ansiosa porque no sé todas las etiquetas de comportamiento de ese país. ¿Puedes darme algunos consejos al respecto? ¿Sabes por ejemplo cómo se saludan en México y las reglas sociales a seguirse cuando uno va a un restaurante?

Respuesta

| De: | tú@conversemosjuntos.hn |
| Para: | carmen@conversemosjuntos.hn |

Respuesta:

_____

_____

_____

_____

_____

_____

Vocabulario: La etiqueta

Comprensión

el orden (n.m.) order, organization

pedir (v.) to order in a restaurant

primero (adj.) first

la comida (n.f.) meal

sirve (v. servir) to serve

retirar (v.) to remove, take away

un plato (n.m.) a plate

al comer (exp.) upon, while eating

el codo (n.m.) elbow

la mano (n.f.) hand

acabar de (+ infinitivo) (exp.) to have just _____.

pisar(le) el pie a alguien (exp.) to step on someone's foot

sin querer (exp.) without wanting, without intention

de nada (exp.) you're welcome, it's nothing

no hay de qué (exp.) you're welcome

usado (adj.) used

hacia (prep.) towards

el gesto (n.m.) gesture, expression

disgustar (v.) upset, annoy, dislike

corregir (v.) to correct

reiteradamente (adv.) repeatedly

Sugerencias

Se sirve a la izquierda. It is served to the left.

Se retira de la derecha. It is removed from the right.

En los países en donde se habla español uno pone las manos y las muñecas en la mesa, pero no los codos.

sonreír (v.) smile

agradecer (v.) to give thanks

pedir por favor (v.) to please ask

ofrecer ayuda (exp.) to offer help

asentir (v.) to nod

gracias = thanks

muchas gracias = many thanks

por favor = please

Otras posibilidades

_____
_____
_____
_____
_____
_____
_____
_____
_____
_____
_____
_____
_____
_____
_____
_____
_____
_____
_____

Gramática oral ⬇ ➡ ?

Cómo responder

De repente en la calle hay un accidente a las tres de la tarde.
Dos estudiantes se apresuran a ir de la escuela a la casa en bicicleta.
¡Los estudiantes chocan! Roberto y María se lastiman. Roberto se rompe el brazo.
(At three in the afternoon suddenly there is an accident in the street. Two students hurry from school to home on bicycles. They collide! Roberto and Maria hurt themselves. Roberto breaks his arm.)

¿Cómo?	De repente	**¿Cuándo?**	A las tres de la tarde
¿Dónde?	En la calle	**¿Cuántas bicicletas?**	Dos (bicicletas)
¿De dónde vienen?	De la escuela	**¿Quién?**	Roberto
¿Adónde van?	A la casa	**¿Quiénes?**	Roberto y María
¿Qué ocurre?	Un accidente	**¿Por qué?**	Por desatención

¿Cuántos estudiantes? Dos (estudiantes)
¿Quiénes se lastiman? Los dos estudiantes, Roberto y María
¿Cuál de los dos se rompe el brazo? Roberto
¿Por qué? Porque se apresuran mucho

La familia *(conversación entre dos)*

1. ¿Cómo te llamas?
2. ¿Cuál es tu nombre y cuál es tu apellido? ¿Lleva tu nombre completo más de un nombre y más de un apellido?
3. ¿Cuántos años tienes y cuándo es tu cumpleaños?
4. ¿Tienes hermanos o hermanas? ¿Cuántos? ¿Cómo se llaman?
5. ¿Tienes primos? ¿Y primas? ¿Cuántos son?
6. ¿Quién es el menor en tu familia? ¿Y quién es el mayor?
7. ¿Tienes un padre y una madre?
8. ¿Cuál es el nombre de soltera de tu madre?
9. ¿Cuántos abuelos tienes? ¿Ves a menudo a tus abuelos?

Reciclaje

1. Pregunta a tu compañero/a cómo se llama.
2. Te gustaría saber cuál es su nombre y cuál es su apellido y si su nombre completo lleva más de un nombre y más de un apellido. Elabora dos preguntas.
3. Quisieras saber cuántos años tiene él/ella y cuándo es su cumpleaños. Hazle la pregunta.
4. Pregúntale si él/ella tiene hermanos o hermanas, cuántos son y cómo se llaman.
5. Averigua si él/ella tiene primos y primas y cuántos son.
6. Te gustaría saber quién es el menor en su familia y quién es el mayor. Formula dos preguntas.
7. Deseas saber si él/ella tiene un padre y una madre. Hazle la pregunta.
8. Pregúntale cuál es el nombre de soltera de su madre.
9. En forma de pregunta pídele que te diga cuántos abuelos tiene él/ella y si los ve a menudo. Elabora dos preguntas.

Montevideo,
Uruguay

El mensaje de texto de hoy

De: Marité (598) 2215 7732

Nos estamos preparando para la visita de tu familia. ¿Cuántas personas son Uds. en total y cuántos años tienen?

Respuesta:

_____

_____

_____

_____

_____

_____

Vocabulario: La familia

Comprensión

llamarse (v.) to be called
el nombre (n.m.) first name
el apellido (n.m.) last name, surname
el apellido de soltera (n.m.)
 maiden name
lleva (v. llevar) to take, carry
un hermano (n.m.) a brother
una hermana (n.f.) a sister
los primos (n.m.pl.) cousins
cuál (pron.) what, which
cuántos (adj.) how many
menor (adj.) younger
mayor (adj.) older
el padre/papá (n.m.) father
la madre/mamá (n.f.) mother
el abuelo (n.m.) grandfather
la abuela (n.f.) grandmother
ves (v. ver, presente de indicativo,
 2nda persona singular) you see

Sugerencias

yo me llamo (exp.) my name is
mi nombre es (exp.) my name is
el primer nombre (n.m.) first name
el segundo nombre (n.m.) middle name
el nombre de pila (n.m.) first name and
 middle name
el nombre compuesto (n.m.) compound
 name (Ejemplos: María José, Juan
 Carlos)
el apodo (n.m.) nickname
los padres (n.m.pl.) parents
los parientes (n.m.pl.) relatives
el padrastro (n.m.) stepfather
la madrastra (n.m.) stepmother
soy hijo(a) único(a) (exp.) I am an
 only child
tengo _____ años (exp.) I am _____
 years old.
Yo tengo dieciséis años. I am sixteen
 years old.
Mi cumpleaños es _____. My birthday
 is _____.
a menudo (adv.) often
la edad (n.f.) age

Otras posibilidades

_____
_____
_____
_____
_____
_____
_____
_____
_____
_____
_____
_____
_____
_____
_____
_____
_____
_____
_____
_____
_____
_____

Gramática oral **?**

Expresiones variadas

Los saludos: Hola. **Buenos días.** Buenas tardes. **Buenas noches.**
 ¿Cómo estás (tú)?   **¿Cómo está Usted?**

Ponerse de acuerdo: **Claro (que sí).** Por supuesto. **Estoy de acuerdo.** Sin duda. **Cierto.** Así es.

Pedir favores: Por favor. **¿Pudiera…?** ¿Me puede…? **Tenga la bondad de…**

Sorprenderse: **¡No me digas!** ¡Caramba! **¡Qué suerte!** ¡Qué locura!

Disculparse: Con permiso. **¿Puedo pasar?** Perdón (tú/Ud.) **Perdona/Perdóname (tú)**
 Perdone/Perdóneme (Ud.) **Disculpa/Discúlpame (tú)** Disculpe/Discúlpeme (Ud.)

Pedir aclaración: ¿Cómo? **¿Mande?** ¿Dígame? **¿Qué dijo usted?** ¿Que dijiste tú?

Expresar compasión: **Lo siento.** ¡Cuánto lo siento! **¡Qué pena!** ¡Qué lástima!

Agradecer: **Muchas gracias.** Le agradezco mucho. **Muchísimas gracias.**

La familia *(conversación entre dos)*

1. ¿Tienes una mascota?
2. ¿Cómo se llama tu mascota y quién lo/la cuida?
3. ¿Quién hace los quehaceres domésticos en tu casa?
4. ¿Haces tu cama cada día?
5. ¿Quién en tu familia es el más ordenado? ¿Y quién es el más desordenado?
6. Cuando tienes un problema, ¿a quién en tu familia te diriges primero?
7. ¿Le fastidias/molestas/hinchas a tu hermano(a)? ¿Alguien te fastidia a ti?
8. ¿Es tu familia tranquila o ruidosa?
9. ¿Piensas casarte y tener hijos algún día?

Reciclaje

1. Pregunta a tu compañero/a si él/ella tiene una mascota.
2. Pregúntale cómo se llama su mascota y quién lo/la cuida.
3. Te gustaría saber quién hace los quehaceres domésticos en su casa. Elabora la pregunta.
4. Averigua si él/ella hace su cama cada día.
5. Quisieras saber quién en su familia es el más ordenado y quién es el más desordenado. Formula dos preguntas.
6. Deseas saber si cuando él/ella tiene un problema a quién en su familia se dirige primero. Hazle la pregunta.
7. Pregúntale si él/ella le fastidia/molesta/hincha a su hermano(a) y si alguien le fastidia a él/ella.
8. Hazle una pregunta para saber si su familia es tranquila o ruidosa.
9. Quieres saber si él/ella piensa casarse y tener hijos algún día. Formula la pregunta.

El correo electrónico de hoy

Mensaje recibido

Respuesta

De: claudia@conversemosjuntos.uy
Para: tú@conversemosjuntos.uy

¡Holita amigo(a)! Mi familia está pensando en adoptar una mascota. Decime qué animal le gusta más a tu familia y porqué. Si vos me das algunas ideas me va a ayudar a definir mejor mis preferencias. ¡Mil gracias!

De: tú@conversemosjuntos.uy
Para: claudia@conversemosjuntos.uy

Respuesta:

_____
_____
_____
_____
_____
_____

Vocabulario: La familia

Comprensión

una mascota (n.f.) a pet

¿cómo se llama? (exp.) what's his/her name?

cuidar (v.) to take care of

los quehaceres domésticos (n.m.pl.) household chores

hacer la cama (v.) to make the bed

ordenado (adj.) tidy, organized

desordenado (adj.) untidy, disorganized

cada (adj.) each

más (adv.) more

menos (adv.) less

dirigirse (v.) to direct towards, go to

primero (adv.) first

fastidiar/molestar/hinchar (v.) to annoy, bother, tease

tranquilo (adj.) calm

ruidoso (adj.) rowdy

casarse (v.) to get married

tener hijos (exp.) to have children

Sugerencias

el casamiento (n.m.) wedding

los animalitos (n.m.pl.) little animals

un perro (n.m.) a dog

un perrito (n.m.) a puppy

un gato (n.m.) a cat

un gatito (n.m.) a kitten

un pez (n.m.) a fish

un pajarito (n.m.) a bird

un canario (n.m.) a small yellow bird

un conejito (n.m.) a rabbit, bunny

un loro (n.m.) a parrot

una tortuga (n.m.) a turtle

una serpiente (n.f.) a snake

una rana (n.f.) a frog

un caballo (n.m.) a horse

un elefante (n.m.) an elephant

un hámster (n.m.) a hamster

Otras posibilidades

_____

_____

_____

_____

_____

_____

_____

_____

_____

_____

_____

_____

_____

_____

_____

Gramática oral

Los sustantivos de género masculino y femenino (con artículo indefinido)

un abuelo	**una abuela**	un hijo	**una hija**
un aficionado	**una aficionada**	un padre	**una madre**
un alumno	**una alumna**	un muchacho	**una muchacha**
un amigo	**una amiga**	un nieto	**una nieta**
un autor	**una autora**	un niño	**una niña**
un camarero	**una camarera**	un novio	**una novia**
un compañero	**una compañera**	un padre	**una madre**
un chico	**una chica**	un primo	**una prima**
un esposo	**una esposa**	un rey	**una reina**
un hermano	**una hermana**	un señor	**una señora**
un hombre	**una mujer**	un profesor	**una profesora**

(plurales: vocal + s, consonante + es)
Atención: un, uno; una, unas

Los encuentros *(conversación entre dos)*

1. ¿En qué parte de la ciudad te encuentras con amigos? ¿Por qué escogen/eligen este sitio?
2. ¿Se reúnen también ustedes en el centro de la ciudad? ¿Dónde?
3. ¿Es este establecimiento un café, una confitería, una cafetería o un restaurante?
4. ¿Hay una terraza o un lugar al aire libre en este sitio? ¿Dónde encuentra uno generalmente una terraza para sentarse a comer, beber y charlar?
5. ¿Hay un parque o una plaza pública en tu ciudad? ¿Puede uno reunirse allí?
6. ¿Con quién o quiénes te reúnes más a menudo? ¿Dónde?
7. ¿Has tenido una cita de estudio con tus compañeros en una biblioteca alguna vez?
8. ¿Hay un restaurante en tu ciudad que sirva una rica pizza?
9. ¿Es una pizzería un buen lugar para reunirse con amigos?

Reciclaje

1. Pregunta a tu compañero/a en qué parte de la ciudad él/ella se encuentra con amigos y por qué ellos escogen/eligen este sitio.
2. Tienes ganas de saber si ellos se reúnen también en el centro de la ciudad y dónde. Hazle estas preguntas.
3. Quisieras saber si este establecimiento es un café, una confitería, una cafetería o un restaurante. Elabora la pregunta.
4. Pregúntale si hay una terraza o un lugar al aire libre en este sitio y dónde encuentra uno generalmente una terraza para sentarse a comer, beber y charlar.
5. Averigua si hay un parque o una plaza pública en su ciudad y si puede uno reunirse allí.
6. Te gustaría saber con quién o quiénes se reúne él/ella más a menudo y dónde. Formula dos preguntas.
7. Deseas saber si él/ella ha tenido una cita de estudio con sus compañeros en una biblioteca alguna vez. Hazle la pregunta.
8. Te gustaría saber si hay un restaurante en su ciudad que sirva una rica pizza. Pregúntale.
9. Pregúntale si una pizzería es un buen lugar para reunirse con amigos.

Parque Colón (Plaza Mayor) en Santo Domingo, República Dominicana

El mensaje de texto de hoy

De: Diana (809) 858 7446

¡Hola! ¿Estás disponible esta tarde? ¿Qué te parece si nos reunimos a eso de las 17 horas? Dime dónde y cuándo te queda bien y qué te gustaría hacer.

Respuesta:

_____

_____

_____

_____

_____

_____

Vocabulario: Los encuentros

Comprensión

la reunión (n.f.) reunion, gathering, get-together, meeting

el encuentro (n.m.) meeting, encounter

la cita (n.f.) meeting, date, appointment

una cafetería (n.f.) a coffee shop

una confitería (n.f.) a pastry shop

un café (n.m.) a coffee shop

una terraza (n.f.) a terrace, balcony, patio

encontrarse con (v.) to meet (me encuentro con mis amigos en el parque)

reunirse (v.) to meet each other, to gather

el parque (n.m.) park

la plaza (n.f.) square, plaza

en el centro (exp.) in downtown

en la ciudad (exp.) in the city

escoger/elegir (v.) to choose

un sitio/lugar (n.m.) a place

charlar (v.) to chat, talk

puede uno (v. poder) can one

rico (adj.) delicious, tasty

Sugerencias

cuesta (v. costar) to cost

una taza de café (n.f.) a cup of coffee

una bebida (n.f.) a drink

la bebida alcohólica (adj.) alcoholic beverage

fijar una cita (exp.) to arrange a date or meeting
en una confitería...
en el centro comercial...
en McDonald's...
en Burger King...
en el restaurante...

en la casa de alguien (exp.) in someone's house

adentro (adv.) inside

afuera (adv.) outside

en el café (exp.) at the cafe

en el parque (exp.) in the park

en la esquina (exp.) at the corner, on the corner

Otras posibilidades

_____
_____
_____
_____
_____
_____
_____
_____
_____
_____
_____
_____
_____
_____
_____
_____
_____
_____
_____

Gramática oral

Omisión de artículos indefinidos (un, una)

sin artículos	con artículos
Juan es atleta.	**Raúl es un buen atleta.**
María es católica.	José es un hombre interesante.
Roberto es profesor.	**Margarita es una socialista práctica.**
Miguel es socialista.	Estela es una médica/doctora inteligente.
Ana es profesora.	**Juanita es una bailarina extraordinaria.**
Israel es judío.	Ramón es un brasileño patriótico.
Javier es abogado.	**Felipe es un cantate famoso.**
Carlos es ecuatoriano.	Sofía es una poetisa talentosa.
Marisa es secretaria.	**Rosa es una jardinera popular.**
Sebastián es ingeniero.	Benito es un hombre muy rico.
Jane es norteamericana/estadounidense.	**Pedro es un escritor conocido.**

Los encuentros *(conversación entre dos)*

1. ¿Dónde te paseas con tus amigos?
2. ¿Qué bebes con tus amigos en un restaurante, en un café o en una confitería?
3. ¿Qué comes con tus amigos?
4. ¿Hay un lugar agradable para pasearse?
5. ¿Te gusta pasear con un(a) amigo(a)?
6. ¿Te gusta mirar a la gente mientras paseas o cuando estás sentado(a)?
7. ¿Prefieres pasearte solo(a) o con otra persona? ¿Te gusta hablar mientras paseas con alguien?
8. ¿Dónde se sientan Uds./os sentáis vosotros para descansar?
9. ¿Cuándo será tu próximo encuentro con un(a) amigo(a)? ¿Dónde?

Reciclaje

1. Pregunta a tu compañero/a dónde se pasea él/ella con sus amigos.
2. Tú quieres saber qué bebe él/ella con sus amigos en un restaurante, en un café o en una confitería. Pregúntale.
3. Te gustaría saber qué come él/ella con sus amigos. Hazle la pregunta.
4. Averigua si hay un lugar agradable para pasearse.
5. Pregúntale si a él/ella le gusta pasear con un(a) amigo(a).
6. Quisieras saber si a él/ella le gusta mirar a la gente mientras pasea o cuando está sentado(a). Elabora la pregunta.
7. Quisieras saber si él/ella prefiere pasearse solo(a) o con otra persona y si a él/ella le gusta hablar mientras pasea con alguien. Formula dos preguntas.
8. Deseas saber dónde se sientan ellos para descansar. Pregúntale.
9. Tienes ganas de saber cuándo será su próximo encuentro con un(a) amigo(a) y dónde. Hazle dos preguntas.

El correo electrónico de hoy

Mensaje recibido

De:	lucas@conversemosjuntos.do
Para:	tú@conversemosjuntos.do

¡Buen día! ¡Te extraño tanto después de haberme mudado! Voy a estar por ahí de nuevo este finde para visitar a todo el mundo. ¿Te gustaría pasear conmigo por la ciudad este sábado de siesta? ¿Adónde te gustaría ir? ¿Qué te gustaría que hiciéramos juntos? ¡Hasta el sábado! :)

Respuesta

De:	tú@conversemosjuntos.do
Para:	lucas@conversemosjuntos.do

Respuesta:

_____

_____

_____

_____

_____

_____

Vocabulario: Los encuentros

Comprensión	Sugerencias	Otras posibilidades

Comprensión

pasear(se) (v.) to stroll, take a walk

la gente (n.f.) people

agradable (adj.) nice, pleasant

mientras paseas (exp.) while strolling, while walking

sentado (adj.) seated

sentarse (v.) to sit down (me siento, nos sentamos)

solo (adj.) alone

te gusta (v. gustar) you like

mirar (v.) to watch

pedir (v.) to order in a restaurant

descansar (v.) to rest

próximo (adj.) next

Sugerencias

el agua mineral con gas (exp.) sparkling water

una coca-cola (n.f.) a coke

la gaseosa (n.f.) soda, soft drink

la limonada (n.f.) lemonade

el té (n.m.) tea

el café con leche (n.m.) coffee with milk, latte

una medialuna (n.f.) a plain or jelly filled croissant

una hamburguesa (n.f.) a hamburger

una empanada (n.f.) a baked or fried dough filled with meat, ham, cheese, fish or vegetables

un sándwich/emparedado (n.m.) a sandwich

un bocadillo (n.m.) a snack, sandwich

papas fritas (n.f.pl.) french fries

apagar/saciar la sed (v.) to quench one's thirst

refrescarse (v.) to refresh oneself, cool off

un banco (n.m.) a bench

el césped (n.m.) lawn

la pared (n.f.) wall

citarse (con) (exp.) to arrange to meet

caminar (v.) to walk

Otras posibilidades

Gramática oral

Preposiciones y artículos	a + el = al de + el = del	(con personas)	
Hay una letra de… a…	Es un mensaje de… a…	Es un regalo de… a…	
del / al	**de la / a la**	**de los / a los**	**de las / a las**
padre	madre	padres	mujeres
hermano	hermana	hermanos	hermanas
hijo	hija	niños	niñas
tío	tía	primos	señoras
abuelo	abuela	estudiantes	amigas
amigo	amiga	amigos	señoritas
cocinero	criada	muchachos	muchachas
mesero	camarera	tenderos	chicas

Las fiestas nocturnas *(conversación entre dos)*

1. ¿Te gustan las fiestas? ¿Cuál es la mejor noche de la semana para organizar una fiesta/reunión/un encuentro con amigos?
2. ¿Te permiten tus padres organizar una fiesta para tus amigos en tu casa?
3. ¿A cuántos amigos puedes invitar cuando preparas una fiesta en tu casa?
4. ¿Tienes un buen sistema estereofónico? ¿Cuentas con un reproductor de audio/equipo de sonido o puedes bajar/descargar canciones a tu computadora/ordenador?
5. ¿A qué hora es normal que empiece y termine la fiesta en tu casa? ¿Sabes si el horario de inicio y fin de la fiesta es el mismo en los países en donde se habla español?
6. ¿Prefieren tus amigos venir solos, en parejas, o en grupos? ¿Manejan/conducen ellos?
7. ¿Hay bastante espacio en tu casa para bailar? ¿Dónde? ¿Hay que recoger alfombras y mover muebles para bailar?
8. ¿Cómo decoras la sala para la fiesta? ¿Qué clase de decoraciones prefieres?
9. ¿Qué se suele servir de comer en una fiesta? ¿Traen tus amigos algo de comer?

Reciclaje

1. Pregunta a tu compañero/a si le gustan las fiestas y cuál es la mejor noche de la semana para organizar una fiesta/reunión/un encuentro con amigos.
2. Tienes ganas de saber si sus padres le permiten organizar una fiesta para sus amigos en su casa. Formula la pregunta.
3. Pregúntale a cuántos amigos puede invitar él/ella cuando prepara una fiesta en su casa.
4. Averigua si él/ella tiene un buen sistema estereofónico y si cuenta con un reproductor de audio/ equipo de sonido o si puede bajar/descargar canciones a su computadora/ordenador.
5. Quisieras saber a qué hora es normal que empiece y termine la fiesta en su casa y si sabe si el horario de inicio y fin de la fiesta es el mismo en los países en donde se habla español. Elabora dos preguntas.
6. Te gustaría saber si sus amigos prefieren venir solos, en parejas, o en grupos y si ellos manejan/ conducen. Pregúntale.
7. Deseas saber si hay bastante espacio en su casa para bailar y dónde y si hay que recoger alfombras y mover muebles para bailar. Hazle tres preguntas.
8. Pregúntale cómo decora él/ella la sala para la fiesta y qué clase de decoraciones prefiere.
9. Averigua qué se suele servir de comer en una fiesta y si sus amigos traen algo de comer.

El mensaje de texto de hoy

Caracas, Venezuela

De: Sabina (58) 212 353 8744

¿Qué tal? ¿Cómo estás? Me enteré que la fiesta es en tu casa hoy de noche. ¿A qué hora? ¿Puedo traer la música o algo para comer? ¿Tienes un reproductor de música?

Respuesta:

_____

_____

_____

_____

_____

Vocabulario: Las fiestas nocturnas

Comprensión

el encuentro (n.m.) meeting, encounter

la reunión (n.f.) gathering, get-together, meeting

la fiesta (n.f.) party

la mejor noche (exp.) the best night

permitir (v.) to permit, allow

organizar una fiesta (exp.) to organize a party

poder (v.) to be able to (puedo, podemos)

tocar (v.) to play

un reproductor de audio/equipo de sonido (n.m.) a sound system, stereo

un sistema estereofónico (n.m.) a stereo system

empezar (v.) to start, begin

bajar/descargar (v.) to download

una canción (n.f.) a song

la computadora (n.f.) computer

el ordenador (n.m.) computer

solo (adj.) alone

en parejas (exp.) in pairs, in couples (una pareja)

en grupos (exp.) in groups

manejar/conducir (v.) to drive

el espacio (n.m.) space, room

recoger (v.) to pick up

una alfombra (n.f.) a rug

la sala (n.f.) parlor, living room, hall

algo de comer (exp.) something to eat

soler (v.) to be in the habit of, tend to (yo suelo, nosotros solemos)

se suele... = it is customary to...

Sugerencias

el viernes (n.m.) Friday

los sábados (n.m.pl.) Saturdays

la samba (n.f.) samba, popular Brazilian dance of African influence

la polca (n.f.) music and dance of Polish origin popular in some Spanish speaking countries

la guarania (n.f.) music with slow and melancholic rhythm of Paraguayan origin

el chachachá (n.m.) music of Cuban origin derived from rumba and mambo

la salsa y el merengue (exp.) popular dance, especially in Caribbean countries

el tango (n.f.) music and dance, especially popular in Argentina

el flamenco (n.m.) traditional music and dance from Andalucía, Spain

el tocadiscos (n.m.) record player

un amplificador (n.m.) an amplifier

el altavoz/altoparlante (n.m) loudspeaker

el papel picado/confeti (n.m.) confetti

las flores (n.f.) flowers

las luces (n.f.pl.) lights

un estandarte (n.m.) a banner

las tapas (n.f.) finger foods, appetizers

una aceituna (n.f.) an olive

los sandwichitos (n.m.pl.) finger sandwiches

los cacahuetes (n.m.pl.) peanuts

salado (adj.) salted, savory

azucarado (adj.) sweetened

Otras posibilidades

Gramática oral ➡ ⬅ ⬆ ⬇

Preposiciones y artículos   *a + el = al   de + el = del*   *(con lugares)*
Vamos del cine a la escuela.   *Vamos de la escuela al mercado.*   *Vamos del mercado…*

al / del	al / del	a la / de la	a la / de la	a / de
cine	apartamento	tienda	casa	Madrid
almacén	parque	escuela	biblioteca	los barrios
hospital	retaurante	herrería	avenida	las afueras
banco	mercado	carnicería	panadería	San Antonio
colegio	baño	calle	universidad	Los Ángeles
océano	campo	mar	playa	las montañas
bosque	desierto	mesa	pampa	Acapulco

Las fiestas nocturnas *(conversación entre dos)*

1. ¿Qué sirves para beber en una fiesta?
2. ¿Por qué es mejor una fiesta sin bebidas alcohólicas?
3. ¿Qué hace uno en una fiesta? ¿Organizas actividades o juegos?
4. ¿A qué hora termina una fiesta en tu casa normalmente?
5. ¿Limpias tú la casa antes de la fiesta? ¿Y después?
6. ¿Se quejan los vecinos del ruido cuando hay una fiesta en tu casa? ¿Invitas a tus vecinos para evitar conflictos?
7. ¿Cuál es la fiesta más grande a la que has asistido? ¿Por qué ha sido memorable esa fiesta?
8. ¿Estás siempre de buen humor el día después de la fiesta?
9. ¿Asistirás a una fiesta este fin de semana?

Reciclaje

1. Pregunta a tu compañero/a qué sirve él/ella para beber en una fiesta.
2. Te gustaría saber por qué es mejor una fiesta sin bebidas alcohólicas. Pregúntale.
3. Quisieras saber qué hace uno en una fiesta y si él/ella organiza actividades o juegos. Hazle dos preguntas.
4. Averigua a qué hora termina una fiesta en su casa normalmente.
5. Pregúntale si él/ella limpia su casa antes de la fiesta y si la limpia después. Elabora dos preguntas.
6. Quisieras saber si los vecinos se quejan del ruido cuando hay una fiesta en su casa y si los invita para evitar conflictos. Formula dos preguntas.
7. Averigua cuál es la fiesta más grande a la que él/ella ha asistido y por qué esa fiesta ha sido memorable.
8. Deseas saber si él/ella está siempre de buen humor el día después de la fiesta.
9. Te gustaría saber si él/ella asistirá a una fiesta este fin de semana.

El correo electrónico de hoy

Mensaje recibido

Respuesta

De:	juanca@conversemosjuntos.ve
Para:	tú@conversemosjuntos.ve

¡Hola!! ¡Es hora de que organicemos nuestra fiesta! ¿Ya pensaste en qué vamos a hacer con respecto a la música? ¿Tienes una compu con parlantes? Yo me encargaré de la comida, pero ¿qué ideas tienes en cuanto a la decoración?

De:	tú@conversemosjuntos.ve
Para:	juanca@conversemosjuntos.ve

Respuesta:

_____

_____

_____

_____

_____

_____

Vocabulario: Las fiestas nocturnas

Comprensión

servir (v.) to serve (sirvo, servimos)

un juego (n.m.) a game

normalmente (adv.) normally

limpiar (v.) to clean

quejarse (v.) to complain

el ruido (n.m.) noise

asistir a (v.) to attend

asistirás (v. asistir, futuro) will you attend

de buen humor (exp.) in a good mood

el día después (exp.) the day after, the next day

en cuanto a (adv.)/**con respecto a** (prep.) regarding, in regards to

encargarse de algo (exp.) to be in charge of something, be responsible for something

los parlantes (n.m.pl.) loudspeakers

Sugerencias

durante (prep.) during

en realidad (exp.) in reality

las bebidas (n.f.pl.) drinks

la gaseosa (n.f.) soft drink, soda

el jarabe (n.m.) syrup

el jugo de fruta (n.m.) fruit juice

encontrarse con alguien (exp.) to meet with someone

la gente (n.f.) people

picar/picotear (v.) to nibble

charlar (v.) to chat

bailar (v.) to dance

al amanecer (exp.) at dawn

estar de mal humor (exp.) to be in a bad mood

estar de buen humor (exp.) to be in a good mood

Otras posibilidades

_____

_____

_____

_____

_____

_____

_____

_____

_____

_____

_____

_____

_____

Gramática oral

La hora	:15	:30	:45	:00

12:00 Es la medianoche. Es el mediodía.
12:15 Son las doce y cuarto.
12:30 Son las doce y media.
12:45 Es la una menos cuarto.
1:00 Es la una. (en punto)
1:15 Es la una y cuarto. (y quince)
1:30 Es la una y media.
1:45 Son las dos menos cuarto.
2:00 Son las dos. (en punto)
2:15 Son las dos y quince. (y cuarto)
2:30 Son las dos y treinta. (y media)
2:45 Son las dos y cuarenta y cinco.
3:00 Son las tres. (en punto)

3:15 Son la tres y cuarto.
3:30 Son las tres y media.
3:45 Son las cuatro menos cuarto.
4:00 Son las cuatro.
4:15 Son las cuatro y quince.
4:30 Son las cuatro y treinta.
4:45 Son las cinco menos cuarto.
5:00 Son las cinco.
5:15 Son las cinco y cuarto.
5:30 Son las seis menos cuarto.
6:00 Son las seis.
    (Atención: 1:00 p.m. Son las trece horas)

TEMA

2

llevar
durar
fácil
pagar
querer
vacaciones
animar
sobresalir
repasar
acontecimiento
fracasar
asistir
elegir
cantina
receso
ingresar
reanudar
pensar
aprobar
divertirse
facultad
asignatura
echar de menos
buenas notas
satisfecho
deberes
tareas
académico
fiesta
clases
materia

agradecimiento
gustar
pasar
escolar
lograr
estudiar
difícil
extrañar
suspender
volverse a ver
tema
aprender
universidad
interesar
seguir

Barcelona, España

28

MI VIDA

PREGUNTAS ESENCIALES

1. ¿Cuáles son las asignaturas/materias que más te interesan?

2. ¿Cuál es tu clase preferida y por qué?

3. ¿Qué carrera te gustaría seguir en la universidad?

4. ¿Te parece que los exámenes son útiles y necesarios?

5. ¿Cómo te gusta pasar el tiempo durante las vacaciones?

6. ¿Cómo te sientes después de las vacaciones?

Después de los exámenes *(conversación entre dos)*

1. ¿Cuántos exámenes diste/rendiste/hiciste?
2. ¿Aprobaste todos tus exámenes? ¿Saliste mal en alguno de ellos?
3. ¿Has suspendido/fracasado/reprobado la parte oral del examen de español?
4. ¿Te devolvieron los profesores todos tus exámenes ya corregidos? ¿Cuál fue el promedio de tus calificaciones en los exámenes?
5. ¿Cuál fue la mejor nota que recibiste en un examen? ¿Y cuál fue la peor?
6. ¿Cuál fue el examen más difícil que diste/rendiste/hiciste? ¿Y cuál fue el más fácil?
7. ¿Cuántos días de receso o vacaciones hay entre los exámenes y el principio del siguiente semestre?
8. ¿Qué harás durante estas vacaciones? ¿Qué piensas que harán los profesores?
9. ¿Estás satisfecho(a) con el resultado de tus exámenes? ¿Recibiste una evaluación escrita de tus profesores?

Reciclaje

1. Pregunta a tu compañero/a cuántos exámenes dio/rindió/hizo él/ella.
2. Quisieras saber si él/ella aprobó todos sus exámenes y si salió mal en uno de ellos. Hazle dos preguntas.
3. Te gustaría saber si él/ella ha suspendido/fracasado/reprobado la parte oral del examen de español. Formula la pregunta.
4. Pregúntale si sus profesores le han devuelto todos sus exámenes ya corregidos y cuál fue el promedio de sus calificaciones en los exámenes.
5. Averigua cuál fue la mejor nota que él/ella recibió en un examen y cuál fue la peor.
6. Deseas saber cuál fue el examen más difícil que dio/rindió/hizo y cuál fue el más fácil. Elabora dos preguntas.
7. Te gustaría saber cuántos días de receso o vacaciones hay entre los exámenes y el principio del siguiente semestre. Hazle la pregunta.
8. Pregúntale qué hará él/ella durante estas vacaciones y qué piensa él/ella que harán los profesores.
9. Quisieras saber si él/ella está satisfecho(a) con el resultado de sus exámenes y si recibió una evaluación escrita de sus profesores. Formula dos preguntas.

El mensaje de texto de hoy

De: Julio (502) 9866 3781

Exámenes = ¡terminados! = :) ¡Genial! ¿Cuál de todos ha sido el más difícil para ti y por qué?

Respuesta:

_____

_____

_____

_____

_____

_____

Antigua, Guatemala

Vocabulario: Después de los exámenes

Comprensión

dar/rendir/hacer un examen (exp.) to take a test

aprobar (v.) to pass

salir mal (exp.) to fail, not to do well

fracasar/suspender/reprobar/aplazarse (v.) to fail

tener un examen (v.) to have a test

alguno de ellos (exp.) one of them

devolver (v.) to return (an object) (devuelvo, devolvemos)

el promedio (n.m.) average

¿cuál? (pron.) which one?

el mejor (adj.) the best

el peor (adj.) the worst

el más (adv.) the most

las calificaciones/notas (n.f.pl.) grades

el receso/recreo/descanso (n.m.) recess, break, rest

el principio (n.m.) beginning

el siguiente (n.m.) next

un día de receso (n.m.) a day off

escrito (adj.) written

Sugerencias

Mi promedio aproximado fue una C, un tres, un cinco, un ocho... (dependiendo de la escala de evaluación utilizada)

divertirse (v.) to have a good time (me divierto, nos divertimos)

ser aprobado en (exp.) to be given a passing grade

ser aplazado/suspendido (exp.) to be given a failing grade

descansar (v.) to rest

dormir (v.) to sleep (duermo, dormimos)

comer (v.) to eat

mirar la televisión (v.) to watch television

corregir (v.) to correct, grade, mark

darle una nota, ponerle una nota (a alguien) (exp.) to grade

escribir las evaluaciones (exp.) to write comments, evaluations

la libreta de calificaciones (n.m.) report card

el boletín escolar (n.m.) report card

Otras posibilidades

_____

_____

_____

_____

_____

_____

_____

_____

_____

_____

_____

_____

_____

_____

_____

_____

Gramática oral → ?

¿A qué hora llegan todos?

Todo el mundo llega puntualmente...

ustedes   yo   tú
ellas   él
ellos   *(la cara del reloj)*   ella
vosotras   usted
vosotros   nosotros
nosotras

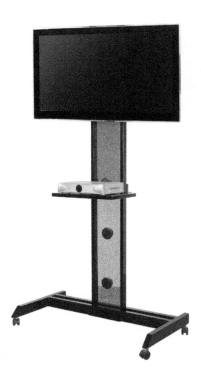

¿A qué hora llego yo?
¿A qué hora llegas tú?
¿A qué hora llega él?
¿A qué hora llega ella?
¿A qué hora llega usted?
¿A qué hora llegamos nosotros?
¿A qué hora llegamos nosotras?
¿A qué hora llegáis vosotros?
¿A qué hora llegáis vosotras?
¿A qué hora llegan ellos?
¿A qué hora llegan ellas?
¿A qué hora llegan ustedes?

Yo llego a las doce.
Tú llegas a la una.
Él llega a las dos.
Ella llega a las tres.
Usted llega a las cuatro.
Nosotros llegamos a las cinco.
Nosotras llegamos a la seis.
Vosotros llegáis a las siete.
Vosotras llegáis a las ocho.
Ellos llegan a las nueve.
Ellas llegan a las diez.
Ustedes llegan a las once.

Después de los exámenes *(conversación entre dos)*

1. ¿Quién de los profesores es el responsable de comunicarse con tus padres sobre tu rendimiento? ¿Tienes un(a) consejero(a)/asesor(a)?
2. Normalmente, ¿qué dice de ti este(a) profesor(a) a tus padres?
3. Por lo general, ¿están tus padres satisfechos con tus notas? ¿Y estás tú satisfecho(a)?
4. ¿Escogiste asignaturas/materias diferentes para el próximo semestre?
5. ¿Te pones nervioso(a) antes de un examen? ¿Qué haces para tranquilizarte?
6. ¿Qué es lo que más te molesta/perturba durante un examen?
7. ¿Te enfermaste durante los exámenes pasados? ¿Dormiste lo suficiente durante ese periodo?
8. ¿Encontraste un error de corrección hecho por algún profesor?
9. ¿Son los exámenes necesarios en realidad? ¿Qué dicen los profesores de este asunto/tópico/tema?

Reciclaje

1. Pregunta a tu compañero/a quién de los profesores es el responsable de comunicarse con sus padres sobre su rendimiento y si tiene un(a) consejero(a)/asesor(a).
2. Te gustaría saber qué dice normalmente este(a) profesor(a) de él/ella a sus padres. Hazle la pregunta.
3. Quisieras saber si por lo general sus padres están satisfechos con sus notas y también si él/ella está satisfecho(a). Formula dos preguntas.
4. Pregúntale si él/ella escogió asignaturas/materias diferentes para el próximo semestre.
5. Averigua si él/ella se pone nervioso(a) antes de un examen y qué hace él/ella para tranquilizarse.
6. Pregúntale qué es lo que más le perturba/molesta a él/ella durante un examen.
7. Deseas saber si él/ella se enfermó durante los exámenes pasados y si durmió lo suficiente durante ese periodo. Elabora dos preguntas.
8. Te gustaría saber si él/ella encontró un error de corrección hecho por algún profesor. Hazle la pregunta.
9. Pregúntale si los exámenes son necesarios en realidad y qué dicen los profesores de este asunto/tópico/tema.

El correo electrónico de hoy

Mensaje recibido

Respuesta

De:	carla@conversemosjuntos.gt
Para:	tú@conversemosjuntos.gt

¡Buenos días! Tengo una pregunta filosófica: ¿Crees que los exámenes sirven de algo?¡No veo por qué son necesarios! ¿Qué piensas tú?

De:	tú@conversemosjuntos.gt
Para:	carla@conversemosjuntos.gt

Respuesta:

_____

_____

_____

_____

_____

_____

Vocabulario: Después de los exámenes

Comprensión

el rendimiento (n.m.) performance

un consejero/asesor (n.m.) an advisor, counselor

sobre ti (exp.) about you

normalmente (adv.) normally, usually

por lo general (adv.) generally, in general

durante (prep.) during

decir (v.) to say

próximo (adj.) next, coming

satisfecho (con) (adj.) satisfied with

escoger/elegir (v.) to choose

las asignaturas/materias (n.f.pl.) subjects

habrá (v. haber) there will be

tranquilizarse (v.) to calm down

perturbar/molestar (v.) to bother, irritate, disturb

enfermo (adj.) sick

suficiente (adj.) enough

el sueño (n.m.) sleep

hecho (v. hacer) made

la corrección (n.f.) correction, grading

de este asunto/tópico/tema (exp.) on this topic, subject

Sugerencias

sobresaliente (adj.) outstanding
  notable (adj.) very good
  excelente (adj.) excellent
  brillante (adj.) brilliant

aprobar (v.) to pass

suspender (v.) to fail

complicado (adj.) complicated, complex

trabajador (adj.) hard working

perezoso (adj.) lazy

una dificultad (n.f.) a difficulty

incomprensible (adj.) incomprehensible

increíble (adj.) incredible

el éxito (n.m.) success

dominar (v.) to dominate, ace

un fracaso (n.m.) a failure

adivinar (v.) to guess

poco (adv.) (a) little

estar confundido (exp.) to be confused

olvidar (v.) to forget

irse por las ramas/irse por la tangente (exp.) to go off on a tangent

sorberse la nariz (exp.) to sniffle

carraspear (v.) to clear one's throat

tararear (v.) to hum

mascar chicle (exp.) to chew gum

chicle/goma de mascar (n.f.) chewing gum

tamborilear (v.) to tap

sacar punta a un lápiz (exp.) to sharpen a pencil

Otras posibilidades

_____
_____
_____
_____
_____
_____
_____
_____
_____
_____
_____
_____
_____
_____
_____
_____
_____
_____
_____
_____
_____
_____
_____
_____

Gramática oral _____

Repaso alfabético con adjetivos: género masculino, género femenino

m.	f.	m.	f.	m.	f.
alegre	**alegre**	increíble	increíble	**perezoso**	**perezosa**
bueno	buena	**joven**	**joven**	quinto	quinta
cansado	**cansada**	¿k?	¿k?	**rápido**	**rápida**
chileno	chilena	**lento**	**lenta**	¿rr?(¡no hay!)	¿rr? ;-)
débil	**débil**	lleno	llena	soltero	**soltera**
enfermo	enferma	**maravilloso**	**marvillosa**	**todo**	toda
feliz	**feliz**	necesario	necesaria	unido	**unida**
guapo	guapa	**ñoño**	**ñoña**	**violento**	violenta
horrible	**horrible**	odioso	odiosa	¿w,x,y,z?	**¿w,x,y,z?** (¿hay?)
					(repetir sin mirar)

Después de las vacaciones *(conversación entre dos)*

1. ¿Estás contento(a) de reanudar las clases? ¿Qué medio de transporte utilizas para venir a clases?
2. ¿Es difícil para ti hablar español después de haberte ausentado de la escuela?
3. ¿Qué hiciste de divertido durante las vacaciones?
4. ¿Viste una película, una pieza/obra de teatro, un espectáculo musical, o un concierto de rock? ¿Cuál?
5. ¿Viste a algunos de tus parientes durante las vacaciones?
6. ¿Fuiste a una fiesta durante las vacaciones?
7. ¿Qué te gusta hacer en la escuela que no puedes hacer en casa?
8. ¿Viste a otros estudiantes durante las vacaciones? ¿A quiénes? ¿Dónde?
9. ¿Hiciste tareas/deberes o completaste solicitudes universitarias? ¿Escribiste cartas o postales? ¿Conseguiste un trabajo?

Reciclaje

1. Pregunta a tu compañero/a si él/ella está contento(a) de reanudar las clases y qué medio de transporte utiliza para venir a clases.
2. Averigua si es difícil para él/ella hablar español después de haberse ausentado de la escuela.
3. Quisieras saber qué hizo él/ella de divertido durante las vacaciones. Pregúntale.
4. Te gustaría saber si él/ella vio una película, una pieza/obra de teatro, un espectáculo musical, o un concierto de rock y cuál. Hazle las preguntas.
5. Pregúntale si él/ella vio a algunos de sus parientes durante las vacaciones.
6. Deseas saber si él/ella fue a una fiesta durante las vacaciones. Formula la pregunta.
7. Quisieras saber qué le gusta a él/ella hacer en la escuela que no puede hacer en casa. Pregúntale.
8. Te gustaría saber si él/ella vio a otros estudiantes durante las vacaciones, a quiénes vio y dónde. Elabora tres preguntas.
9. Pregúntale si él/ella hizo tareas/deberes o si completó solicitudes universitarias. Además, pregúntale si escribió cartas o postales o si consiguió un trabajo.

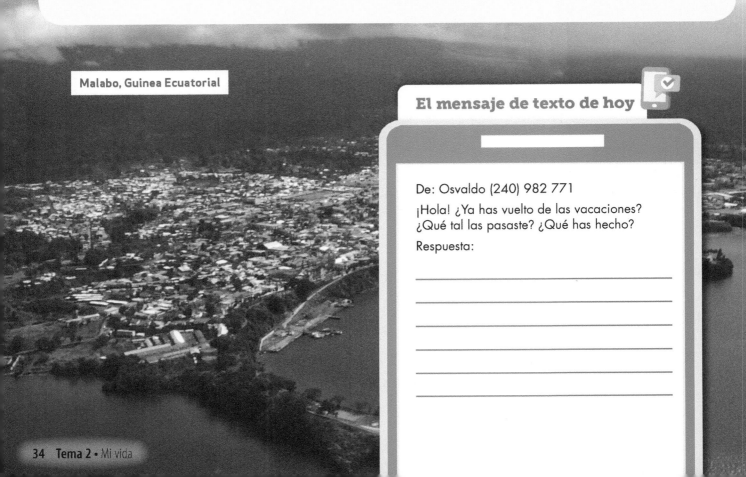

Malabo, Guinea Ecuatorial

El mensaje de texto de hoy

De: Osvaldo (240) 982 771

¡Hola! ¿Ya has vuelto de las vacaciones? ¿Qué tal las pasaste? ¿Qué has hecho?

Respuesta:

_____

_____

_____

_____

_____

_____

Vocabulario: Después de las vacaciones

Comprensión

reanudar (v.) to resume, restart

volver (v.) to return

el medio de transporte (n.m.) means of transportation

¿Es difícil para ti? Is it hard for you?

después de haberte ausentado (exp.) after being absent, after having been absent

divertido (adj.) fun, enjoyable, pleasant

durante (prep.) during

una pieza/obra de teatro (n.f.) a play

un espectáculo musical (n.m.) a music show

¿cuál? (pron.) which one?

el miembro (n.m.) member

una fiesta (n.f.) a party

puedes (v. poder) you can

otro (adj.) other

las tareas (n.f.pl.) homework

los deberes (n.m.pl.) homework

una solicitud universitaria (n.f.) a college application

conseguir (v.) get, obtain

el trabajo (n.m.) work

vuelto (v. volver, participio) returned

Sugerencias

estar de vuelta (exp.) to be back, return

en avión (exp.) by plane

en taxi (exp.) by taxi

en tren (exp.) by train

en coche (exp.) by car

en autobús/colectivo/ómnibus (exp.) by bus

en autocar (exp.) by bus (long distance)

en bus escolar (exp.) by school bus

en bicicleta (exp.) by bicycle

en motocicleta (exp.) by motorcycle

a pie (exp.) on foot

hacer deportes (exp.) to do sports

ver a mis amigos (exp.) to see my friends

participar en obras de teatro (exp.) to participate in plays

ir al cine (exp.) to go to the movies

comer en un restaurante (exp.) to eat in a restaurant

visitar a alguien (exp.) to visit someone

Otras posibilidades

Gramática oral

Adjetivos y pronombres posesivos

Todo el mundo tiene su libro.
Yo tengo el mío, mi libro.
Tú tienes el tuyo, tu libro.
Él tiene el suyo, su libro (de él).
Ella tiene el suyo, su libro (de ella).
Usted tiene el suyo, su libro (de usted).
Nosotros tenemos el nuestro, nuestro libro.
Nosotras tenemos el nuestro, nuestro libro.
Vosotros tenéis el vuestro, vuestro libro.
Vosotras tenéis el vuestro, vuestro libro.
Ellos tienen el suyo, su libro (de ellos).
Ellas tienen el suyo, su libro (de ellas).
Ustedes tienen el suyo, su libro (de ustedes).

Todo el mundo tiene su carta.
Yo tengo la mía, mi carta.
Tú tienes la tuya, tu carta.
Él tiene la suya, su carta (de él).
Ella tiene la suya, su carta (de ella).
Usted tiene la suya, su carta (de usted).
Nostotros tenemos la nuestra, nuestra carta.
Nosotras tenemos la nuestra, nuestra carta.
Vosotros tenéis la vuestra, vuestra carta.
Vosotras tenéis la vuestra, vuestra carta.
Ellos tienen la suya, su carta (de ellos).
Ellas tienen la suya, su carta (de ellas).
Ustedes tienen la suya, su carta (de ustedes).

Después de las vacaciones *(conversación entre dos)*

1. ¿Qué es lo que más echas de menos/extrañas de las vacaciones cuando estás en la escuela?
2. ¿Cuántos días duraron las vacaciones?
3. ¿Fueron las vacaciones suficientemente largas?
4. ¿Qué se cambió en la escuela durante tu ausencia? ¿Qué te gustaría cambiar?
5. ¿Qué te gustó durante las vacaciones? ¿Hubo algo que no te gustó?
6. ¿Qué vas a hacer ahora en la escuela que no hiciste antes de las vacaciones?
7. ¿Cuántos días faltan hasta las próximas vacaciones?
8. ¿Cuál será el acontecimiento más divertido o el mejor momento antes de las próximas vacaciones?
9. En fin, ¿te divertiste mucho durante las vacaciones?

Reciclaje

1. Pregunta a tu compañero/a qué es lo que más él/ella echa de menos/extraña de las vacaciones cuando está en la escuela.
2. Te gustaría saber cuántos días duraron las vacaciones. Hazle la pregunta.
3. Pregúntale si las vacaciones fueron suficientemente largas.
4. Averigua qué se cambió en la escuela durante su ausencia y qué le gustaría cambiar.
5. Deseas saber qué le gustó durante las vacaciones y si hubo algo que no le gustó. Formula dos preguntas.
6. Quisieras saber qué va a hacer él/ella ahora en la escuela que no hizo antes de las vacaciones. Elabora la pregunta.
7. Averigua cuántos días faltan hasta las próximas vacaciones.
8. Te gustaría saber cuál será el acontecimiento más divertido o el mejor momento antes de las próximas vacaciones. Hazle la pregunta.
9. Para terminar, pregúntale si él/ella se divirtió mucho durante las vacaciones.

El correo electrónico de hoy

Mensaje recibido

Respuesta

De:	abuelita@conversemosjuntos.gn
Para:	tú@conversemosjuntos.gn

¡Hola mi cielo! Tus padres me dijeron que ya estás de regreso de tus vacaciones. No veo la hora de que me cuentes todo. Cuéntame lo que hiciste y lo que te gustó. Quiero saberlo todo. ¿Estás contento(a) de estar de vuelta en la escuela?

De:	tú@conversemosjuntos.gn
Para:	abuelita@conversemosjuntos.gn

Respuesta:

_____

_____

_____

_____

_____

_____

Vocabulario: Después de las vacaciones

Comprensión

echar de menos/extrañar (exp.) to miss

más (adv.) the most

durar (v.) to last

te gustaría (v. gustar) you would like

no te gustó (v. gustar, pretérito de indicativo) you did not like

antes (de) (prep.) before

hasta (prep.) until

próximo (adj.) next

suficientemente (adv.) sufficiently, enough

faltar (v.) to be away from

un acontecimiento (n.m.) an event

en fin (exp.) finally

divertirse (v.) to have a good time, have fun (me divierto, nos divertimos)

el cielo (n.m.) sky

estar de vuelta (exp.) to have returned, be back

Sugerencias

Echo de menos/Extraño a mis amigos.
I miss my friends.

Echo de menos/Extraño mi frigorífico.
I miss my fridge.

Echo de menos a mi perro.
I miss my dog.

Echo de menos mi cama. I miss my bed.

hacer todo mi trabajo (exp.) to do all my work

tomar apuntes (exp.) to take notes

sacar buenas notas (exp.) to earn good grades

prestar atención en la clase (exp.) to pay attention in class

demasiado (adv.) too much

Me divertí mucho. I had a lot of fun.

Nos divertimos mucho. We had a lot of fun.

Fue divertidísimo. It was lots of fun.

Otras posibilidades

_____
_____
_____
_____
_____
_____
_____
_____
_____
_____
_____
_____
_____

Gramática oral _____

Adjetivos comparativos

0	**Paco y Pablo son inteligentes.**	0
+	Paco es más inteligente que Pablo.	+
-	**Paco es menos inteligente que Pablo.**	-
=	Paco es tan inteligente como Pablo.	=
≠	**Paco no es tan inteligente como Pablo.**	≠
¡+!	Paco es el más inteligente de la clase.	¡+!
¡-!	**Paco es el menos inteligente de la clase.**	¡-!

Antes de las vacaciones *(conversación entre dos)*

1. ¿Dónde estarás mañana? ¿Estás contento(a) de partir/salir de vacaciones?
2. ¿Cuándo volverás/regresarás de tus vacaciones?
3. ¿Cuáles son tus actividades favoritas/preferidas durante las vacaciones?
4. ¿Hay una fiesta durante las vacaciones? ¿Con qué motivo?
5. ¿Verás a otros miembros de tu familia durante las vacaciones? ¿A quiénes? ¿Dónde? ¿Cuándo?
6. ¿Qué es lo que más te gusta hacer en tu casa que no puedes hacer aquí en la escuela?
7. Durante las vacaciones, ¿verás a otros estudiantes que asisten a esta escuela? ¿Y verás a amigos que no son estudiantes de esta escuela?
8. ¿Cuántos días de vacaciones tienes? ¿Vas a hacer un viaje largo durante las mismas?
9. ¿Tienes tareas/deberes escolares durante las vacaciones?

Reciclaje

1. Pregunta a tu compañero/a dónde estará mañana y si está contento(a) de partir/salir de vacaciones.
2. Quisieras saber cuándo él/ella volverá/regresará de sus vacaciones. Hazle la pregunta.
3. Averigua cuáles son sus actividades favoritas/preferidas durante las vacaciones.
4. Te gustaría saber si hay una fiesta durante las vacaciones y con qué motivo. Elabora dos preguntas.
5. Pregúntale si él/ella verá a otros miembros de su familia durante las vacaciones, a quiénes verá y dónde y cuándo los verá.
6. Deseas saber qué es lo que más le gusta a él/ella hacer en su casa que no puede hacer aquí en la escuela. Formula la pregunta.
7. Pregúntale si durante las vacaciones él/ella verá a otros estudiantes que asisten a esta escuela y si verá a amigos que no son estudiantes de esta escuela.
8. Averigua cuántos días de vacaciones tiene él/ella y si va a hacer un viaje largo durante las mismas.
9. Quisieras saber si él/ella tiene tareas/deberes escolares durante las vacaciones. Hazle la pregunta.

Valle de la Luna en La Paz, Bolivia

El mensaje de texto de hoy

De: Montserrat (591) 4623 7381

¿Qué tal todo? ¿Qué harás estas vacaciones? ¿Irás de viaje a algún lugar?

Respuesta:

_____

_____

_____

_____

_____

_____

Vocabulario: Antes de las vacaciones

Comprensión

estarás (v. estar, futuro) you will be

mañana (adv.) tomorrow

contento (adj.) happy, glad

volverás (v. volver) you will come back

regresarás (v. regresar) you will come back

una fiesta (n.f.) a party

el motivo (n.m.) reason

¿cuáles? (pron.) which ones?

verás (v. ver) you will see

más (adv.) more, most

puedes (v. poder) you can (puedo, podemos)

la escuela (n.f.) school, high school

asistir a (v.) to attend

las tareas (n.f.pl.) homework

los deberes (n.m.pl.) homework

largo (adj.) long

el viaje (n.m.) trip

las mismas (adj.) those same, those very

irás (v. ir) you will go

algún lugar (exp.) somewhere

Sugerencias

iré (v. ir, futuro) I will go

en casa de (prep.) at the house of

durar (v.) to last

en mi casa (exp.) at my house

dormir (v.) to sleep

ver a mis amigos (exp.) to see my friends

comer (v.) to eat

jugar con el perro (exp.) to play with the dog

mirar la televisión (exp.) to watch television

sacar/servirme algo de comer del frigorífico/refrigerador (exp.) to get/serve myself something to eat from the fridge

pasar tiempo con mis compañeros (exp.) to spend time with my classmates

Otras posibilidades

_____
_____
_____
_____
_____
_____
_____
_____
_____
_____
_____
_____
_____
_____
_____
_____

Gramática oral

Adjetivos calificativos de calidad (bueno, mejor, peor)
Los colores representan dos equipos.

0	**Los azules y los rojos son buenos.**	0
+	Los azules son mejores que los rojos.	+
-	**Los azules son peores que los rojos.**	-
=	Los azules son tan buenos como los rojos.	=
≠	**Los azules no son tan buenos como los rojos.**	≠
¡+!	Los azules son los mejores de todos los equipos.	¡+!
¡-!	**Los azules son los peores de todos los equipos.**	¡-!

Antes de las vacaciones *(conversación entre dos)*

1. ¿Tuviste mucho que hacer antes de estas vacaciones?
2. ¿Qué es lo que más echarás de menos/extrañarás durante las vacaciones?
3. ¿A quién le echarás de menos/extrañarás durante las vacaciones?
4. ¿Qué leerás durante estas vacaciones?
5. ¿Qué aspectos de la clase de español te gustan más? ¿Cuáles te gustan menos?
6. ¿Qué acontecimiento reciente en la escuela fue el más memorable?
7. ¿Qué harás en la escuela después de las vacaciones que no hiciste antes?
8. ¿Qué le dirías al director/a la directora de la escuela si pudieras/pudieses sugerirle innovaciones?
9. Te deseo buenas vacaciones. Espero con ansias volver a verte.

Reciclaje

1. Pregunta a tu compañero/a si él/ella tuvo mucho que hacer antes de estas vacaciones.
2. Averigua qué es lo que más él/ella echará de menos/extrañará durante las vacaciones.
3. Quisieras saber a quién él/ella le echará de menos/extrañará durante las vacaciones. Formula la pregunta.
4. Te gustaría saber qué leerá él/ella durante estas vacaciones. Hazle la pregunta.
5. Pregúntale qué aspectos de la clase de español le gustan más a él/ella y cuáles le gustan menos.
6. Deseas saber qué acontecimiento reciente en la escuela fue el más memorable. Elabora la pregunta.
7. Pregúntale qué hará él/ella en la escuela después de las vacaciones que no hizo antes.
8. Quisieras saber qué le diría él/ella al director/a la directora de la escuela si pudiera/pudiese sugerirle innovaciones. Pregúntale.
9. Deséale buenas vacaciones a tu compañero/a y dile que esperas con ansias volver a verle.

El correo electrónico de hoy

Mensaje recibido

Respuesta

| De: | joséfernando@conversemosjuntos.bo |
| Para: | tú@conversemosjuntos.bo |

Increíble - ¡ya llegaron las vacaciones! Echaré mucho de menos la escuela, ¿y tú? ¿Qué es lo que más extrañarás?

| De: | tú@conversemosjuntos.bo |
| Para: | joséfernando@conversemosjuntos.bo |

Respuesta:

_____
_____
_____
_____
_____
_____

Vocabulario: Antes de las vacaciones

Comprensión

echar de menos/extrañar (exp.) to miss

leer (v.) to read

gustar (v.) to please, like (a mí me gusta, a ti te gusta...)

lo que menos te gusta (exp.) what you like the least

un acontecimiento (n.m.) an event

te gustó (v. gustar) did you like, you liked

después de (prep.) after

antes (adv.) before

dirías (v. decir) you would say

el/la director(a) (n.m./f.) principal

pudieras/pudieses (v. poder, imperfecto de subjuntivo) you could

una innovación (n.f.) an innovation, change, something new

desear (v.) to wish, desire

esperar (v.) to wait

con ansias (exp.) eagerly, anxiously

volver a verte (exp.) to see you again

Sugerencias

Echaré de menos/Extrañaré mis clases.

Echaré de menos/Extrañaré los deportes.

Echaré de menos/Extrañaré a mis amigos.

Echaré de menos/Extrañaré _____ I will miss _____

Sacaré buenas notas. I will earn good grades.

Prestaré atención. I will pay attention.

Repasaré la información estudiada. I will review the studied information.

Haré todo mi trabajo escolar. I will do all my school work.

Tomaré apuntes. I will take notes.

Llegaré a tiempo. I will arrive on time.

la escuela (n.f.) school, high school

el colegio (n.m.) school, high school

el instituto/liceo/bachillerato (n.m.) high school

Otras posibilidades

_____

_____

_____

_____

_____

_____

_____

_____

_____

_____

_____

_____

_____

_____

Gramática oral

Expresiones: adjetivos superlativos absolutos

el niño	**muy grande**	**¡grandísimo!**
esta camisa	muy cara	¡carísima!
ese laboratorio	**muy moderno**	**¡modernísimo!**
estas faldas	muy lindas	¡lindísimas!
esa idea	**muy profunda**	**¡profundísima!**
ese hombre	muy cruel	¡cruelísimo!
esta señora	**muy gorda**	**¡gordísima!**
estas chicas	muy guapas	¡guapísimas!
esos libros	**muy importantes**	**¡importantísimos!**
su salida	muy temprana	¡tempranísima!
su llegada	**muy tarde**	**¡tardísima!**
Tengo poco	muy poco	¡poquísimo!
Tengo mucho	**mucho mucho ;-)**	**¡muchísimo!**

Las clases *(conversación entre dos)*

1. ¿Cuál es tu clase preferida?
2. ¿Estudias seriamente la asignatura/materia de esta clase? ¿Por qué?
3. ¿De qué te servirá esta clase? ¿Quién es tu maestro(a)/profesor(a)?
4. ¿Por qué te gusta o interesa esta clase?
5. ¿Haces tu tarea/deber escolar para ti mismo(a) o para complacer a otra persona?
6. ¿Qué clase te ayuda a pensar, a reflexionar y a desarrollar más tus propias ideas?
7. ¿Para cuál de las clases debes memorizar más?
8. ¿En qué clase te esfuerzas más?
9. ¿En cuál de las clases te sientes más cómodo(a)? ¿Por qué?

Reciclaje

1. Pregunta a tu compañero/a cuál es su clase preferida.
2. Quisieras saber si él/ella estudia seriamente la asignatura/materia de esta clase y por qué. Elabora dos preguntas.
3. Te gustaría saber de qué le servirá a él/ella esta clase y quién es su maestro(a)/profesor(a). Hazle las preguntas.
4. Averigua por qué le gusta o interesa a él/ella esta clase.
5. Pregúntale si él/ella hace su tarea/deber escolar para sí mismo(a) o para complacer a otra persona.
6. Te gustaría saber qué clase le ayuda a él/ella a pensar, a reflexionar y a desarrollar más sus propias ideas. Pregúntale.
7. Deseas saber para cuál de las clases él/ella debe memorizar más. Formula la pregunta.
8. Quisieras saber en qué clase él/ella se esfuerza más. Pregúntale.
9. Pregúntale en cuál de las clases él/ella se siente más cómodo(a)? y por qué.

Guayaquil, Ecuador

El mensaje de texto de hoy

De: Sandra (593) 4552 2804

¿Cuál es tu clase preferida este semestre y por qué? Me gustaría saber puesto que estoy familiarizado con todas las clases que se ofrecen en tu colegio y ¡conozco a todos los profesores!

Respuesta:

_____

_____

_____

_____

_____

Vocabulario: Las clases

Comprensión

la clase (n.f.) classroom, class

la asignatura/materia (n.f.) subject in school

estudiar (v.) to study

seriamente (adv.) seriously

servirá (v. servir, futuro) will serve you

complacer/dar el gusto a alguien (exp.) to please someone

gustar (v.) to please (a mí me gusta)

interesar (v.) to interest (a mí me interesa)

otro (pron.) another

ayudar (v.) to help

más (adv.) most

para ti mismo(a) (exp.) for yourself

pensar (v.) to think

desarrollar (v.) to develop

¿hay que? (+ infinitivo) (exp.) must one?

aprender (v.) to learn

esforzarse (v.) to make an effort

cómodo(a) (adj.) comfortable (sentirse__)

sentirse (v.) to feel (me siento, te sientes)

Sugerencias

seguir un curso (v.) to take a course (sigo, seguimos)

me siento a mis anchas/a gusto (exp.) I feel at ease, comfortable

el material (n.m.) information to be studied, content

el alemán (n.m.) German

el español (n.m.) Spanish

el francés (n.m.) French

el chino (n.m.) Chinese

el inglés (n.m.) English

el griego (n.m.) Greek

el arte (n.m.) art (las artes)

la biología (n.f.) biology

la química (n.f.) chemistry

la geografía (n.f.) geography

la educación física/gimnasia (n.f.) physical education (P.E.)

la historia (n.f.) history

la informática (n.f.) computer science

las matemáticas (n.f.pl.) mathematics

  el álgebra (n.f.) algebra (las álgebras)

  el cálculo (n.m.) calculus

  la geometría (n.f.) geometry

la música (n.f.) music

la física (n.f.) physics

la psicología (n.f.) psychology

los deportes (n.m.pl.) sports

el teatro (n.m.) theater

Otras posibilidades

_____

_____

_____

_____

_____

_____

_____

_____

_____

_____

_____

_____

_____

_____

_____

_____

_____

_____

_____

_____

_____

_____

_____

Gramática oral

Los adjetivos demostrativos

	this	that	that over there, far away
el libro	**este libro**	**ese libro**	**aquel libro**
los libros	estos libros	esos libros	aquellos libros
la mesa	**esta mesa**	**esa mesa**	**aquella mesa**
las mesas	estas mesas	esas mesas	aquellas mesas
la mujer	**esta mujer**	**esa mujer**	**aquella mujer**
las mujeres	estas mujeres	esas mujeres	aquellas mujeres
el hombre	**este hombre**	**ese hombre**	**aquel hombre**
los hombres	estos hombres	esos hombres	aquellos hombres
el hotel	**este hotel**	**ese hotel**	**aquel hotel**
la farmacia	esa farmacia	esta farmacia	aquella farmacia
los almacenes	**esos almacenes**	**estos almacenes**	**aquellos almacenes**

Las clases *(conversación entre dos)*

1. ¿Qué clase te cuesta más o te da más trabajo? ¿Y qué clase te resulta más fácil?
2. ¿En qué clase existe la posibilidad de hacer excursiones?
3. Cuando estás en clase, ¿a quién prestas más atención, al/a la profesor(a) o a los otros alumnos?
4. ¿Cuál es la principal responsabilidad del/de la profesor(a)?
5. ¿Cuál es la principal responsabilidad del/de la alumno(a)?
6. ¿De qué sirven las notas? ¿Estás satisfecho(a) con las tuyas?
7. ¿En qué clase comprendes exactamente lo que quiere el profesor/la profesora? ¿Por qué?
8. ¿Por qué se hace uno profesor(a)?
9. ¿Serás profesor(a) un día? ¿Por qué? ¿Profesor(a) de qué asignatura/materia?

Reciclaje

1. Pregunta a tu compañero/a qué clase le cuesta más o le da más trabajo y qué clase le resulta más fácil.
2. Quisieras saber en qué clase existe la posibilidad de hacer excursiones. Pregúntale.
3. Pregúntale si cuando está en clase presta más atención al/a la profesor(a) o a los otros alumnos.
4. Te gustaría saber cuál es la principal responsabilidad del/de la profesor(a). Hazle la pregunta.
5. Pregúntale cuál es la principal responsabilidad del/de la alumno(a).
6. Averigua de qué sirven las notas y si él/ella está satisfecho(a) con las suyas.
7. Deseas saber en qué clase comprende él/ella exactamente lo que quiere el profesor/la profesora y por qué. Elabora dos preguntas.
8. Te gustaría saber por qué se hace uno profesor(a). Formula la pregunta.
9. Quisieras saber si él/ella será profesor(a) un día, por qué, y profesor(a) de qué asignatura/materia. Hazle tres preguntas.

El correo electrónico de hoy

Mensaje recibido

Respuesta

De:	lucho@conversemosjuntos.ec
Para:	tú@conversemosjuntos.ec

¡Hola! Estoy pensando estudiar docencia. ¿Me podrías decir cuáles son las mejores cualidades de un buen profesor? Algún día me gustaría ser un buen profe. :) ¡Gracias!

De:	tú@conversemosjuntos.ec
Para:	lucho@conversemosjuntos.ec

Respuesta:

_____

_____

_____

_____

_____

_____

Vocabulario: Las clases

Comprensión

costar (v.) to be difficult, hard

te resulta más fácil (exp.) goes the easiest for you

¿cuál? (pron.) which one?

una excursión (n.f.) an outing, trip, field trip

el alumno (n.m.) student

prestar atención (v.) to pay attention

servir (v.) to serve, be used for

sentirse (v.) to feel (me siento, nos sentimos)

principal (adj.) main

la nota (n.f.) grade

estoy satisfecho con... (exp.) I am satisfied with...

las tuyas (pron.) yours (las notas)

lo que (pron.) that which

querer (v.) to want (yo quiero, él/ella/ Ud. quiere, nosotros queremos)

hacerse (v.) to become

¿serás? (v. ser) will you be?

algún día (exp.) some day

me gustaría ser (v. gustar, condicional) I would like to be

la docencia/enseñanza (n.f.) teaching

ser un(a) buen(a) profe (exp.) to be a good teacher

Sugerencias

animar/alentar (v.) to encourage

desanimar/desalentar (v.) to discourage

recompensar (v.) to reward

castigar (v.) to punish

evaluar (v.) to evaluate (evalúo, evaluamos)

Otras posibilidades

_____

_____

_____

_____

_____

_____

_____

_____

_____

_____

_____

_____

_____

_____

_____

_____

_____

_____

_____

_____

Gramática oral ➡ ?

Formación de los adverbios y de las expresiones adverbiales

adjetivo	forma femenina	adverbio	de modo (m.) / de manera (f.)
atlético	**atlética**	**atléticamente**	**de modo atlético**
bueno	buena	bien	de manera buena
cansado	**cansada**	**cansadamente**	**de modo cansado**
chistoso	chistosa	chistosamente	de manera chistosa
excelente	**excelente**	**excelentemente**	**de manera excelente**
fantástico	fantástica	fantásticamente	de modo fantástico
horrible	**horrible**	**horriblemente**	**de manera horrible**
natural	natural	naturalmente	de manera natural
peligroso	**peligrosa**	**peligrosamente**	**de modo peligroso**
razonable	razonable	razonablemente	de modo razonable
sano	**sana**	**sanamente**	**de manera sana**
terrible	terrible	terriblemente	de manera terrible
verdadero	**verdadera**	**verdaderamente**	**de modo verdadero**

La escuela *(conversación entre dos)*

1. ¿En qué clase estás ahora?
2. ¿Estás contento(a) de ser un(a) alumno(a)?
3. ¿En qué forma reciben tus padres tus calificaciones, a través de un profesor encargado, del boletín de calificaciones, o de un sitio de internet?
4. ¿Cuántas asignaturas tienes? ¿Cuál de las asignaturas te es la más fácil? ¿Y cuál te es la más difícil?
5. ¿Tienes muchos amigos en esta escuela/este colegio? ¿Tienes amigos también en otras escuelas?
6. ¿Qué te parecen los alumnos nuevos?
7. ¿Cuál es tu opinión sobre la comida de la cantina/cafetería de la escuela? ¿Desayunas, almuerzas o meriendas en la cantina/cafetería?
8. ¿A qué hora llegas a la escuela y a qué hora sales de la escuela?
9. ¿Qué piensas de las reglas de la escuela?

Reciclaje

1. Pregunta a tu compañero/a en qué clase está ahora.
2. Quisieras saber si él/ella está contento(a) de ser un(a) alumno(a). Hazle la pregunta.
3. Te gustaría saber en qué forma reciben sus padres sus calificaciones, a través de un profesor encargado, del boletín de calificaciones, o de un sitio de internet. Formula la pregunta.
4. Averigua cuántas asignaturas tiene él/ella, cuál de las asignaturas le es la más fácil y cuál le es la más difícil. Elabora tres preguntas.
5. Pregúntale si él/ella tiene muchos amigos en esta escuela/este colegio y si tiene amigos también en otras escuelas.
6. Te gustaría saber qué le parecen a él/ella los alumnos nuevos. Pregúntale.
7. Averigua su opinión sobre la comida de la cantina/cafetería de la escuela y además pregúntale si él/ella desayuna, almuerza o merienda en la cantina/cafetería.
8. Quisieras saber a qué hora llega él/ella a la escuela y a qué hora sale él/ella de la escuela. Formula la pregunta.
9. Deseas saber qué piensa él/ella de las reglas de la escuela. Hazle la pregunta.

Plaza de San Nicolás, Barranquilla, Colombia

El mensaje de texto de hoy

De: Telma (57) 5824 3590

¿Qué tal? ¡Ya se reanudaron las clases, uf! ¿Qué asignaturas tienes este semestre? ¿Nos vemos en la cantina al mediodía?

Respuesta:

_____

_____

_____

_____

_____

_____

Vocabulario: La escuela

Comprensión

la clase (n.f.) classroom, class

ahora (adv.) now, right now

encargado (adj.) responsible for, in charge of

la nota (n.f.) grade

la asignatura/materia (n.f.) subject, course

más (adv.) more, most

fácil (adj.) easy

difícil (adj.) difficult

la escuela (n.f.) school, high school

el colegio (n.m.) school, high school

¿qué te parecen…? (exp.) what do you think of …

nuevo (adj.) new

la comida (n.f.) food

llegar (a) (v.) to arrive

salir (de) (v.) to leave

desayunar (v.) to have breakfast

almorzar (v.) to have lunch (almuerzo, almorzamos)

merendar (v.) to snack, have a morning or afternoon snack

la cantina (n.f.) cafeteria, snack bar

la cafetería (n.f.) cafeteria, coffee shop

la regla (n.f.) rule

* El término utilizado para designar el curso o año de estudio que cursa un alumno o estudiante puede diferir dependiendo del país de habla hispana correspondiente.

Sugerencias

* **en el sexto grado** (séptimo, octavo, noveno, décimo) = in 6th grade

* **en el grado (año) once** = in 11th grade, junior

* **en el grado (año) doce** = in 12th grade, senior

* **en el primer año de la media, en el segundo año …** = in the first year of middle school, in the second year …

* **en el primer año del bachillerato/de la secundaria** = in the first year of high school

graduarse (v.) to graduate

recibir el título de bachiller (exp.) to receive the high school diploma

en la universidad (exp.) at the university, in college

mediocre (adj.) mediocre, so-so, poor

normal (adj.) average

aceptable (adj.) acceptable

notable/bueno (adj.) good

sobresaliente (adj.) outstanding

severo/estricto (adj.) severe, strict, harsh

razonable (adj.) reasonable

ser un buen alumno (exp.) to be a good student

ser un mal alumno (exp.) to be a bad student

delicioso (adj.) delicious

el comedor escolar/universitario (n.m.) school or college dining area, cafeteria

Otras posibilidades

Gramática oral

Comparaciones con los adverbios bien, mejor y peor
Los colores representan dos equipos.

0	Los rojos y los azules juegan bien.	0
+	Los rojos juegan mejor que los azules.	+
-	**Los rojos juegan peor que los azules.**	-
=	Los rojos juegan tan bien como los azules.	=
≠	**Los rojos no juegan tan bien como los azules.**	≠
¡+!	Los rojos juegan mejor de todos los equipos.	¡+!
¡-!	**Los rojos juegan peor de todos los equipos.**	¡-!

La escuela *(conversación entre dos)*

1. ¿Qué haces después de las clases?
2. ¿Qué parte del día te gusta más?
3. ¿Cuál es tu deporte preferido o tu actividad preferida en la escuela?
4. ¿En qué momento tienes la oportunidad de hablar con tus amigos?
5. ¿Hablan los profesores de ti? ¿Qué dicen?
6. ¿Te gustaría desempeñar un papel en una pieza/obra de teatro presentada por la escuela?
7. ¿Haces alguna actividad interesante o algo de especial en la escuela? ¿Qué haces?
8. ¿Estás enamorado(a) de alguien en la escuela?
9. ¿Qué te gustaría lograr a lo largo de este año académico/escolar?

Reciclaje

1. Pregunta a tu compañero/a qué hace él/ella después de las clases.
2. Averigua qué parte del día le gusta más a él/ella.
3. Pregúntale cuál es su deporte preferido o su actividad preferida en la escuela.
4. Deseas saber en qué momento tiene él/ella la oportunidad de hablar con sus amigos. Hazle la pregunta.
5. Quisieras saber si los profesores hablan de él/ella y qué dicen. Pregúntale.
6. Pregúntale si a él/ella le gustaría desempeñar un papel en una pieza/obra de teatro presentada por la escuela.
7. Te gustaría saber si él/ella hace alguna actividad interesante o algo de especial en la escuela y qué hace. Elabora dos preguntas.
8. Averigua si él/ella está enamorado(a) de alguien en la escuela.
9. Deseas saber qué le gustaría lograr a él/ella a lo largo de este año académico/escolar. Formula la pregunta.

El correo electrónico de hoy

Mensaje recibido

Respuesta

De: edgar@conversemosjuntos.co
Para: tú@conversemosjuntos.co

¡Hola!! ¿Cuáles son tus actividades extracurriculares/extraescolares? ¡Quiero inscribirme en las mismas actividades que tú!

De: tú@conversemosjuntos.co
Para: edgar@conversemosjuntos.co

Respuesta:

_____

_____

_____

_____

_____

_____

Vocabulario: La escuela

Comprensión

después (de) (prep.) after

la parte (n.f.) part

el día (n.m.) day

preferido/favorito (adj.) favorite

tener la oportunidad/ocasión de (exp.) to have the chance to

dicen (v. decir) they say (digo, decimos)

¿te gustaría? (v. gustar) would you like

desempeñar un papel en una obra/pieza de teatro (exp.) to play a part in a play

una pieza/obra de teatro (n.f.) a play in the theater

estar enamorado de (exp.) to be in love with

lograr (v.) to achieve, attain, fulfill

a lo largo de (adv.) throughout

académico/escolar (adj.) academic, pertaining to school

extracurricular/extraescolar (adj.) extracurricular

Sugerencias

la mañana (n.f.) morning

la tarde (n.f.) afternoon

la noche (n.f.) night, evening

el fútbol (n.m.) soccer

el fútbol americano (n.m.) football

el hockey sobre hierba/césped (n.m.) field hockey

el hockey sobre hielo (n.m.) ice hockey

el béisbol, el básquetbol, el *lacrosse*, el *softball*, el tenis

la lucha libre (n.f.) wrestling

la natación (n.f.) swimming

el atletismo (n.m.) track and field

el coro (n.m.) choir, chorus, glee club

el remo (n.m.) oar, crew rowing

tocar un instrumento (exp.) to play a musical instrument

aprender a hablar español (exp.) to learn to speak Spanish

sacar buenas notas (exp.) to get good grades

cumplir (v.) to accomplish, achieve, fulfill

realizar (v.) to carry out, make

el libro de texto (n.m.) textbook

la escuela primaria/secundaria (n.f.) elementary school/high school

la escuela secundaria (n.f.) secondary school

la ESO o Educación Secundaria Obligatoria (España)

Otras posibilidades

_____

_____

_____

_____

_____

_____

_____

_____

_____

_____

_____

_____

_____

_____

_____

_____

_____

_____

_____

_____

_____

Gramática oral

Comparaciones con los adverbios de modo

0	**Miguel corre rápidamente.**	0
+	Miguel corre más rápidamente que Juan.	+
-	**Miguel corre menos rápidamente que Juan.**	-
=	Miguel corre tan rápidamente como Juan.	=
≠	**Miguel no corre tan rápidamente como Juan.**	≠
¡+!	Miguel corre más rápidamente de todos los corredores.	¡+!
¡-!	**Miguel corre menos rápidamente de todos los corredores.**	¡-!

La universidad *(conversación entre dos)*

1. ¿Piensas asistir a una universidad?
2. ¿Qué carrera universitaria te gustaría seguir? ¿Por qué?
3. ¿Tienes algún familiar que no haya completado sus estudios universitarios?
4. ¿Cuáles son las otras opciones disponibles si es que uno decide no ir a la universidad?
5. Si pudieras elegir la universidad a la cual asistir, ¿elegirías una universidad que queda cerca o lejos de tu casa? Explica el porqué de tu elección.
6. ¿Preferirías estudiar en una universidad que fuera pública o privada y por qué? ¿ Y te gustaría que la universidad fuera grande o pequeña? ¿Por qué?
7. Además de las clases, ¿participarías en actividades extracurriculares y en clubes y organizaciones que ofrece la universidad? ¿Qué tipo de actividades te interesan?
8. ¿Cómo piensas pagar tus estudios y los gastos del mismo?
9. Desde tu punto de vista, ¿es importante seguir los estudios universitarios para sobresalir en la vida? ¿Por qué?

Reciclaje

1. Pregunta a tu compañero/a si piensa asistir a una universidad.
2. Quisieras saber qué carrera universitaria le gustaría seguir y por qué. Hazle dos preguntas.
3. Averigua si tiene algún familiar que no haya completado sus estudios universitarios.
4. Te gustaría saber cuáles son las otras opciones disponibles si es que uno decide no ir a la universidad. Elabora la pregunta.
5. Pregúntale, si él/ella elegiría una universidad que queda cerca o lejos de su casa, si pudiera elegir la universidad a la cual asistir. Pídele que explique el porqué de su elección.
6. Deseas saber si él/ella preferiría estudiar en una universidad que fuera pública o privada y por qué. Además, pregúntale si a él/ella le gustaría que la universidad fuera grande o pequeña y por qué.
7. Averigua si, además de las clases, él/ella participaría en actividades extracurriculares y en clubes y organizaciones que ofrece la universidad. También pregúntale qué tipo de actividades le interesan a él/ella.
8. Deseas saber cómo piensa él/ella pagar sus estudios y los gastos del mismo. Elabora la pregunta.
9. Quisieras saber si, desde su punto de vista, es importante seguir los estudios universitarios para sobresalir en la vida y por qué. Formula dos preguntas.

Faro de José Ignacio en Maldonado, Uruguay

El mensaje de texto de hoy

De: Omar (598) 4280 9172

¡Hola! ¡Ya está! ¡Acabo de recibir la carta de ingreso a la universidad! Es una universidad privada entonces ahora me toca comenzar a pagar... ¿Y vos? ¿Dónde vas a estudiar? ¿Cómo pensás pagar tus estudios?

Respuesta:

_____

_____

_____

_____

_____

Vocabulario: La universidad

Comprensión

piensas asistir (exp.) do you plan to attend

piensas participar (exp.) do you plan to participate

la universidad (n.f.) university, college

la carrera universitaria (n.f.) major, degree

los estudios universitarios (n.m.pl.) college or university studies

un familiar (n.m.) a relative

no haber completado (exp.) not to have completed

disponible (adj.) available

especialización/carrera (n.f.) major

si pudieras (exp.) if you could

que fuera (exp.) that were

la elección (n.f.) choice

el porqué (exp.) reason for, cause of

cerca (adv.) close

lejos (adv.) far

además de (adv.) besides, in addition to

desde tu punto de vista (exp.) from your point of view

los gastos (n.m.) expenses

sobresalir (v.) to stand out

las instalaciones universitarias (n.f.pl.) university or college facilities

Sugerencias

la facultad (n.f.) a university department or school corresponding to a specific career

los idiomas (n.m.pl.) languages

el español (n.m.) Spanish

las matemáticas (n.f.pl.) mathematics

la ciencia (n.f.pl.) science

la música (n.f.) music

la historia (n.f.) history

el arte (n.f.) art (las artes)

las ciencias y las humanidades (n.f.pl.) liberal arts

encontrar un trabajo/empleo (v.) to find work, find a job

yo elegiría (v. elegir, condicional) I would choose

practicar deportes (exp.) to practice sports, do a sport

unirse a un grupo de voluntariado (exp.) to join a volunteer group

mis padres pagarán (v. pagar) my parents will pay

un diploma/título (n.m.) a diploma, degree

ingresar (v.) to get in, be accepted

el examen de ingreso (n.m.) entrance exam

Otras posibilidades

_____

_____

_____

_____

_____

_____

_____

_____

_____

_____

_____

_____

_____

_____

_____

_____

_____

_____

_____

_____

Gramática oral

Comparaciones de igualdad

tan	**tanto, tanta, tantos, tantas**	**tanto**
(as)	*(as much, as many + noun)*	*(so much)*

Miguel es tan inteligente como Luisa.

Luisa no es tan grande como María.

Él corre tan rápidamente como ella.

Yo tengo tantos libros como mis hermanos.

Él gana tanto dinero como nosotros.

Nosotros tenemos tantos problemas como vosotros.

Tú tienes tanto talento como yo.

Ella tiene tanta imaginación como su hermana.

Ellos no están tan preparados como ellas.

Ese ejercicio es tan fácil como los otros.

Quiero tanto ir contigo.

Les gusta tanto a los parientes escuchar jugar a María.

¡Me duele tanto la cabeza!

La universidad *(conversación entre dos)*

1. ¿Cuántos años piensas que te llevará completar los estudios de la carrera que quieres seguir?
2. ¿Sabes en cuánto tiempo aproximadamente se puede obtener una maestría? ¿Y un doctorado?
3. ¿Conoces a alguien a quien le ha llevado más tiempo de lo habitual completar su carrera? ¿Cuánto tiempo le ha llevado a esta persona completar sus estudios? ¿Por qué?
4. ¿Conoces a alguien que ha dejado la universidad/ha abandonado sus estudios antes de terminar su carrera? ¿Por qué lo ha hecho?
5. ¿Sabes cuáles son las actividades de los estudiantes universitarios en las tardes, las noches y los fines de semana?
6. ¿Piensas estudiar en el extranjero en el futuro? ¿Dónde y por cuánto tiempo?
7. ¿Cuáles son algunos de los beneficios de estudiar en el extranjero?
8. ¿Cuáles son los inconvenientes de hacer un viaje al extranjero?
9. ¿Conoces a una persona cercana a ti que ha tenido éxito en su vida? ¿Cómo se ha destacado esta persona?

Reciclaje

1. Pregunta a tu compañero/a cuántos años piensa él/ella que le llevará completar los estudios de la carrera que quiere seguir.
2. Averigua si él/ella sabe en cuánto tiempo aproximadamente se puede obtener una maestría y en cuánto tiempo se puede obtener un doctorado. Elabora dos preguntas.
3. Pregúntale si él/ella conoce a alguien a quien le ha llevado más tiempo de lo habitual completar su carrera, cuánto tiempo le ha llevado a esta persona completar sus estudios y por qué.
4. Quisieras saber si él/ella conoce a alguien que ha dejado la universidad/ha abandonado sus estudios antes de terminar su carrera y por qué lo ha hecho. Formula dos preguntas.
5. Averigua si él/ella sabe cuáles son las actividades de los estudiantes universitarios en las tardes, las noches y los fines de semana.
6. Te gustaría saber si él/ella piensa estudiar en el extranjero en el futuro, dónde y por cuánto tiempo. Hazle dos preguntas.
7. Deseas saber cuáles son algunos de los beneficios de estudiar en el extranjero. Elabora la pregunta.
8. Te gustaría saber cuáles son los inconvenientes de hacer un viaje al extranjero. Formula la pregunta.
9. Pregúntale si él/ella conoce a una persona cercana a él/ella que ha tenido éxito en su vida y cómo se ha destacado esta persona.

El correo electrónico de hoy

Mensaje recibido

| De: | santiago@conversemosjuntos.uy |
| Para: | tú@conversemosjuntos.uy |

¡Hola! Tengo una muy buena noticia, ¡mi hermana ingresó a la universidad que más le gusta de todas a las que postuló! Esto me hace pensar en mi futuro. ¿Qué pensás hacer vos después de recibir tu diploma del bachillerato?

Respuesta

| De: | tú@conversemosjuntos.uy |
| Para: | santiago@conversemosjuntos.uy |

Respuesta:

_____

_____

_____

_____

_____

_____

Vocabulario: La universidad

Comprensión

te llevará (v. llevar) it will take you

la carrera universitaria (n.f.) major, degree, university career

obtener (v.) to get

la maestría (n.f.) master's degree

el doctorado (n.m.) doctoral degree

pasar (v.) to spend

terminar (v.) to finish

los estudios (n.m.) studies

un diploma/título (n.m.) a diploma/ degree

salir/dejar/abandonar (v.) to leave, drop out

hacer/realizar un viaje (exp.) to take a trip

en el extranjero (exp.) abroad

los jóvenes (n.m.pl.) young people

pasar las tardes (exp.) to spend the afternoons

un inconveniente (n.m.) an inconvenience, problem, issue

realizar/hacer un viaje (v.) to make a trip

tener éxito (exp.) to have success

destacarse (v.) to stand out

postular/solicitar (v.) to apply

Sugerencias

cuatro o cinco años = four or five years (un diploma universitario)

dos años = two years (una maestría)

cuatro años aproximadamente = four years approximately (un doctorado)

la biblioteca (n.f.) library

la residencia (n.f.) dormitory, residence hall

un grupo de voluntariado (n.m.) a volunteer group

un grupo musical (n.m.) a musical group

un equipo deportivo (n.m.) a sports team

aprender otra cultura (exp.) to learn another culture

aprender otros idiomas (exp.) to learn other languages

mejorar su conocimiento de español (exp.) to improve one's knowledge of Spanish

sentir nostalgia/añoranza (exp.) to be homesick

extraño/echo de menos a mi familia (exp.) I miss my family

sentir pasión por algo (exp.) to have a passion for something

perderse algunos acontecimientos familiares (exp.) to miss family events

Otras posibilidades

_____

_____

_____

_____

_____

_____

_____

_____

_____

_____

_____

_____

_____

_____

_____

_____

_____

_____

_____

Gramática oral → ?

Adverbios interrogativos

Respuesta	Pregunta	Respuesta	Pregunta	Respuesta
Pedro	¿Quién?	**Pedro**	¿Quién?	**Pedro**
Juan y Ana	**¿Quiénes?**	Juan y Ana	**¿Quiénes?**	Juan y Ana
Porque...	¿Por qué?	**Porque...**	¿Por qué?	**Porque...**
Hoy	**¿Cuándo?**	Hoy	**¿Cuándo?**	Hoy
Aquí	¿Dónde?	**Aquí**	¿Dónde?	**Aquí**
A Madrid	**¿A dónde?**	A Madrid	**¿A dónde?**	A Madrid
De León	¿De dónde?	**De León**	¿De dónde?	**De León**
El Café Rojo	**¿En cuál Café?**	En el Café Rojo	**¿En cuál Café?**	En el Café Rojo
El sábado y el domingo	¿Qué días?	**El sábado y el domingo**	¿Qué días?	**El sábado y el domingo**
Rápidamente	**¿Cómo?**	Rápidamente	**¿Cómo?**	Rápidamente
Dos días	¿Cuántos?	**Dos días**	¿Cuántos?	**Dos días**
Tres chicas	**¿Cuántas?**	Tres chicas	**¿Cuántas?**	Tres chicas
Babebibobu	¿Qué?	**Babebibobu**	¿Qué?	**¡Babibebobu!**

hambre
hora
elegir
día
noche
atrasarse
llevar
seda
desvelarse
divertirse
sed
sentidos
ayer
escopo
sabor
vida
saborear
sol
almohada
mañana
lluvia
sentimientos
desear
campo
mercado
abrazarse
abrazarse
jugar
víspera
sueños
tiempo
inicio
perfume
huerta
nacimiento
comidas
enamorarse
vida cotidiana
jardín
lapso
comprar
recuerdos
futuro
descalzo
brindar
siglo
clima
hoja
trabajar
verano
ganar
nieve
desvelarse
conocer
besarse
avanzar
vacaciones
comer
fin de semana

54

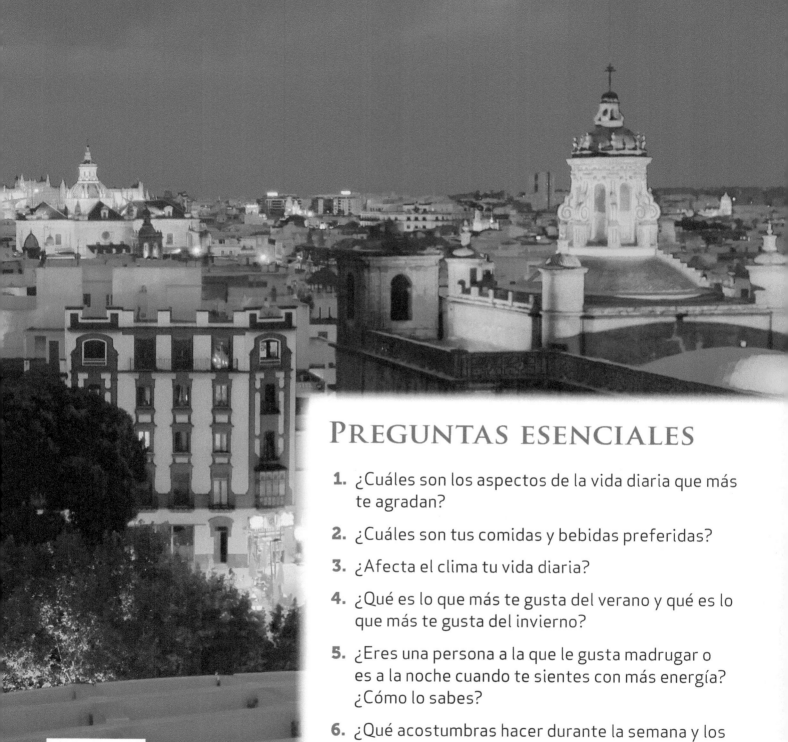

LA VIDA DIARIA

Sevilla, España

PREGUNTAS ESENCIALES

1. ¿Cuáles son los aspectos de la vida diaria que más te agradan?

2. ¿Cuáles son tus comidas y bebidas preferidas?

3. ¿Afecta el clima tu vida diaria?

4. ¿Qué es lo que más te gusta del verano y qué es lo que más te gusta del invierno?

5. ¿Eres una persona a la que le gusta madrugar o es a la noche cuando te sientes con más energía? ¿Cómo lo sabes?

6. ¿Qué acostumbras hacer durante la semana y los fines de semana?

Las compras *(conversación entre dos)*

1. En tu familia, ¿quién hace más a menudo las compras en el mercado o en el supermercado? ¿Haces tú también las compras?
2. ¿A qué tiendas/negocios vas regularmente para hacer compras?
3. ¿Hay un supermercado cerca de tu casa? ¿Compras cereales ahí? ¿De qué marca?
4. ¿Compras el café en grano, molido o instantáneo?
5. ¿Compras jugo/zumo de naranja natural o concentrado?
6. ¿Va uno a la pescadería o a la carnicería para comprar pescado? ¿Y para comprar carne?
7. ¿Dónde compras las verduras y las frutas? ¿Y los productos lácteos como el queso?
8. ¿Compras pasta dentífrica/dentífrico en la farmacia o en el supermercado?
9. ¿Cuáles son las frutas que te gusta comprar? ¿Cuál es el tipo de carne que te gusta comprar? Y, ¿cuáles son las verduras y especias que sueles comprar?

Reciclaje

1. Pregunta a tu compañero/a quién en su familia hace más a menudo las compras en el mercado y si él/ella también las hace.
2. Averigua a qué tiendas/negocios él/ella va regularmente para hacer sus compras.
3. Pide a tu compañero/a que te diga si hay un supermercado cerca de su casa.
4. Deseas saber la clase de café que él/ella compra (por ejemplo, molido o instantáneo). Pregúntale.
5. Pregúntale si él/ella compra jugo/zumo de naranja natural o concentrado.
6. Te gustaría saber adónde uno debe ir para comprar pescado o para comprar carne. Hazle estas preguntas.
7. Tienes curiosidad de saber dónde él/ella compra las verduras, las frutas y los productos lácteos como el queso. Elabora estas preguntas.
8. Pregúntale si él/ella compra la pasta dentífrica/el dentífrico en la farmacia o en el supermercado.
9. Pregúntale qué frutas, qué tipo de carne, qué verduras y qué especias le gusta comprar.

Plaza de la Reina y Torre del Micalet en Valencia, España

El mensaje de texto de hoy

De: Cecilia (34) 923 555 842

¡Por fin! ¡Nos acabamos de mudar a tu barrio! A mi madre le gustaría saber dónde hacéis vosotros las compras: ¿qué tiendas o negocios frecuentáis para comprar ropa y comestibles?

Respuesta:

_____

_____

_____

_____

_____

_____

Vocabulario: Las compras

Comprensión

a menudo (adv.) often

la compra (n.f.) purchase

el mercado (n.m.) market (usually open air)

la marca (n.f.) brand

moler (v.) to mill, grind

molido (adj.) ground

el jugo/zumo (n.m.) juice

la pescadería (n.f.) fish shop

la carne (n.f.) meat

la carnicería (n.f.) meat shop, butchery

el pescado (n.m.) fish

la verdura (n.f.) vegetable

los productos lácteos (n.m.) dairy products

la pasta dentífrica (n.f.) toothpaste

el dentífrico (n.m.) toothpaste

soler (v.) be in the habit of, tend to

Sugerencias

la panadería (n.f.) bakery

la pastelería (n.f.) pastry shop

el supermercado (n.m.) supermarket, grocery store

la despensa/tienda de ultramarinos (n.f.) small grocery store

el almacén (n.m.) small grocery store

la farmacia (n.f.) pharmacy, drugstore

el mercado de flores (n.m.) flower market

la verdulería (n.f.) produce market, produce shop

la frutería (n.f.) fruit shop

la lechería (n.f.) dairy store

el centro comercial (n.m.) mall, shopping mall, shopping center

la tienda (n.f.) store, shop

el negocio (n.m.) store, shop

el durazno/melocotón (n.m) peach

la carne vacuna (n.f.) beef

la espinaca (n.f.) spinach

la albahaca (n.f.) basil

Otras posibilidades

_____
_____
_____
_____
_____
_____
_____
_____
_____
_____
_____
_____
_____
_____
_____

Gramática oral

Expresiones negativas ¡Ay, no!

Nadie nunca no me da dinero.
No tengo ninguna idea por qué.
Ahora no tengo ningún cuaderno.
No tengo ningún libro tampoco.
No tengo ninguna pluma tampoco.
No tengo nada. Nada, nada, nada, nunca nada.
No conozco a nadie generoso. ¡Qué lástima!
Nadie nunca no quiere ayudarme, ni siquiera mis amigos.
Entonces, no tengo ni esperanza ni futuro. ¡Pobrecito de mí!

Las compras *(conversación entre dos)*

1. ¿En qué llevas las compras? ¿En una bolsa de plástico, de tela o de papel? ¿En la bolsa del supermercado o en una bolsa propia?
2. ¿Qué es más difícil llevar, una caja de jugo o una caja de bizcochos/galletas/galletitas?
3. ¿Te gustan los productos embutidos y los chacinados (el chorizo, el fiambre, el paté, la morcilla, etc.)?
4. ¿Puedes explicarme lo que es un asado/una barbacoa/parrillada?
5. ¿Prefieres las verduras frescas, las congeladas o las verduras en conserva/enlatadas?
6. ¿Cuál es tu plato favorito latinoamericano o español (por ejemplo, las empanadas, las milanesas, la tortilla española, la tortilla tradicional mexicana u otros tipos de tortillas latinoamericanas, la paella u otros platos)? ¿Dónde compras esta comida, cómo se prepara y qué contiene?
7. ¿Cuáles son los productos españoles o latinoamericanos que encuentras en los mercados y supermercados estadounidenses?
8. ¿Qué compras a veces que a tus padres no les gusta que compres?
9. Si fueras al supermercado dentro de una hora, ¿qué comprarías?

Reciclaje

1. Pregunta a tu compañero/a en qué lleva él/ella las compras. Pregúntale si lleva las compras en una bolsa de plástico, de tela o de papel, en la bolsa del supermercado o en una bolsa propia.
2. Pregúntale qué es más difícil llevar, una caja de jugo o una caja de bizcochos/galletas/galletitas.
3. Te gustaría saber si a él/ella le gustan los productos embutidos y chacinados (el chorizo, el fiambre, el paté, la morcilla, etc.). Formula esta pregunta.
4. Pide a tu compañero/a que te explique lo que es un asado/una barbacoa/parrillada.
5. Pregúntale si él/ella prefiere las verduras frescas, las verduras congeladas o las verduras en conserva/enlatadas.
6. Pregúntale cuál es su plato favorito latinoamericano o español (por ejemplo, las empanadas, las milanesas, la tortilla española, la tortilla tradicional mexicana u otros tipos de tortillas latinoamericanas, la paella u otros platos) y luego averigua dónde él/ella compra esta comida, cómo se prepara y qué contiene.
7. Deseas saber cuáles son los productos españoles o latinoamericanos que encuentras en los mercados y supermercados estadounidenses. Formula estas preguntas.
8. Averigua lo que él/ella compra a veces que a sus padres no les gusta que compre.
9. Pregúntale qué compraría él/ella si fuera al supermercado dentro de una hora.

El correo electrónico de hoy

Mensaje recibido

| De: | consuelo@conversemosjuntos.es |
| Para: | tú@conversemosjuntos.es |

¡Hola! Estoy tratando de ahorrar pero me doy cuenta que la vida en una gran ciudad es muy cara. Para ti, ¿cuáles son las compras absolutamente necesarias al ir de visita a una ciudad como Nueva York o Madrid?

Respuesta

| De: | tú@conversemosjuntos.es |
| Para: | consuelo@conversemosjuntos.es |

Respuesta:

_____

_____

_____

_____

_____

Vocabulario: Las compras

Comprensión

en qué (exp.) in what

llevar (v.) to carry, take

la caja (n.f.) box

el bizcocho (n.m.) biscuit, pastry, cookie, sponge cake

el embutido (n.m.) cold meats, cold cuts, stuffed sausages

la chacina (los chacinados) (n.m.) pork meat with which sausages and other cold cuts are made

la morcilla (n.f.) blood sausage

la conserva (n.f.) canned food

la empanada (n.f.) baked or fried dough filled with meat, ham, cheese, fish or vegetables

la paella (n.f.) rice dish with vegetables, seafood or other meat

si tú fueras (v. ir, imperfecto de subjuntivo) if you went

comprarías (v. comprar, condicional) you would buy

el asado (n.m.) barbecue, cookout

Sugerencias

la bolsa de tela (n.f.) fabric or cloth bag

la bolsa de plástico (n.f.) plastic bag

la bolsa de papel (n.f.) paper bag

una mochila (n.f.) a backpack

el sabor (n.m.) flavor, taste

vegetariano (n.m.) vegetarian

probar (v.) to try

fresco (adj.) fresh

saludable (adj.) healthy

la tortilla española (n.f.) a Spanish type omelette

la tortilla mexicana (n.f.) corn or flour type pancake to accompany a meal

la tortilla latinoamericana (n.f.) circular and flat shaped salty cake, usually fried, made with corn or wheat flour and other ingredients

las papas/patatas fritas (n.f.) French fries

la gaseosa/soda (n.f.) soft drink

el refresco (n.m.) soft drink

los bombones/dulces/caramelos (n.m.pl.) candy

Otras posibilidades

_____
_____
_____
_____
_____
_____
_____
_____
_____
_____
_____
_____
_____
_____
_____

la morcilla

Gramática oral

Cambio de las conjunciones "y" "o"

y + i, hi = e   **o + o, ho = u**

Isabel y Fernando	**Fernando e Isabel**	**once o diez**	**diez u once**
Ignacio y Juana	Juana e Ignacio	oro o plata	plata u oro
Irene y Pablo	**Pablo e Irene**	**hoy o ayer**	**ayer u hoy**
invierno y verano	verano e inviervo	ocho o nueve	nueve u ocho
hija y padre	**padre e hija**	**Olga o Ana**	**Ana u Olga**
historia y matemáticas	matemáticas e historia	hombre o mujer	mujer u hombre
información y noticias	**noticias e información**	**Horacio o Fernando**	**Fernando u Horacio**

el bizcocho

El otoño *(conversación entre dos)*

1. ¿Cuándo empieza el otoño?
2. ¿Qué tiempo hace al principio del otoño? ¿Y al final?
3. ¿De qué colores son las hojas de los árboles en el otoño?
4. ¿Qué pasa/ocurre con las hojas muertas cuando hace/hay/sopla viento?
5. En otoño, ¿te gusta rastrillar el patio o jardín con un rastrillo?
6. ¿A qué deporte juegas en el otoño?
7. ¿Prefieres jugar al fútbol americano o solamente mirar el partido en el estadio o en la televisión?
8. ¿Prefieres seguir los partidos por televisión o ir al estadio?
9. ¿Quién en tu familia mira con más frecuencia el fútbol americano en la televisión?

Reciclaje

1. Pregunta a tu compañero/a cuándo empieza el otoño.
2. Deseas saber qué tiempo hace al principio del otoño y qué tiempo hace al fin. Hazle estas preguntas.
3. Pregúntale a tu compañero/a de qué colores son las hojas en otoño.
4. Averigua qué ocurre con las hojas muertas cuando hace/hay/sopla viento.
5. Pregunta a tu compañero/a si a él/ella le gusta rastrillar el patio/jardín en otoño.
6. Tienes curiosidad de saber qué deporte juega él/ella en otoño. Formula esta pregunta.
7. Pregúntale si él/ella prefiere jugar al fútbol americano o solamente mirar el partido en el estadio o en la televisión.
8. Te gustaría saber si él/ella prefiere seguir los partidos por televisión o ir al estadio. Pregúntale.
9. Averigua quién es el miembro de su familia que mira con más frecuencia el fútbol americano en la televisión.

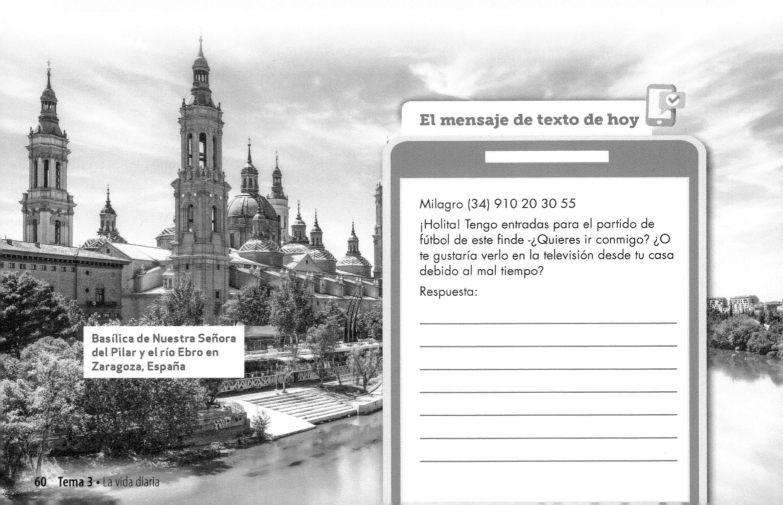

Basílica de Nuestra Señora del Pilar y el río Ebro en Zaragoza, España

El mensaje de texto de hoy

Milagro (34) 910 20 30 55

¡Holita! Tengo entradas para el partido de fútbol de este finde -¿Quieres ir conmigo? ¿O te gustaría verlo en la televisión desde tu casa debido al mal tiempo?

Respuesta:

_____

_____

_____

_____

_____

_____

_____

Vocabulario: El otoño

Comprensión

el otoño (n.m.) autumn/fall

el tiempo (n.m.) weather

el principio (n.m.) beginning

la hoja (n.f.) leaf

muerto (adj.) dead

hace viento/hay viento (exp.) it is windy

rastrillar (v.) to rake

un rastrillo (n.m.) a rake

jugar (v.) to play (a sport) (juego, jugamos)

un partido (n.m.) a game, match

un estadio (n.m.) a stadium

un equipo (n.m.) a team

más (adv.) more, most

Sugerencias

en septiembre/en el mes de septiembre = in september/in the month of september

fresco (adj.) cool, chilly

el anaranjado/naranja (adj.) orange color

el fútbol americano (n.m.) American football

el fútbol (n.m.) soccer

jugar al fútbol (exp.) to play soccer

jugar al tenis (exp.) to play tennis

el cross country (n.m.) deporte de correr a campo traviesa

el atletismo (n.m.) group of track and field sports (track running, high jump, hurdles, pole vault, etc.)

la ardilla (n.f.) squirrel

ambos, los dos (adj.) both

ni uno ni otro (exp.) neither one nor the other

Otras posibilidades

Gramática oral _____

Repaso alfabético   Sustantivos – género masculino y género femenino

el abrigo	la alfombra	el novio	la naranja
el baile	la batata	el ñoño	la ñoña
el caballo	la cabeza	el ojo	la orquesta
el chiste	la chaqueta	el papa	la papa
el drama	la ducha	el queso	la química
el espejo	la empanada	el rey	la reina
el frijol	la falda	el sol	la salsa
el garaje	la galleta	el tenedor	la tarea
el hombre	la hacienda	el universo	la uva
el invierno	la iglesia	el vaso	la vaca
el jamón	la joven	¿w?	¿w?
el kilo	¿k?	¿x?	¿x?
el lago	la lección	¿y?	¿y?
el mapa	la mantequilla	el zapato	la zapatilla

(¡A repetir el ejercicio de la A a la Z!)

El otoño *(conversación entre dos)*

1. ¿Te gusta más el fútbol americano o el fútbol que se juega en España, México y el resto de Latino-américa? ¿Por qué?
2. ¿Qué platos especiales te gusta comer en el otoño?
3. ¿Te gusta beber sidra en el otoño? Por lo general, ¿con qué comida se acompaña la sidra?
4. En el otoño, ¿en qué momento te gusta prender el fuego en la chimenea o encender una fogata?
5. ¿Dónde puede uno ver una hoguera/fogata?
6. En Estados Unidos, ¿qué hacen los niños la víspera del Día de Todos los Santos?
7. ¿Prefieres juntar/coger bombones y caramelos o hacer una broma?
8. ¿Cuál es la traducción al inglés de El Día de Acción de Gracias? ¿Te gusta el *Thanksgiving*?
9. ¿Cuál es tu actividad favorita en el otoño? ¿Te gusta el otoño?

Reciclaje

1. Pregunta a tu compañero/a si a él/ella le gusta más el fútbol americano o el fútbol que se juega en España, México y el resto de Latinoamérica. Pídele que te explique por qué.
2. Deseas saber qué platos especiales le gusta comer a él/ella en el otoño. Pregúntale.
3. Averigua si a tu compañero/a le gusta beber la sidra en el otoño y con qué comida se acompaña por lo general esta bebida.
4. Te gustaría saber en qué momento del otoño a él/ella más le gusta prender el fuego en la chimenea o encender una fogata. Elabora esta pregunta.
5. Pregúntale dónde se puede ver una hoguera/fogata.
6. Te gustaría saber qué hacen los niños estadounidenses la víspera del Día de Todos los Santos. Formula la pregunta.
7. Quieres saber si él/ella prefiere juntar/coger bombones y caramelos o hacer una broma a alguien. Hazle esta pregunta.
8. Pídele a tu compañero/a que te diga la traducción en inglés de la celebración de El Día de Acción de Gracias. Luego pregúntale si le gusta el *Thanksgiving*.
9. Pregunta a tu compañero/a cuál es su actividad favorita y si a él/ella le gusta el otoño.

Vocabulario: El otoño

Comprensión

la sidra (n.f.) cider
beber (v.) to drink
un fuego (n.m.) a fire
una hoguera/fogata (n.f.) a bonfire
la víspera (n.f.) eve
el Día de Todos los Santos (n.m.)
   All Saints' Day
el caramelo (n.m.) candy
un bombón (n.m.) a chocolate covered
   candy with a sweet filling
una broma (n.m.) a trick

Sugerencias

la calle (n.f.) street
el parque (n.m.) park
el patio (n.m.) yard
el buñuelo (n.m.) donut, fritter,
   fried dough
la masa (n.f.) pastry
la galleta (n.f.) cookie
la tarta (n.f.) pie
disfrazarse (v.) to put on a costume,
   dress up
maquillarse (v.) to put on makeup
el Día de Acción de Gracias (n.m.)
   Thanksgiving Day
el pavo (n.m.) turkey
el feriado (n.m.) holiday
el desfile (n.m.) parade

Otras posibilidades

_____
_____
_____
_____
_____
_____
_____
_____
_____
_____
_____

Gramática oral

Los artículos definidos de los sustantivos de género masculino (el, los) y femenino (la, las)

cosas		personas	
el aeropuerto	la farmacia	**el señor**	la señora
el día	**la mano**	el hombre	**la mujer**
el problema	la copa	**el hijo**	la hija
el drama	**la ciudad**	el primo	**la prima**
el sistema	la pronunciación	**el abuelo**	la abuela
el mapa	**la televisión**	el padre	**la madre**
el programa	la verdad	**el amigo**	la amiga
el tema	**la montaña**	el turista	**la turista**
el árbol	la flor	**el artista**	la artista
el hotel	**la calle**	el niño	**la niña**
el viaje	la tarde	**el tío**	la tía

los buñuelos

El correo electrónico de hoy

Mensaje recibido

De: tuprimalamejor@conversemosjuntos.es
Para: tú@conversemosjuntos.es

¡Buenos días! Si pudiera visitar tu ciudad este otoño,
¿qué lugares turísticos me recomendarías? ¿Qué
actividades interesantes y divertidas me propones
hacer en tu ciudad en otoño?

Respuesta

De: tú@conversemosjuntos.es
Para: tuprimalamejor@conversemosjuntos.es

Respuesta:

_____
_____
_____
_____
_____

Las bebidas *(conversación entre dos)*

1. Cuando eras pequeño/a, ¿qué bebías?
2. Ahora que eres mayor, ¿prefieres beber un vaso de leche o un vaso de agua con la comida?
3. Por la mañana, ¿qué tomas en el desayuno?
4. ¿Te gusta el café? ¿Tomas el café negro/puro/solo, con leche o con crema? ¿Añades azúcar?
5. ¿Bebes té? ¿Bebes el té solo o con leche? ¿Añades azúcar?
6. ¿Qué bebe la gente en España y en Latinoamérica antes y después de una cena en compañía de amigos y familiares?
7. ¿Con qué bebidas acompañas tus comidas principales? ¿Depende del clima la bebida que se toma?
8. ¿Con qué saca uno el corcho de una botella de vino?
9. ¿Con qué se abre una lata de Coca-Cola? ¿Y una botella de cerveza?

Reciclaje

1. Pregunta a tu compañero/a qué bebía cuando era pequeño/a.
2. Quieres saber si ahora que tu compañero/a es mayor prefiere beber un vaso de leche o un vaso de agua con la comida. Formula la pregunta.
3. Averigua qué toma él/ella en el desayuno.
4. Pregúntale si le gusta el café y si lo toma negro/puro/solo, con leche o con crema. Además pregúntale si él/ella añade azúcar.
5. Deseas saber si a él/ella le gusta el té y si lo toma solo o con leche. También pregúntale si él/ella añade azúcar.
6. Te gustaría saber qué bebe la gente en España y en Latinoamérica antes y después de una cena en compañía de amigos y familiares. Pregúntale.
7. Quisieras que tu compañero/a te dijera con qué bebidas acompaña sus comidas principales. Además quieres saber si la bebida que se toma depende del clima. Elabora estas preguntas.
8. Quieres saber con qué saca uno el corcho de una botella de vino. Formula la pregunta.
9. Pregúntale con qué se abre una lata de Coca-Cola y con qué se abre una botella de cerveza.

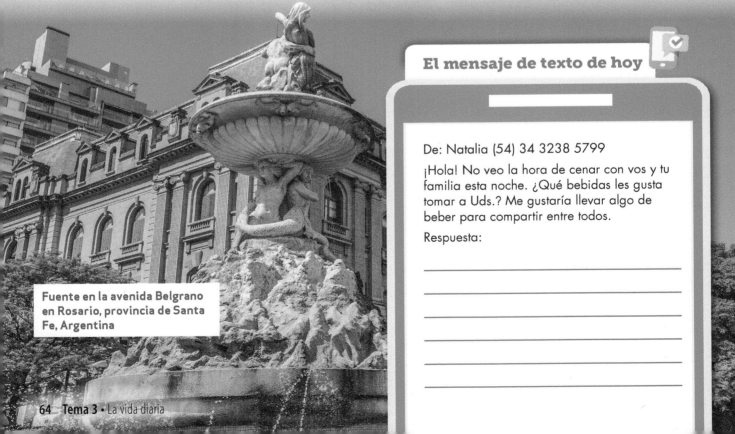

Fuente en la avenida Belgrano en Rosario, provincia de Santa Fe, Argentina

El mensaje de texto de hoy

De: Natalia (54) 34 3238 5799

¡Hola! No veo la hora de cenar con vos y tu familia esta noche. ¿Qué bebidas les gusta tomar a Uds.? Me gustaría llevar algo de beber para compartir entre todos.

Respuesta:

Vocabulario: Las bebidas

Comprensión

la cena (n.f.) dinner
beber/tomar (v.) to drink
un vaso (n.m.) a glass
la comida (n.f.) meal
un café con leche (n.m.) a coffee with milk, latte
el café negro/puro/solo (n.m.) black coffee
la crema (n.f.) cream
añadir (v.) to add
antes de (prep.) before
después de (prep.) after
sacar (v.) to pull, take off, remove
el corcho (n.m.) cork
una botella (n.f.) a bottle
abrir (v.) to open
una lata (n.f.) a can

Sugerencias

la leche (n.f.) milk
el jugo (zumo) de manzana (n.m.) apple juice
el jugo (zumo) de naranja (n.m.) orange juice
el azúcar (amb.) sugar
el limón (n.m.) lemon
el aperitivo (n.m.) before dinner drink, appetizer
el agua mineral con gas = sparkling water
el vino (n.m.) wine
la cerveza (n.f.) beer
la gaseosa/soda (n.f.) soft drink
un sacacorchos (n.m.) a corkscrew
un abrelatas (n.m.) a can opener
un abrebotellas (n.m.) a bottle opener

Otras posibilidades

_____
_____
_____
_____
_____
_____
_____
_____
_____
_____
_____
_____

Gramática oral ?

Plurales: consonante + -es		letra "z" + -ces	
el actor	**los actores**	el lápiz	los lápices
la ciudad	las ciudades	**el maíz**	**los maíces**
el autor	**los autores**	el tapiz	los tapices
la cárcel	las cárceles	**la nuez**	**las nueces**
el error	**los errores**	la nariz	las narices
el frijol	los frijoles	**el arroz**	**los arroces**
el hotel	**los hoteles**	la raíz	las raíces
la joven	las jóvenes	**la paz**	**las paces**
el pastel	**los pasteles**	la vez	las veces
el rey	los reyes	**feliz**	**felices**
el mes	**los meses**	la voz	las voces

Las bebidas *(conversación entre dos)*

1. ¿Prefieres una Coca-Cola o un jugo/zumo de frutas?
2. ¿Cómo se hace una limonada y cuáles son los ingredientes?
3. ¿De qué color es un jugo de fresa/frutilla? Y, ¿de qué color es un jugo de durazno/melocotón?
4. ¿Te gusta el champán? ¿Cuándo lo bebes?
5. ¿Cuál es la bebida que más te gusta hoy en día?
6. ¿Cómo se dice "bar" en español? ¿Y en japonés y en otras lenguas?
7. ¿A qué edad te parece justo que los jóvenes tengan el derecho de beber/tomar bebidas alcohólicas?
8. ¿En qué país hay mucho alcoholismo? ¿Por qué crees que ocurre eso en ese país?
9. ¿En qué bebida se piensa cuando uno tiene mucha sed? ¿Cuál es la bebida que apaga/sacia la sed más rápidamente?

Reciclaje

1. Pregunta a tu compañero/a si él/ella prefiere una Coca-Cola o un jugo/zumo de frutas.
2. Te gustaría saber cómo se hace una limonada y cuáles son los ingredientes. Pregúntale.
3. Averigua de qué color es un jugo de fresa/frutilla y de qué color es un jugo de durazno/melocotón.
4. Te gustaría saber si le gusta el champán y en qué ocasión lo bebe. Hazle estas preguntas.
5. Deseas saber cuál es la bebida que más le gusta a tu compañero/a hoy en día. Pregúntale.
6. Averigua si tu compañero sabe cómo decir "bar" en español, en japonés y en otras lenguas.
7. Te gustaría saber a qué edad le parece justo a él/ella que los jóvenes tengan el derecho de beber/tomar bebidas alcohólicas. Formula la pregunta.
8. Quisieras saber en qué país hay mucho alcoholismo. Además, pregúntale por qué cree que ocurre eso en ese país. Formula estas preguntas.
9. Pregúntale en qué bebida se piensa cuando uno tiene mucha sed y cuál es la bebida que apaga/sacia la sed más rápidamente. Elabora estas preguntas.

El correo electrónico de hoy

Mensaje recibido

De: tito@conversemosjuntos.ar
Para: tú@conversemosjuntos.ar

Me encantaría invitar a toda tu familia a nuestra casa a pasar el fin de semana. Quisiera saber qué les gustaría tomar. ¿Cuáles son los gustos de cada uno? ¿Qué me aconsejás vos?

Respuesta

De: tú@conversemosjuntos.ar
Para: tito@conversemosjuntos.ar

Respuesta:

_____

_____

_____

_____

_____

_____

Vocabulario: Las bebidas

Comprensión

el jugo/zumo (n.m.) juice

la limonada (n.f.) lemon juice

la frambuesa (n.f.) raspberry

la fresa/frutilla (n.f.) strawberry

el champán/champaña (n.m.) champagne

a menudo (adv.) often

deber (v.) to have to, must

tener (v.) to have

el derecho (exp.) the right

bebida alcohólica, una (n.f.) an alcoholic beverage

tener sed (v.) to be thirsty

apagar/saciar (v.) to quench (thirst), satisfy

Sugerencias

el agua (las aguas) (n.f.) water

Las fresas y las frambuesas son rojas. = Strawberries and raspberries are red.

una fiesta (n.f.) a party, holiday

un cumpleaños (n.m.) a birthday

un aniversario (n.m.) an anniversary

La Nochevieja/víspera del Año Nuevo = New Year's Eve

un refresco (n.m.) a drink, refreshment, soft-drink

una soda/gaseosa (n.f.) a refreshment, soft-drink

bar (n.m.) bar (in many languages)

Otras posibilidades

_____

_____

_____

_____

_____

_____

_____

_____

_____

_____

Gramática oral ?

Diminutivos *(little things – cositas pequeñas – o favoritas)*

jóvenes	**jovencitos**	**casa**	**casita**
mujer	mujercita	hermanos	hermanitos
hombre	**hombrecito**	**gordo**	**gordito**
pobre	pobrecito	Miguel	Miguelito
rubio	**rubiocito**	**adiós**	**adiosito**
nuevo	nuevecito *(brand new)*	poco	poquito
amigo	**amiguito**	**voz**	**vocecita**
hola	holita *(hi)* ;-)	chico	chiquito
chica	**chiquita**	**Juana**	**Juanita**
café	cafecito o cafelito	Pepe	Pepito
perro	**perrito**	**plato**	**platito**

Los números *(conversación entre dos)*

1. ¿Cuál es tu código postal?
2. ¿Cuál es tu número de teléfono y el prefijo correspondiente para llamar a tu ciudad?
3. ¿Cuál es tu número favorito o tu número de la suerte?
4. ¿Cuál es el número de tu licencia/registro/permiso de conducir/manejar? ¿Sabes de memoria tu número de seguridad social?
5. ¿Cuántos días hay en una semana? ¿Cuántos días hay en un año?
6. ¿Cuánto es dieciséis más dieciséis? ¿Cuánto es dieciséis (diez y seis) menos quince?
7. ¿Cuánto es dieciséis dividido cero?
8. ¿Cuántos naipes o cartas hay en una baraja?
9. En una baraja de naipes/cartas hay cuatro palos. ¿Cuántos corazones, diamantes, tréboles y picas/espadas hay?

Reciclaje

1. Pregunta a tu compañero/a cuál es su código postal.
2. Quisieras saber su número de teléfono y el prefijo correspondiente para llamar a su ciudad. Formula la pregunta.
3. Te gustaría saber cuál es su número favorito o su número de la suerte. Hazle la pregunta.
4. Pregúntale cuál es el número de su licencia/registro/permiso de conducir/manejar. Luego pregúntale si él/ella sabe de memoria su número de seguridad social.
5. Elabora dos preguntas pidiéndole a tu compañero/a que te diga cuántos días hay en una semana y cuántos días hay en un año.
6. Necesitas un poco de ayuda con las matemáticas, pregúntale cuánto es dieciséis más dieciséis y cuánto es dieciséis (diez y seis) menos quince.
7. Deseas saber cuánto es dieciséis dividido por cero. Pregúntale.
8. Quisieras saber cuántos naipes/cuántas cartas hay en una baraja. Hazle esta pregunta.
9. Dile a tu compañero/a que en una baraja de naipes/cartas hay cuatro palos. Luego pregúntale cuántos naipes hay de cada palo. Es decir, pregúntale cuántas cartas hay de corazones, de diamantes, de tréboles y de picas.

El Zócalo o plaza de la Constitución y la Catedral Metropolitana de la Ciudad de México

El mensaje de texto de hoy

De: Cristóbal (52) 4352 8907

¡Hola! ¿Qué onda? Vamos a jugar al tarot esta tarde. Pásame las reglas por favor. ¡Nunca antes jugué al tarot y me encuentro en apuros!

Respuesta:

_____

_____

_____

_____

_____

_____

_____

Vocabulario: Los números

Comprensión

el código postal (n.m.) zip code

el prefijo (n.m.) area code

la suerte (n.f.) luck

la seguridad social (n.f.) social security

el permiso/registro de conducir (n.m.)
driver's license

la licencia de conducir/manejar (n.f.)
driver's license

saber de memoria (exp.) to know
by heart

un año (n.m.) a year

menos (prep.) minus (subtract)

una baraja (n.f.) a pack of cards, deck

los naipes (n.m.pl.) playing cards

las cartas (n.f.pl.) playing cards

el palo (n.m.) a suit of cards

los corazones (n.m.pl.) hearts

los diamantes (n.m.pl.) diamonds

los tréboles (n.m.pl.) clubs

las picas (n.f.pl.) spades

Sugerencias

Hay trescientos sesenta y cinco días en
un año.

Dieciséis dividido por cero es
indefinido.

cincuenta y dos (52) cartas/naipes

trece (13) corazones

un comodín (n.m.) a joker

Otras posibilidades

Gramática oral

Las preposiciones

Las nubes están <u>arriba de</u> la montaña.
La bandera está <u>encima del</u> edificio del gobierno.
Los estudiantes están <u>enfrente del</u> profesor.
El perro está <u>debajo de</u> la mesa.
¡El gato está <u>sobre</u> la mesa!
El salón está <u>dentro de</u> la casa.
El jardín está <u>afuera de</u> la casa
El cuchillo está <u>a la derecha</u> del plato.
El tenedor está <u>a la izquierda del</u> plato.
Viajamos de Los Ángeles <u>hasta</u> San Francisco.
Nueva York está <u>lejos de</u> Los Ángeles.

Los números *(conversación entre dos)*

1. ¿Cuál es el número de tu pasaporte?
2. ¿Cuál es el número de la placa/matrícula de uno de los carros/coches/automóviles de tu familia?
3. ¿Cuál es la fecha de la llegada de Cristóbal Colón a América?
4. ¿Cuántos días hay en el mes de septiembre?
5. ¿Cuántas letras hay en el alfabeto/abecedario en inglés? Y, ¿cuántas letras hay en el alfabeto/abecedario en español?
6. ¿Cuántos gramos hay en un kilo(gramo)?
7. ¿En qué año estamos ahora?
8. ¿Cuál es la fecha de tu nacimiento?
9. ¿Cuántos años tendrás el año que viene?

Reciclaje

1. Pregunta a tu compañero/a cuál es el número de su pasaporte.
2. Quisieras saber cuál es el número de la placa/matrícula de uno de los carros/coches/automóviles de su familia. Hazle la pregunta.
3. Pregúntale la fecha de la llegada de Cristóbal Colón a América.
4. Siempre te olvidas de cuántos días hay en cada mes. Averigua cuántos días hay en el mes de septiembre formulando una pregunta para tu compañero/a.
5. Te gustaría que él/ella te dijera cuántas letras hay en el alfabeto/abecedario en inglés y cuántas letras hay en el alfabeto/abecedario en español. Elabora dos preguntas.
6. Averigua preguntándole a tu compañero/a cuántos gramos hay en un kilogramo.
7. Quisieras que tu compañero/a te dijera en qué año estamos ahora. Formula la pregunta.
8. Deseas saber cuál es la fecha de su nacimiento. Pregúntale.
9. Pregúntale cuántos años tendrá el año que viene.

Vocabulario: Los números

Comprensión

la placa/matrícula (n.f.) license plate

el carro/coche/automóvil (n.m.) car

la fecha (n.f.) date

la llegada (n.f.) arrival

el año (n.m.) year

un gramo (n.m.) 1/1000 of a kilogram
(one gram)

el nacimiento (n.m.) birth

tendrás (v. tener, futuro) will you have
(be- with age)

el año que viene (exp.) next year

Sugerencias

mil cuatrocientos noventa y dos (1492)

el alfabeto/abecedario (n.m.) alphabet
(en inglés 26 letras/ en español -
29 letras)

estamos en el año dos mil catorce
(2014), dos mil quince (2015), dos mil
diez y seis/dieciséis (2016)...

Tendré/Voy a tener _____ años =
I will be (have) _____ years old

Otras posibilidades

_____

_____

_____

_____

_____

_____

_____

_____

_____

Gramática oral

Pronombres preposicionales

(for)	(with)	(without)
para	con	**sin**
para mí	**conmigo**	sin mí
para ti	contigo	**sin ti**
para él	**con él**	sin él
para ella	con ella	**sin ella**
para usted	**con usted**	sin usted
para nosotros	con nosotros	**sin nosotros**
para nosotras	**con nosotras**	sin nosotras
para vosotros	con vosotros	**sin vosotros**
para vosotras	**con vosotras**	sin vosotras
para ellos	con ellos	**sin ellos**
para ellas	**con ellas**	sin ellas
para ustedes	con ustedes	**sin ustedes**

El correo electrónico de hoy

Mensaje recibido

De: dominga@conversemosjuntos.mx
Para: tú@conversemosjuntos.mx

Mi profe de mate insiste en que yo memorice el
número 3,14159. ¿Sabes por qué? ¿Qué otros
números sabes de memoria y por qué?

Respuesta

De: tú@conversemosjuntos.mx
Para: dominga@conversemosjuntos.mx

Respuesta:

_____

_____

_____

_____

_____

Una cena inolvidable *(conversación entre dos)*

1. ¿Dónde estabas el día de esa cena/comida inolvidable?
2. El día de la cena, ¿qué hiciste durante el día?
3. ¿Cuántas personas había allí? ¿Quiénes eran?
4. ¿Se comió en la casa de uno de los comensales o en otro lugar? ¿En qué lugar?
5. ¿Se tomó un aperitivo (algo de beber) o se sirvieron aperitivos/entremeses/bocaditos/pinchos (para comer) antes de la cena? ¿Puedes describir el/los aperitivo(s)?
6. ¿Se sirvió una entrada, como una ensalada u otro plato pequeño, antes de la comida? ¿Puedes darme algunos ejemplos?
7. ¿Cuál fue el plato principal de la cena? ¿Estaba rico?
8. ¿Cómo eran la mesa y la vajilla? ¿Cómo era el decorado?
9. ¿Había jarras o botellas en la mesa? ¿Qué había en ellas?

Reciclaje

1. Pregunta a tu compañero/a dónde estaba él/ella el día de esa cena/comida inolvidable.
2. Te gustaría saber qué hizo él/ella durante el día el día de la cena. Formula la pregunta.
3. Pregúntale cuántas personas había allí y quiénes eran.
4. Tienes curiosidad de saber si se comió en la casa de uno de los comensales o en otro lugar. Hazle esa pregunta. Si te dice que en otro lugar, pregúntale en dónde.
5. Pregúntale si se tomó un aperitivo (algo de beber) o se sirvieron aperitivos/entremeses/bocaditos/pinchos (para comer) antes de la cena. Si así fue, pídele que te describa el/los aperitivo(s).
6. Te gustaría saber si se sirvió una entrada, como una ensalada u otro plato pequeño, antes de la comida y pregúntale si te puede dar algunos ejemplos. Elabora dos preguntas.
7. Quisieras saber cuál fue el plato principal de la cena y si estaba rico. Hazle estas dos preguntas.
8. Pregúntale cómo eran la mesa, la vajilla y el decorado.
9. Formula dos preguntas para averiguar si había jarras/botellas en la mesa y qué había en ellas.

Santiago de Chile, Chile

El mensaje de texto de hoy

De: Luis (56) 2 5873 8112

¡Hola! ¿Sabes algunas diferencias entre una cena formal estadounidense y una cena formal de un país en donde se habla español? Gracias por responder y ¡cuídate!

Respuesta:

_____

_____

_____

_____

_____

_____

Vocabulario: Una cena inolvidable

Comprensión

inolvidable (adj.) unforgettable

la comida (n.f.) meal

durante (prep.) during

el día (n.m.) day

hacía (v. hacer) you/he/she were doing, used to do

había (v. haber) there was, there were

el lugar (n.m.) place

un aperitivo (n.m.) a before-dinner drink/food, appetizer

los entremeses/bocaditos/pinchos (n.m.pl.) appetizers, starters

la entrada (n.f.) starter, appetizer

el plato principal/fuerte (n.m.) entrée, main dish

delicioso/riquísimo/rico (adj.) delicious

en ellas (exp.) in them

antes de (prep.) before

con (prep.) with

después de (prep.) after

la vajilla (n.f.) dishes, place settings

una jarra (n.f.) a pitcher

Sugerencias

en la casa de (exp.) at the home of _____

un aperitivo (ejemplos de bebidas y bocaditos/pinchos/entremeses)

champaña/champán, sidra, vino, cerveza, cóctel, agua mineral con gas, refrescos, jugos

aceitunas/variedad de quesos/enrollados de jamón/maní/huevo duro con mayonesa/galletitas con picadillos/tapas varias

delicioso/riquísimo/rico (adj.) delicious

sabroso (adj.) tasty, savory

exquisito (adj.) exquisite, delicious

salado (adj.) salty, salted

dulce (adj.) sweet

soso (adj.) bland, tasteless

un mantel (n.m.) a tablecloth

una vela/candela (n.f.) a candle

una flor (n.f.) a flower

brillante (adj.) shining

original (adj.) original

único (adj.) unique

hermoso (adj.) beautiful

Otras posibilidades

_____

_____

_____

_____

_____

_____

_____

_____

_____

_____

_____

_____

_____

_____

_____

_____

Gramática oral

por y para

por	por	para
lo hago por amor	¡por Dios!	**¿un regalo para mí?**
quedarse por dos semanas	**por ejemplo**	un cuarto para dormir
ven por la tarde	por favor	**un viaje para Madrid**
diez pesos por un boleto	**por fin**	estudio para aprender
mi amigo habla por mí	por supuesto	**trabajo para el jefe**
andamos por la calle	**por nada**	vengo para tu cumpleaños
vemos por la ventana	por eso	**¿demasiado fácil para ti?**
veinte kilómetros por hora	**por la mañana**	comemos para vivir
venden las uvas por caja	por casualidad	**un anillo para mi novia**

Una cena inolvidable *(conversación entre dos)*

1. ¿Qué verduras u hortalizas había como parte de la cena?
2. ¿Se sirvieron frutas? ¿Cuáles?
3. ¿Qué se sirvió de postre?
4. ¿Había mucha o poca iluminación? ¿Había lámparas, candelabros, luces de colores o velas?
5. ¿Se puso una música para dar ambientación a la fiesta? ¿Qué tipo de música era?
6. ¿Se brindó a la salud de alguien/se tintinearon las copas en su honor? ¿Qué se bebió/tomó al brindar?
7. ¿Estaba decorado el salón comedor? ¿Cómo?
8. ¿Qué se dice en los países en donde se habla español para desear a los comensales que disfruten la comida? ¿Y qué podría uno decir al terminar la comida para agradecer o alabar al anfitrión?
9. Para ti, ¿cuándo, dónde y con qué motivo tendrá lugar la próxima cena inolvidable?

Reciclaje

1. Pregunta a tu compañero/a qué verduras u hortalizas había como parte de la cena inolvidable.
2. Te gustaría saber si se sirvieron frutas y qué frutas había. Hazle estas preguntas.
3. Pregúntale qué se sirvió de postre.
4. Elabora una pregunta pidiéndole que te describa si había mucha o poca iluminación. También pregúntale cuál era la fuente de la iluminación: si había lámparas, candelabros, luces de colores o velas.
5. Averigua si se puso una música para dar ambientación a la fiesta y si qué tipo de música se tocó.
6. Deseas saber si se brindó a la salud de alguien/se tintinearon las copas en su honor. Además pregúntale si qué se bebió/tomó al brindar.
7. Te gustaría saber si el salón comedor estaba decorado y cómo. Elabora dos preguntas.
8. Te gustaría saber qué se dice en los países en donde se habla español para desear a los comensales que disfruten la comida. También quisieras saber qué podría uno decir uno al terminar la comida para agradecer o alabar al anfitrión. Formula unas preguntas para averiguarlo.
9. Pregúntale cuándo, dónde y con qué motivo tendrá lugar la próxima cena inolvidable para él/ella.

El correo electrónico de hoy

Mensaje recibido

De:	mariateresa@conversemosjuntos.cl
Para:	tú@conversemosjuntos.cl

Estoy preparando una cena para festejar los quince años de mis gemelos, Julio y Julia. Vamos a invitar a unos cuantos amigos suyos, una veintena de personas aproximadamente. Me gustaría que me dieras sugerencias de cómo preparar una cena inolvidable para su fiesta de quince años.

Respuesta

De:	tú@conversemosjuntos.cl
Para:	mariateresa@conversemosjuntos.cl

Respuesta:

_____
_____
_____
_____
_____
_____

Vocabulario: Una cena inolvidable

Comprensión

la legumbre (n.f.) bean, pea

la verdura/hortaliza (n.f.) vegetable

el postre (n.m.) dessert

vivo (adj.) bright, lively

tenue (adj.) dim (light)

provenir (v.) to come from (proviene)

el ruido (n.m.) noise

beber (v.) to drink

la salud (n.f.) health

ambientar (v.) liven up, add life to, enliven

brindar (v.) to toast

tintinear (v.) to clink glasses, to toast

en honor de (exp.) in honor of

brindar (v.) to toast, to drink a toast

alguien (pron.) someone

recordar (v.) to remember (recuerdo, recordamos)

al terminar (exp.) when finished, once finished

a menudo (adv.) often

tener lugar (exp.) to take place

Sugerencias

las judías verdes/alubias/habichuelas (n.f.pl.) green beans

la lechuga (n.f.) lettuce

los frijoles (n.m.pl.) beans

el champiñón (los champiñones) (n.m.) mushroom (mushrooms)

las patatas (n.f.pl.) potatoes

el arroz (n.m.) rice

el gusto (n.m.) taste

el sabor (n.m.) flavor

sentir (v.) to feel (siento, sentimos)

una torta (n.f.) a cake

un helado (n.m.) an ice cream

el arroz con leche (n.m.) rice pudding

el dulce de guayaba (n.m.) guava jelly/marmelade

Antes de la comida se dice:

  ¡Buen provecho!

  ¡Que aproveche!

  ¡Buen apetito!

Después de la comida se dice:

  ¡Estaba delicioso!

  ¡Estaba riquísimo!

  ¡Hay que ver lo bien que he comido!

Otras posibilidades

_____

_____

_____

_____

_____

_____

_____

_____

_____

_____

_____

_____

_____

_____

_____

_____

_____

Gramática oral ⬇

"a" personal		(a + el = al)		
veo a	llamo a	invito a	voy a ver a	quiero a
no veo a	no llamo a	no invito a	no voy a ver a	no quiero a

Pablo	la señora Alba	**el agente**
el señor Ruiz	**María y Ana**	el alcalde
mi hermano	Carmen	**el niño**
las chicas	**Isabel**	la niña
el dentista	Ronaldo	**Raúl**
mi madre	**mi padre**	Clara
don Carlos	el mesero	**Jaime y Juana**
Juan y Pedro	**Roberto**	mi amiga
mis amigos	Marisa	**los padres**
el profesor	**el peluquero**	el bombero
la abuela	el doctor	**el policía**

El verano *(conversación entre dos)*

1. ¿Sigues un curso de español/castellano durante el verano?
2. ¿Hablas español/castellano durante el verano? ¿Con quién?
3. ¿Qué tiempo hace en el verano? ¿A qué hora se pone el sol?
4. ¿Trabajas durante el verano? ¿Qué trabajo haces?
5. ¿Te diviertes en el verano? ¿Qué actividades divertidas haces?
6. ¿Dónde nadas en el verano?
7. ¿Qué haces cuando pasas un día/una jornada en la playa?
8. ¿Prefieres trabajar en un jardín o en un huerto/una huerta? ¿Por qué?
9. ¿Hay césped/pasto/hierba/grama en el patio de tu casa en el verano? ¿Quién se encarga de cortar el césped?

Reciclaje

1. Pregunta a tu compañero/a si él/ella sigue un curso de español/castellano durante el verano.
2. Te gustaría saber si él/ella habla español/castellano durante el verano y con quién. Pregúntale.
3. Averigua qué tiempo hace en verano y pregúntale a qué hora se pone el sol.
4. Investiga si él/ella trabaja en verano y qué trabajo hace. Hazle estas preguntas.
5. Pregúntale si él/ella se divierte en verano y qué actividades divertidas hace.
6. Averigua en dónde él/ella nada en verano.
7. Quisieras saber qué hace él/ella cuando pasa el día/la jornada en la playa. Elabora la pregunta.
8. Te gustaría saber si él/ella prefiere trabajar en un jardín o en un huerto/una huerta y por qué. Formula dos preguntas.
9. Deseas saber si hay césped/pasto/hierba/grama en el patio de su casa y quién lo/la corta. Pregúntale.

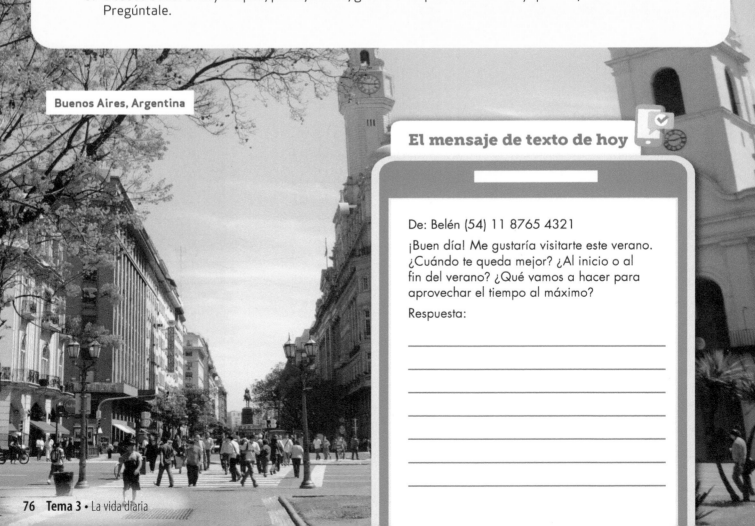

Buenos Aires, Argentina

El mensaje de texto de hoy

De: Belén (54) 11 8765 4321

¡Buen día! Me gustaría visitarte este verano. ¿Cuándo te queda mejor? ¿Al inicio o al fin del verano? ¿Qué vamos a hacer para aprovechar el tiempo al máximo?

Respuesta:

_____

_____

_____

_____

_____

_____

_____

Vocabulario: El verano

Comprensión

seguir (v.) (sigo, seguimos) to follow

un curso (n.m.) a course, subject in school

durante (prep.) during

el tiempo (n.m.) weather

el sol (n.m.) sun

ponerse, ocultarse (v.) to set (the sun)

trabajar (v.) to work

divertirse (v.) to enjoy oneself, have a good time (me divierto, nos divertimos)

nadar (v.) to swim

la playa (n.f.) beach

el día (n.m.) day

la flor (n.f.) flower

una huerta (n.f.) a vegetable garden

un huerto (n.m.) a vegetable garden

las legumbres (n.f. pl.) beans, peas

las verduras (n.f.pl.) vegetables

los vegetales (n.m.pl.) vegetables

el césped (n.m.) lawn

cortar (v.) to cut

la hierba/yerba/grama (n.f.) grass

el pasto/césped (n.m.) grass

Sugerencias

hace buen tiempo (exp.) it is nice weather

hace calor (exp.) it is hot (weather)

temprano (adv.) early

tarde (adv.) late

charlar (v.) to chat

beber (v.) to drink

comer (v.) to eat

dormir la siesta (exp.) to take a nap

bañarse en la piscina (exp.) get in the pool

ir en barco de vela (exp.) to go sailing

el barco de vela/velero (n.m.) sailing boat

nadar (v.) to swim

jugar (v.) to play (a sport)

descansar (v.) to rest

broncearse (v.) to get a tan

un cortacésped (n.m.) a lawnmower

una podadora/cortadora (n.f.) a lawnmower

Me da lo mismo. / Me da igual. (exp.) It's the same to me. I don't care.

Otras posibilidades

_____
_____
_____
_____
_____
_____
_____
_____
_____
_____
_____
_____
_____
_____
_____
_____
_____
_____
_____

Gramática oral

Pronombres sujetos y verbo regular (-ar)

afirmativo		negativo		interrogativo
hablar	hablar	no hablar	hablar	¿ hablar ?
hablar	_____	no _____	_____	¿_____?
yo hablo	**yo**	_____	y	_____
tú hablas	tú	_____	t	_____
él habla	**él**	_____	é	_____
ella habla	ella	_____	e	_____
usted habla	**usted**	_____	u	_____
nosotros hablamos	nosotros	_____	n	_____
nosotras hablamos	**nosotras**	_____	n	_____
vosotros habláis	vosotros	_____	v	_____
vosotras habláis	**vosotras**	_____	v	_____
ellos hablan	ellos	_____	e	_____
ellas hablan	**ellas**	_____	e	_____
ustedes hablan	ustedes	_____	u	_____

El verano *(conversación entre dos)*

1. Los miembros de tu familia, ¿van de vacaciones juntos? ¿Adónde van?
2. ¿Prefieres pasar el verano en una casa de campo o cerca del mar?
3. ¿Dónde vas a pasar (pasarás) tus vacaciones este verano?
4. ¿Sabes nadar bien? ¿Cuál es tu playa preferida?
5. ¿De qué color es tu traje de baño/bañador preferido?
6. ¿Cuál es tu actividad preferida en el verano? ¿Qué haces por las tardes en el verano?
7. ¿Cómo sabes que el verano ha terminado?
8. ¿Qué sientes al fin del verano?
9. ¿Te gusta la estación del año en que estás en el momento de contestar esta pregunta? ¿Por qué?

Reciclaje

1. Pregunta a tu compañero/a si los miembros de su familia van de vacaciones juntos y adónde van.
2. Averigua si él/ella prefiere pasar el verano en una casa de campo o cerca del mar y dónde.
3. Pregúntale dónde va a pasar (pasará) sus vacaciones este verano.
4. Averigua si sabe nadar bien y cuál es su playa preferida. Formula estas preguntas.
5. Deseas saber de qué color es su traje de baño/bañador preferido. Pregúntale.
6. Te gustaría saber cuál es su actividad preferida en el verano y qué hace en el verano por las tardes. Hazle estas preguntas.
7. Tienes curiosidad de saber cómo él/ella sabe que el verano ha terminado. Hazle la pregunta.
8. Quisieras saber qué siente él/ella al fin del verano. Formula la pregunta.
9. Pregúntale si le gusta la estación del año en que él/ella está en el momento de contestar esta pregunta y por qué.

Vocabulario: El verano

Comprensión

las vacaciones (n.f.pl.) vacation
juntos (adv.) together
pasar (v.) to spend time
el campo (n.m.) country
cerca (adv.) near, close, nearby
el traje de baño/bañador (n.m.) bathing suit
la malla (n.f.) bathing suit
sentirse (v.) to feel (me siento, nos sentimos)

Sugerencias

la playa (n.f.) beach
las montañas (n.f.pl.) mountains
andar/montar en bicicleta (v.) ride a bicycle, go for a bike ride
rojo (adj.) red
amarillo (adj.) yellow
divertido (adj.) fun
el autocine (n.m.) the drive-in movies
triste (adj.) sad
melancólico (adj.) sad, melancholic
bien (adv.) fine, well

Otras posibilidades

_____
_____
_____
_____
_____
_____
_____
_____
_____

Gramática oral

Pronombres de objeto directo

(Dirección del reloj)

	Todo el mundo	
ustedes		yo
ellas		tú
ellos		él
vosotros/as		ella
nosotros/as		usted

Todo el mundo me espera.
Todo el mundo me mira.
Todo el mundo me quiere.

Todo el mundo me ve.
Yo te veo.
Tú lo ves.
Él la ve.
Ella lo/la ve. (usted)
Usted nos ve.
Nosotros/as os vemos.
Vosotros/as los veis.
Ellos las ven.
Ellas los/las ven. (ustedes)
Ustedes ven a todo el mundo.

El correo electrónico de hoy

Mensaje recibido

De: liliana@conversemosjuntos.ar
Para: tú@conversemosjuntos.ar

¡Hola che! Decime qué pensás hacer este verano. Sería bárbaro pasar unos días juntos, mas no sé cuándo ni dónde. ¡Dame ideas!

Respuesta

De: tú@conversemosjuntos.ar
Para: liliana@conversemosjuntos.ar

Respuesta:

_____
_____
_____
_____
_____

La hora (conversación entre dos)

1. ¿Qué hora es? ¿Cómo lo sabes?
2. ¿Qué hora es exactamente? ¿Puedes especificar los minutos y segundos?
3. ¿A qué hora empieza la clase hoy? ¿A qué hora termina?
4. ¿Tienes un reloj? ¿Es tu reloj un reloj de pulsera? ¿Tiene tu reloj manecillas o tiene números digitales?
5. ¿Siempre muestra/indica tu reloj la hora exacta o está adelantado o atrasado?
6. Cuando te despiertas, ¿cómo sabes qué hora es?
7. ¿Hay un reloj de pared en la clase?
8. ¿Has visto alguna vez un reloj grande que tiene un péndulo? ¿Dónde?
9. ¿Cuántos segundos hay en un minuto? ¿Cuántos segundos hay en una hora?

Reciclaje

1. Pregunta a tu compañero/a qué hora es y cómo él/ella sabe.
2. Te gustaría saber qué hora es exactamente. Además, pídele a tu compañero/a que especifique los minutos y segundos. Elabora dos preguntas.
3. Pregúntale a qué hora empieza la clase hoy y a qué hora termina.
4. Averigua si él/ella tiene un reloj, si es un reloj de pulsera y si su reloj tiene manecillas o si los números son digitales. Hazle estas preguntas.
5. Pregúntale si su reloj muestra/indica siempre la hora exacta o si está adelantado o atrasado.
6. Deseas saber cómo él/ella sabe qué hora es cuando él/ella se despierta. Pregúntale.
7. Quisieras saber si en la pared de la clase hay un reloj de pared. Formula la pregunta.
8. Te gustaría saber si él/ella ha visto alguna vez un gran reloj que tiene un péndulo y dónde lo vio. Hazle la pregunta.
9. Pregúntale cuántos segundos hay en un minuto y cuántos segundos hay en una hora.

Plaza Mayor de
Madrid, España

El mensaje de texto de hoy

De: Virginia (34) 91 677 22 85

¡Hola maja! Tengo un nuevo teléfono y se me ha extraviado mi calendario. ¿Me puedes enviar el horario de las clases de hoy? Y, ¿a qué hora nos reunimos esta tardecita para estudiar? ¡Gracias por adelantado!

Respuesta:

_____
_____
_____
_____
_____
_____
_____

Vocabulario: La hora

Comprensión

una hora (n.f.) an hour

¿Qué hora es? What time is it?

exacta/precisa (adj.) exact, precise

un reloj (n.m.) a clock, watch

un reloj de pulsera (n.m.) a wrist watch

una manecilla (n.f.) a hand (of a watch)

un dígito (n.m.) a digit

estar adelantado (v.) to run fast, be fast

estar atrasado (v.) to run slow, be slow

despertarse (v.) to wake up (me despierto, nos despertamos)

la pared (n.f.) wall

un péndulo (n.m.) a pendulum

un reloj de péndulo (n.m.) a pendulum clock

un reloj de péndola (n.m.) a pendulum clock

majo (adj.) nice, pleasant person

Sugerencias

estar adelantado (v.) to run fast, be fast

estar atrasado (v.) to run slow, be slow

Es la una. It is one o'clock.

Son las dos en punto. It is two o'clock.

Son las dieciséis horas. It is four in the afternoon.

Son las cuatro. It is four in the morning.

Es el mediodía. It is noon.

Son las ocho y cuarto. It is eight fifteen.

Son las siete menos cuarto. It is a quarter until seven (It is six forty five).

un despertador (n.m.) an alarm clock

un reloj de pared (n.m.) a wall clock

colgado (adj.) hung

60 segundos = un minuto

3.600 segundos = una hora

Otras posibilidades

_____

_____

_____

_____

_____

_____

_____

_____

_____

_____

_____

_____

_____

_____

Gramática oral

Pronombres de objeto directo – dos posiciones posibles

¿Mi programa favorito?	Lo voy a mirar ahora.	**Voy a mirarlo también.**
¿La puerta?	**No la tengo que cerrar.**	No tengo que cerrarla.
¿Señor Ruiz?	No lo voy a ver.	**No voy a verlo tampoco.**
¿Rosalía?	**La voy a invitar.**	Voy a invitarla también.
¿Los libros?	Los acabo de leer.	**Acabo de leerlos también.**
¿Las botas?	**Me las voy a poner.**	Voy a ponérmelas también.
¿La iglesia?	La quiero visitar.	**Quiero visitarla también.**
¿El examen?	**No lo quiero pasar.**	No quiero pasarlo tampoco.
¿El cuaderno?	Lo tengo que encontrar.	**Tengo que encontrarlo.**
¿Los coches?	**Los voy a vender.**	Voy a venderlos también.
¿Las lecciones?	Las voy a aprender.	**Voy a aprenderlas también.**

(y con otro pronombre sujeto: tú, él, ella, usted, nosotros/as, vosotros/as, ellos, ellas ustedes)

La hora *(conversación entre dos)*

1. ¿Cuántos minutos hay en una hora? ¿Y cuántos minutos hay en un día?
2. ¿Cuántas horas hay en un día? ¿Y cuántas horas hay en una semana?
3. ¿Cuántos días hay en una semana, en un mes y en un año?
4. ¿Cuántas semanas hay en un mes? Y, ¿cuántas semanas hay en un año?
5. ¿Cuántos meses hay en una estación? ¿Cuántos meses hay en un año?
6. ¿Cuántos años hay en un siglo?
7. ¿Qué horas son las 20:00h?
8. ¿Qué horas son las 13:00h?
9. ¿En qué época del año o estación el tiempo pasa más rápidamente?

Reciclaje

1. Pregunta a tu compañero/a cuántos minutos hay en una hora y cuántos minutos hay en un día.
2. Te gustaría saber cuántas horas hay en un día y cuántas horas hay en una semana. Hazle estas preguntas.
3. Pregúntale cuántos días hay en una semana, en un mes y en un año.
4. Te gustaría saber cuántas semanas hay en un mes y cuántas semanas hay en un año. Elabora dos preguntas.
5. Deseas saber cuántos meses hay en una estación y cuántos meses hay en un año. Pregúntale.
6. Averigua, preguntándole a tu compañero/a, cuántos años hay en un siglo.
7. Quisieras saber qué horas son las veinte horas (20:00 h). Formula la pregunta.
8. Te encantaría saber qué horas son las trece horas (13:00h). Pregúntale.
9. Pregúntale en qué época del año o estación el tiempo pasa más rápidamente.

El correo electrónico de hoy

Mensaje recibido

| De: | florián@conversemosjuntos.es |
| Para: | tú@conversemosjuntos.es |

Se dice que los jóvenes pasan demasiado tiempo sin hacer nada. ¿Tienes tú tiempo libre o tienes un día atiborrado de actividades? ¿Qué estás haciendo ahora?

Respuesta

| De: | tú@conversemosjuntos.es |
| Para: | florián@conversemosjuntos.es |

Respuesta:

_____

_____

_____

_____

_____

Vocabulario: La hora

Comprensión

una semana (n.f.) a week
un mes (n.m.) a month
un año (n.m.) a year
un siglo (n.m.) a century
quiere decir (v. querer decir) to mean
el tiempo (n.m.) time

Sugerencias

60 minutos = una hora
1.440 minutos = un día
24 horas = un día
168 horas = una semana
7 días = una semana
30(31) días = un mes
365 días = un año
3 meses = una estación
12 meses = un año
100 años = un siglo
un milenio = 10 siglos
20h00 - las ocho de la noche
13h00 - la una de la tarde
divertirse (v.) to have a good time
  (me divierto, nos divertimos)
en la casa de mis amigos (exp.)
  at my friends' house
en la oficina del dentista (exp.)
  at the dentist's office
descansar (v.) to rest

Otras posibilidades

_____
_____
_____
_____
_____
_____
_____
_____
_____
_____
_____
_____
_____
_____
_____
_____

Gramática oral

 _____

Pronombres de objeto indirecto

Ejercicio para alternar con el/la compañero/a

(Dirección del reloj)

Todo el mundo	
ustedes	yo
ellas	tú
ellos	él
vosotros/as	ella
nosotros/as	usted

Todo el mundo me habla español.
Todo el mundo me cuenta la historia.
Todo el mundo me prepara la comida.

Todo el mundo me escribe (cartas).
Yo te escribo.
Tú le escribes.   *(a él)*
Él le escribe.   *(a ella)*
Ella le escribe   *(a usted)*
Usted nos escribe.
Nosotros/as os escribimos.
Vosotros/as les escribís.   *(a ellos)*
Ellos les escriben.   *(a ellas)*
Ellas les escriben.   *(a ustedes)*
Ustedes escriben a todo el mundo.

El invierno (conversación entre dos)

1. ¿Qué tiempo hace en el invierno? ¿Te gusta la nieve?
2. ¿Sabes esquiar? ¿Sabes hacer esquí de descenso (cuesta abajo) o de fondo (a campo traviesa)?
3. ¿A qué lugar te gustaría ir para esquiar?
4. ¿Alguna vez has hecho un muñeco de nieve? ¿Cuántas bolas de nieve se necesitan?
5. ¿Qué es lo que más te gusta hacer en invierno?
6. ¿Cuál es tu deporte preferido en el invierno?
7. ¿Has visto alguna vez por televisión los Juegos Olímpicos de Invierno? ¿Qué te llamó la atención?
8. A veces da gusto/es agradable comer algo dulce en el invierno, ¿probaste el dulce de leche alguna vez? ¿Y has probado el dulce/la mermelada/la jalea de guayaba?
9. ¿Prefieres patinar sobre hielo o esquiar? ¿Juegas al *hockey* sobre hielo?

Reciclaje

1. Pregunta a tu compañero/a qué tiempo hace en el invierno y si le gusta la nieve.
2. Deseas saber si tu compañero/a sabe esquiar. Pregúntale. Además averigua si sabe hacer esquí de descenso (cuesta abajo) o de fondo (a campo traviesa).
3. Averigua a qué lugar le gustaría ir para esquiar.
4. Te gustaría saber si alguna vez tu compañero ha hecho un muñeco de nieve y cuántas bolas se necesitan. Elabora estas preguntas.
5. Pregúntale qué es lo que más le gusta hacer en invierno.
6. Quieres saber cuál es su deporte preferido en invierno. Formula la pregunta.
7. Averigua si él/ella ha visto alguna vez por televisión los Juegos Olímpicos de Invierno y qué le llamó la atención.
8. Pregúntale, considerando que a veces en el invierno da gusto/es agradable comer algo dulce, si él/ella probó el dulce de leche alguna vez y si ha probado el dulce/la mermelada/la jalea de guayaba.
9. Te gustaría saber si él/ella prefiere patinar sobre hielo o esquiar y si juega al *hockey* sobre hielo. Formula las preguntas.

El mensaje de texto de hoy

Valparaíso, Chile

De: Eduvigis (56) 32132 7343

¿Cómo te va? Confirmado: ¡me voy de vacaciones a los Andes chilenos por primera vez! Yo sé que te fuiste de paseo ahí con tu familia el año pasado. ¿Qué actividades de recreación me recomiendas?

Respuesta:

_____

_____

_____

_____

_____

_____

_____

Vocabulario: El invierno

Comprensión

el tiempo (n.m.) weather

en el invierno (exp.) in the winter

la nieve (n.f.) snow

blanco (adj.) white

esquiar (v.) to ski

de descenso (exp.) downhill

de fondo (exp.) cross-country (skiing)

el muñeco de nieve (n.m.) the snowman

fresco (adj.) fresh

probar (v.) to try

el dulce de leche/arequipe (n.m.) caramelized sweet spread made of milk

la cajeta (n.f.) caramelized sweet spread made of milk

el dulce de guayaba (n.m.) sweet spread made of guava fruit

la mermelada/jalea de guayaba (n.f.) sweet spread made of guava fruit

llamar la atención (v.) to call one's attention, to attract attention

patinar (v.) to skate

el patinaje sobre hielo (n.m.) ice skating

Sugerencias

hace frío (exp.) it's cold

magnífico (adj.) superb, magnificent, excellent, great

impresionante (adj.) impressive

espléndido (adj.) splendid

artístico (adj.) artistic

complicado (adj.) complicated

da gusto (exp.) it is pleasant, it is a pleasure

es agradable (exp.) it is pleasant, it is nice

divertido (adj.) fun

sentarse frente a la chimenea (exp.) to sit down by the fireplace

romperse la pierna (v.) to break one's leg (me rompí la pierna - I broke my leg)

una estación de esquí (n.f.) the ski resort

el baile (n.m.) dance

la competición (n.f.) competition, contest

la comida (n.f.) meal

la carrera (n.f.) race

el desfile (n.m.) parade

Otras posibilidades

_____

_____

_____

_____

_____

_____

_____

_____

_____

_____

_____

_____

_____

_____

_____

_____

_____

_____

Gramática oral

Pronombres de objeto directo y de objeto indirecto (se is used instead of le/les next to lo/la)

Everyone gives it to me. (the book)

(Dirección del reloj)

Todo el mundo	
ustedes	yo
ellas	tú
ellos	él
vosotros/as	ella
nosotros/as	usted

la guayaba

Todo el mundo me da el libro.

Todo el mundo me lo da.
Yo te lo doy.
Tú se lo das. (a él)
Él se lo da. (a ella)
Ella se lo da. (a usted)
Usted nos lo da.
Nosotros/as os lo damos.
Vosotros/as se lo dais. (a ellos)
Ellos se lo dan. (a ellas)
Ellas se lo dan. (a ustedes)
Ustedes se lo dan a todo el mundo.

el dulce de leche

El invierno *(conversación entre dos)*

1. ¿Rompiste alguna vez un vidrio con una bola de nieve?
2. ¿Te gusta pasear en trineo? ¿Por qué?
3. ¿Cuándo viste la nevada más grande?
4. ¿Cuáles fueron las consecuencias de esta nevada?
5. ¿En qué mes del año fue la última vez que has visto nieve? ¿Dónde estabas?
6. ¿Cuántos lados tiene un copo de nieve?
7. ¿Te gusta atrapar copos de nieve con la lengua?
8. ¿Qué ropa llevas/vistes/te pones cuando nieva?
9. ¿Cuáles son las ventajas y las desventajas de la nieve en el invierno?

Reciclaje

1. Pregunta a tu compañero/a si alguna vez rompió un vidrio con una bola de nieve.
2. Te gustaría saber si a él/ella le gusta pasear en trineo y por qué. Pregúntale.
3. Averigua cuándo él/ella vio la nevada más grande.
4. Quieres saber cuáles fueron las consecuencias de esa nevada. Formula la pregunta.
5. Pregúntale en qué mes del año fue la última vez que él/ella ha visto nieve y dónde estaba.
6. Deseas saber cuántos lados tiene un copo de nieve. Pregúntale.
7. Te encantaría saber si a él/ella le gusta atrapar copos de nieve con la lengua. Elabora la pregunta.
8. Pregúntale qué ropa él/ella lleva/viste/se pone cuando nieva.
9. Averigua cuáles son las ventajas y las desventajas de la nieve en el invierno.

El correo electrónico de hoy

Mensaje recibido

| De: | viviana@conversemosjuntos.cl |
| Para: | tú@conversemosjuntos.cl |

¿Qué hacen Uds. en la región andina para divertirse durante el invierno? Y a ti, ¿te gusta pasar el tiempo adentro o afuera cuando hace frío? ¿Qué es lo que más te gusta del invierno?

Respuesta

| De: | tú@conversemosjuntos.cl |
| Para: | viviana@conversemosjuntos.cl |

Respuesta:

_____

_____

_____

_____

_____

_____

Vocabulario: El invierno

Comprensión

romper (v.) to break
un vidrio (n.m.) a window pane
el trineo (n.m.) sled
la nevada (n.f.) snowfall
el lado (n.m.) side
el copo de nieve (n.m.) snowflake
atrapar (v.) to catch
la lengua (n.f.) tongue
llevar/vestir/ponerse (v.) to wear

Sugerencias

la velocidad (n.f.) speed
el peligro (n.m.) danger
coger/ agarrrar (v.) to catch
la boca (n.f.) mouth
la comodidad (n.f.) comfort
la bota (n.f.) boot
los guantes (n.m.pl.) glove
el abrigo/saco/sobretodo (n.m.)
  coat, jacket, overcoat
un anorak (n.m.) a parka
un gorro (n.m.) a hat
una gorra (n.f.) a hat
un sombrero (n.m.) a hat
una bufanda (n.f.) a scarf, muffler
de lana (exp.) of wool
de plumón (exp.) of down
  (of goose feathers)
el patín (n.m.) skate (los patines)

Otras posibilidades

_____
_____
_____
_____
_____
_____
_____
_____
_____
_____
_____
_____
_____

Gramática oral

Pronombres de objeto indirecto (le, les) y uso de complementos indirectos para aclarar el significado de la oración

Les preparamos la sopa <u>a los niños</u>.
Le gusta la música **<u>a María</u>.**
Les leemos libros <u>a los estudiantes</u>.
Le escribe <u>a su madre</u> todos los domingos.
Le dice siempre la verdad <u>a su padre</u>.
Les muestran las tareas <u>a los profesores</u>.
Les duelen las manos <u>a los trabajadores</u>.
Les gustan los viajes <u>a mis parientes</u>.
Le envía un regalo <u>a su novia</u>.
Le dan un libro nuevo <u>al niño</u>.
Les preparamos los platos <u>a nuestros padres</u>.
Le habla mucho por teléfono <u>a mi hermano</u>.
El profesor les cuenta la historia <u>a los niños</u>.

El día *(conversación entre dos)*

1. ¿A qué hora amaneció hoy? ¿A qué hora salió el sol?
2. ¿A qué hora sale y se pone el sol en el verano y en el invierno?
3. ¿A qué hora te levantas normalmente?
4. ¿A qué hora desayunas?
5. ¿Qué momento del día te gusta más? ¿Por qué?
6. ¿Te gusta más la salida del sol o la puesta del sol?
7. ¿Te gusta más el alba o el crepúsculo?
8. ¿Cuál de los dos momentos del día es más poético, el alba o el crepúsculo?
9. ¿Trabajas mejor por la mañana o por la tarde? ¿Trabajas bien por la noche?

Reciclaje

1. Pregunta a tu compañero/a a qué hora amaneció hoy y a qué hora salió el sol.
2. Quieres saber a qué hora sale y se pone el sol en el verano y en el invierno. Pregúntale.
3. Te gustaría saber a qué hora él/ella se levanta normalmente. Formula la pregunta.
4. Pregúntale a qué hora desayuna.
5. Averigua qué momento del día le gusta más a él/ella y por qué.
6. Deseas saber si a él/ella le gusta más la salida del sol o la puesta del sol. Pregúntale.
7. Quisieras saber si a él/ella le gusta más el alba o el crepúsculo. Formula la pregunta.
8. Pregúntale cuál de los dos momentos del día es más poético, el alba o el crepúsculo.
9. Quieres saber si trabaja mejor por la mañana o por la tarde y si trabaja bien por la noche. Hazle estas preguntas.

Centro de Barcelona, España

El mensaje de texto de hoy

De: Zaira (34) 93 356 8897

¡Buenos días! ¡Ayer vi una puesta de sol espectacular! Yo sé que a ti te gustan más las mañanas. Cuéntame acerca del amanecer más hermoso que jamás viste.

Respuesta:

_____

_____

_____

_____

_____

_____

_____

Vocabulario: El día

Comprensión

amanecer (v.) to get light, to dawn

el sol (n.m.) sun

levantarse (v.) to get up

normalmente/por lo general (adv.)
  normally, generally

el día (n.m.) day

la jornada (n.f.) day

la salida del sol (n.f.) sunrise

la puesta del sol (n.f.) sunset

el alba (las albas) (n.f.) dawn

el crepúsculo (n.m.) twilight

¿cuál? (pron.) which (one)?

mejor (adj.) better

por la noche (exp.) in the evening

desayunar (v.) to have breakfast

el desayuno (n.m.) breakfast

**el amanecer más hermoso que jamás
  viste** = the most beautiful sunrise you
  ever saw

Sugerencias

a las cinco de la mañana (exp.)
  at five o'clock in the morning

me levanto (v.) I get up

nos levantamos (v.) we get up

me despierto (v.) I wake up

nos despertamos (v.) we wake up

la mañana (n.f.) morning

la tarde (n.f.) afternoon

el atardecer (n.m.) dusk, twilight,
  evening

la tardecita (n.m.) nightfall

la noche (n.f.) evening, night

a(l) mediodía (exp.) at noon

a menudo (adv.) often

Otras posibilidades

_____

_____

_____

_____

_____

_____

_____

_____

_____

_____

_____

_____

_____

Gramática oral

Pronombre de objeto directo "lo" y pronombres preposicionales con la preposición "con"

"el círculo"

	Todo el mundo	
ustedes		yo
ellas		tú
ellos		él
vosotros/as		ella
nosotros/as	usted	

Todo el mundo baila conmigo.
Todo el mundo juega conmigo.
Todo el mundo habla conmigo.

Todo el mundo estudia el español conmigo.
Yo lo estudio contigo.
Tú lo estudias con él.
Él lo estudia con ella.
Ella lo estudia con usted.
Usted lo estudia con nosotros.
Nosotros/as lo estudiamos con vosotros/as.
Vosotros/as lo estudiáis con ellos.
Ellos lo estudian con ellas.
Ellas lo estudian con ustedes.
Ustedes lo estudian con todo el mundo.

El día *(conversación entre dos)*

1. En muchos restaurantes hay una comida o plato establecido con un precio fijo al que se llama "el menú del día". ¿Has probado tú un menú del día alguna vez? ¿Cómo estuvo?
2. ¿Cuál es la sopa del día que más te gusta?¿Cuál es la sopa que escogerías/elegirías hoy?
3. ¿Son los días más largos en el verano o en el invierno?
4. ¿Qué es lo opuesto de "la noche" y qué se dice para saludar a otra persona a la noche?
5. ¿Qué haces la víspera de un día importante como el día de tu cumpleaños o del cumpleaños de un/a amigo/a?
6. ¿Cómo puede uno saber/enterarse de las noticias nacionales e internacionales del día?
7. Por lo general, ¿a qué hora cenan los latinoamericanos y españoles?
8. ¿Cómo describirías un día en que te van bien las cosas? ¿Y cómo describirías un día pésimo?
9. ¿Hoy es un buen día o un mal día para ti? ¿Por qué?

Reciclaje

1. Pregunta a tu compañero/a si ha probado un menú del día alguna vez y cómo estuvo. Explícale previamente que en muchos restaurantes hay una comida o plato establecido con un precio fijo al que se llama "el menú del día".
2. Pregúntale cuál es la sopa del día que más le gusta a él/ella y cuál es la sopa que él/ella elegiría/escogería hoy.
3. Averigua si los días son más largos en el verano o en el invierno.
4. Pregúntale qué es lo opuesto de "la noche" y qué se dice para saludar a otra persona a la noche.
5. Te gustaría saber qué hace él/ella la víspera de un día importante como el día de su cumpleaños o del cumpleaños de un/a amigo/a. Formula la pregunta.
6. Averigua cómo puede uno saber/enterarse de las noticias nacionales e internacionales del día.
7. Deseas saber a qué hora cenan los latinoamericanos y los españoles por lo general. Hazle la pregunta.
8. Pregúntale cómo describiría él/ella un día en que te van bien las cosas. Además pregúntale cómo describiría él/ella un día pésimo.
9. Quisieras saber si hoy es un buen día o un mal día para él/ella y por qué. Formula dos preguntas.

El correo electrónico de hoy

Mensaje recibido

| De: | cristian@conversemosjuntos.es |
| Para: | tú@conversemosjuntos.es |

Hola. Estoy bastante triste hoy. Acabo de tener un día lleno de contratiempos y de problemas. Cuéntame acerca de uno de los días más felices que has tenido. Eso me hará sentir mejor. ¡Gracias!

Respuesta

| De: | tú@conversemosjuntos.es |
| Para: | cristian@conversemosjuntos.es |

Respuesta:

_____

_____

_____

_____

_____

_____

Vocabulario: El día

Comprensión

la sopa del día (n.f.) soup of the day

hacer/realizar (v.) to do, to make, carry out

escoger/elegir (v.) to choose

escogerías/elegirías (v. condicional) you would choose

lo opuesto (exp.) the opposite

la víspera (n.f.) eve

leer (v.) to read (leo/lee/leemos)

saber/enterarse (v.) to learn, find out

las noticias (n.f.pl.) news

varios (adj.) several

la merienda (n.f.) mid afternoon snack

la cena (n.f.) dinner

cenar (v.) to have dinner

hoy (adv.) today

la noche (n.f.) night

Sugerencias

la sopa de verduras (n.f.) vegetable soup

la sopa de pescado (n.f.) fish soup

el sancocho/guiso (n.m.) soup, stew

el locro (n.m.) meat and vegetable stew

Buenos días. Good morning.

Buenas tardes. Good afternoon.

Buenas noches. Good evening.

el día siguiente (n.m.) the next day

mañana (adv.) tomorrow

pasado mañana (adv.) the day after tomorrow

el periódico/diario (n.m.) newspaper

Los latinoamericanos y los españoles cenan entre las 8 y las 11 de la noche. Por lo general, en España se cena más tarde que en otros países.

Otras posibilidades

_____

_____

_____

_____

_____

_____

_____

_____

_____

_____

_____

_____

_____

_____

Gramática oral ?

Respuestas: Yo lo soy. Yo no lo soy. *(No sé. ¿Qué quiere decir _____?)*

¿Eres profesor/a?
¿Eres inteligente?
¿Eres norteamericano?
¿Eres mexicano/a?
¿Eres brasileño/a?
¿Eres antipático/a?
¿Eres aburrido/a?

¿Eres chico?
¿Eres católico/a?
¿Eres cantante?
¿Eres programador/a?
¿Eres interesante?
¿Eres feliz?
¿Eres trabajador/a?

¿Eres chica?
¿Eres doctor/a?
¿Eres bombero/a?
¿Eres estudiante?
¿Eres agradable?
¿Eres casado/a?
¿Eres sordo/a?

La nieve *(conversación entre dos)*

1. ¿En qué época del año nieva?
2. ¿Nieva mucho en la zona/región del país donde vives? ¿En qué países nieva mucho/en abundancia?
3. ¿De qué color es la nieve cuando acaba de caer? Y, ¿de qué color es la nieve después de una semana de haber caído?
4. ¿Has hecho/armado alguna vez un muñeco de nieve?
5. ¿Cuántas bolas de nieve se necesitan para construir/armar un muñeco de nieve?
6. ¿Con qué se puede hacer los ojos de un hombre/muñeco de nieve? ¿Y cómo se puede hacer su nariz?
7. ¿Cuáles son los deportes de invierno que se realizan en la nieve?
8. Normalmente, ¿haces esquí de descenso o de fondo?
9. ¿Has saltado alguna vez con los esquís/esquíes?

Reciclaje

1. Pregunta a tu compañero/a en qué época del año nieva.
2. Averigua si nieva mucho en la zona/región del país donde vives y si en qué países nieva mucho/en abundancia.
3. Pregúntale de qué color es la nieve cuando acaba de caer y de qué color es la nieve después de una semana de haber caído.
4. Quisieras saber si él/ella ha hecho un muñeco de nieve alguna vez. Pregúntale.
5. Deseas saber cuántas bolas de nieve se necesitan para construir/armar un muñeco de nieve. Formula la pregunta.
6. Averigua con qué se puede hacer los ojos de un hombre/muñeco de nieve y cómo se puede hacer su nariz.
7. Tienes curiosidad de saber cuáles son los deportes de invierno que se realizan en la nieve. Pregúntale.
8. Averigua si él/ella normalmente hace esquí de descenso o de fondo.
9. Pregúntale si él/ella ha alguna vez saltado con los esquís/esquíes.

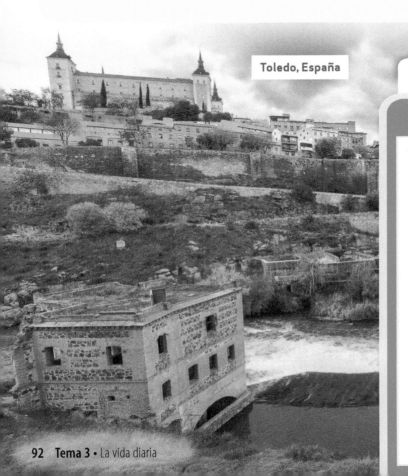

Toledo, España

El mensaje de texto de hoy

De: María Laura (34) 976 553 648

¡Competencia de muñecos de nieve! Ven a participar el sábado a las 9 horas en el parque central de la ciudad. Inscríbete por mensaje de texto: explica tu propuesta para el muñeco de nieve mandando un mensaje al (34) 976 553 648

Respuesta:

_____

_____

_____

_____

_____

_____

Vocabulario: La nieve

Comprensión

nevar (v.) to snow (nieva)

la zona/región (n.f.) zone, area, región

cuando la nieve acaba de caer =
when the snow has just fallen

caer (v.) to fall

hace una semana (exp.) a week ago

en el invierno (exp.) in winter

un muñeco/un hombre de nieve (n.m.)
a snowman

la bola de nieve (n.f.) snowball

colocar (v.) to place, put

los ojos (n.m.pl.) eyes

la nariz (n.f.) nose

te gustaría (v. gustar) would you like

esquiar (v.) to ski

realizar (v.) to do, carry out

hacer esquí de descenso (exp.)
to ski downhill (el esquí alpino)

cuesta abajo (exp.) downhill (skiing)

hacer esquí de fondo (exp.)
to ski cross country

esquiar de descenso (exp.)
to ski downhill

a campo traviesa (exp.)
cross-country (skiing)

saltar (v.) to jump

aquí/acá (adv.) here

Sugerencias

en invierno (exp.) in winter

blanco (adj.) white

gris (adj) grey

amarillo (adj.) yellow

una piedra (n.f.) a stone

un pedazo (n.m.) a piece

una nuez (n.f.) a walnut

rodajas de pepino = cucumber slices

el carbón (n.m.) coal

la leña (n.f.) firewood

una zanahoria (n.f.) a carrot

una rama (n.f.) a branch, twig

un castillo (n.m.) a castle

un iglú (n.m.) an igloo

una fortaleza (n.f.) a fort

Otras posibilidades

_____

_____

_____

_____

_____

_____

_____

_____

_____

_____

_____

_____

_____

_____

_____

_____

_____

_____

_____

_____

_____

Gramática oral

Pronombres posesivos de número singular

el libro (m. s.)

Todo el mundo tiene el suyo.
Yo tengo el mío.
Tú tienes el tuyo.
Él tiene el suyo.   (de él)
Ella tiene el suyo.   (de ella)
Usted tiene el suyo.   (de usted)
Nosotros tenemos el nuestro.
Nosotras tenemos el nuestro.
Vosotros tenéis el vuestro.
Vosotras tenéis el vuestro.
Ellos tienen el suyo.   (de ellos)
Ellas tienen el suyo.   (de ellas)
Ustedes tienen el suyo. (de ustedes)

la nota (f. s.)

Todo el mundo tiene la suya.
Yo tengo la mía.
Tú tienes la tuya.
Él tiene la suya.   (de él)
Ella tiene la suya.   (de ella)
Usted tiene la suya.   (de usted)
Nosotros tenemos la nuestra.
Nosotras tenemos la nuestra.
Vosotros tenéis la vuestra.
Vosotras tenéis la vuestra.
Ellos tienen la suya.   (de ellos)
Ellas tienen la suya.   (de ellas)
Ustedes tienen la suya.   (de ustedes)

La nieve *(conversación entre dos)*

1. ¿Has bajado/descendido una colina en un trineo o en un tobogán alguna vez?
2. ¿Cuál es más ligera/liviana, la nieve seca o la nieve mojada?
3. ¿A qué temperatura hace suficiente frío para que se forme la nieve?
4. ¿Cuándo se vuelve peligrosa la nieve?
5. ¿Te has lastimado/hecho daño alguna vez en la nieve?
6. ¿Qué llevas/vistes/te pones para protegerte del frío cuando nieva?
7. ¿En qué lugar hay nieve todo el año?
8. ¿Hay más hielo y nieve en el Polo Norte (Ártico) o en el Polo Sur (Antártico)?
9. ¿Cuál es tu actividad preferida en la nieve?

Reciclaje

1. Pregúntale a tu compañero/a si alguna vez él/ella ha bajado/descendido una colina en un trineo o en un tobogán.
2. Pregúntale cuál es más ligera/liviana, si la nieve seca o la nieve mojada.
3. Quisieras saber a qué temperatura hace suficiente frío para que se forme la nieve. Elabora la pregunta.
4. Deseas saber cuándo se vuelve peligrosa la nieve. Elabora la pregunta.
5. Quieres saber si él/ella se ha lastimado/hecho daño alguna vez en la nieve. Formula la pregunta.
6. Pregúntale qué lleva/viste/se pone para protegerse del frío cuando nieva.
7. Te encantaría saber en qué lugar hay nieve todo el año. Hazle la pregunta.
8. Averigua si hay más hielo y nieve en el Polo Norte (Ártico) o en el Polo Sur (Antártico).
9. Pregúntale cuál es su actividad preferida en la nieve.

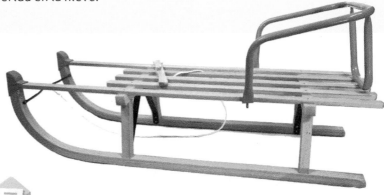

El correo electrónico de hoy

Mensaje recibido

De: toño@conversemosjuntos.es
Para: tú@conversemosjuntos.es

Cuando éramos jóvenes nosotros nos divertíamos a menudo jugando afuera en la nieve. ¿Salíais tus amigos y tú afuera para jugar en la nieve? ¿Qué hacíais?

Respuesta

De: tú@conversemosjuntos.es
Para: toño@conversemosjuntos.es

Respuesta:

_____

_____

_____

_____

_____

_____

Vocabulario: La nieve

Comprensión	*Sugerencias*	*Otras posibilidades*
una colina (n.f.) a hill	32 grados Fahrenheit = 0 grados Celsius	
un trineo (n.m.) a sled	**la escarcha** (n.f.) frost	
un tobogán (n.m.) a sled	**el hielo** (n.m.) ice	
ligero/liviano (adj.) light	**una tormenta** (n.f.) a storm	
seco (adj.) dry	**la bota** (n.f.) boot	
mojado (adj.) wet	**el guante** (n.m.) glove	
formarse (v.) to form	**el abrigo/saco** (n.m.) coat	
volverse (v.) to turn itself, to become itself	**la chamarra/campera** (n.f.) jacket	
dañarse (v.) to hurt oneself	**el saco** (n.m.) jacket	
protegerse (v.) to protect oneself	**un anorak** (n.m.) a parka	
todo el año (exp.) all year long	**un sombrero** (n.m.) a hat	
el polo (n.m.) pole	**un gorro de lana** (n.m.) a wool hat	
el norte (n.m.) north	**una bufanda** (n.f.) a scarf, muffler	
el sur (n.m.) south	**las medias** (n.f.pl.) socks	
	los calcetines (n.m.pl.) socks	
	de lana (n.f.) of wool	
	de plumón/de plumas (exp.) of down (of goose feathers)	

Gramática oral

Pronombres posesivos de número plural

los libros (m. pl.)		*las notas (f. pl.)*	
Todo el mundo tiene los suyos.		Todo el mundo tiene las suyas.	
Yo tengo los míos.		**Yo tengo las mías.**	
Tú tienes los tuyos.		Tú tienes las tuyas.	
Él tiene los suyos.	*(de él)*	**Él tiene las suyas.**	*(de él)*
Ella tiene los suyos.	*(de ella)*	Ella tiene las suyas.	*(de ella)*
Usted tiene los suyos.	*(de usted)*	**Usted tiene las suyas.**	*(de usted)*
Nosotros tenemos los nuestros.		Nosotros tenemos las nuestras.	
Nosotras tenemos los nuestros.		**Nosotras tenemos las nuestras.**	
Vosotros tenéis los vuestros.		Vosotros tenéis las vuestras.	
Vosotras tenéis los vuestros.		**Vosotras tenéis las vuestras.**	
Ellos tienen los suyos.	*(de ellos)*	Ellos tienen las suyas.	*(de ellos)*
Ellas tienen los suyos.	*(de ellas)*	**Ellas tienen las suyas.**	*(de ellas)*
Ustedes tienen los suyos.	*(de ustedes)*	Ustedes tienen las suyas.	*(de ustedes)*

La noche (conversación entre dos)

1. ¿Te gusta dormir? ¿Tienes una cama cómoda?
2. ¿De qué color son tus sábanas?
3. ¿Cuántas mantas/cobertores/frazadas/colchas/edredones utilizas en el invierno? ¿De qué color son?
4. ¿Hay un diseño en tu almohada? ¿Cuántas almohadas usas?
5. ¿A qué hora te acuestas normalmente?
6. ¿Cuántas horas duermes por noche?
7. ¿A qué hora tienes el hábito/la costumbre de despertarte?
8. ¿Te levantas inmediatamente luego de haberte despertado o cuánto tiempo después?
9. ¿Roncas cuando duermes? ¿Tienes el sueño agitado o tranquilo?

Reciclaje

1. Pregunta a tu compañero/a si a él/ella le gusta dormir y si tiene una cama cómoda.
2. Te gustaría saber de qué color son sus sábanas. Formula la pregunta.
3. Pregúntale cuántas mantas/cobertores/frazadas/colchas/edredones utiliza él/ella en el invierno y de qué color son.
4. Quieres saber si hay un diseño en su almohada y cuántas almohadas usa. Hazle estas dos preguntas.
5. Averigua a qué hora él/ella se acuesta normalmente.
6. Pregúntale cuántas horas duerme por noche.
7. Tienes curiosidad de saber a qué hora él/ella tiene el hábito/la costumbre de despertarse. Pregúntale.
8. Te gustaría saber si él/ella se levanta inmediatamente luego de haberse despertado o cuánto tiempo después. Elabora la pregunta.
9. Pregúntale si él/ella ronca cuando duerme y si tiene el sueño agitado o tranquilo.

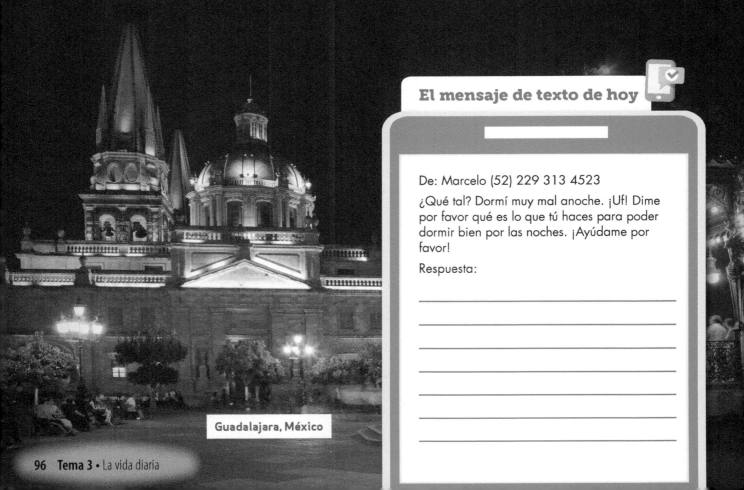

Guadalajara, México

El mensaje de texto de hoy

De: Marcelo (52) 229 313 4523

¿Qué tal? Dormí muy mal anoche. ¡Uf! Dime por favor qué es lo que tú haces para poder dormir bien por las noches. ¡Ayúdame por favor!

Respuesta:

_____

_____

_____

_____

_____

_____

_____

Vocabulario: La noche

Comprensión

dormir (v.) to sleep
la cama (n.f.) bed
la sábana (n.f.) sheet
la manta/frazada (n.f.) blanket
el cobertor (n.m.) blanket
la colcha (n.f.) quilt
el edredón (n.m.) a down comforter
un diseño (n.m.) a design, pattern
la almohada (n.f.) pillow
el travesaño (n.m.) bolster, pillow across the bed
despertarse (v.) to wake up (me despierto, nos despertamos)
levantarse (v.) to get up (me levanto, nos levantamos)
acostarse (v.) to go to bed
por (prep.) per, by
la costumbre (n.f.) habit, custom
después de haberte despertado after having awakened (yourself)
roncar (v.) to snore
agitado (adj.) agitated, not calm

Sugerencias

duro (adj.) hard
blando (adj.) soft
el colchón (n.m.) mattress
un despertador (n.m.) an alarm clock
alguien me llama (exp.) someone calls me
la pared (n.f.) wall
la luz (n.f.) light
el sol (n.m.) sun
la ventana (n.f.) window
la puerta (n.f.) door
dar vueltas (exp.) to turn over
moverse (v.) to move

Otras posibilidades

_____
_____
_____
_____
_____
_____
_____
_____
_____
_____
_____
_____
_____
_____
_____
_____
_____

Gramática oral

Pronombres relativos: que (sujeto); quien, quienes (objeto de preposición)
Alternar y después… pensar en otros ejemplos "a… a…, b… b…., c… c…"

Ana que anda
Bárbara que baila
Carlos que canta
Eduardo que estudia
Fernando que fuma
Jaime que juega
Laura que llora
María que se maquilla
Pedro que paga
Ricardo que responde
Sasha que sueña
Tomás que trabaja
Violeta que vende

el hombre de quien yo hablo
la bailarina con quien yo bailo
el patrón para quien yo preparo
el compañero de quien yo te cuento
los jugadores con quienes yo juego
el golfista a quien le gusta el golf
el doctor a quien le duele el dedo
el inmigrante a quien le interesa el inglés
el profesor en quien yo pienso
los hermanos a quienes yo hablo
la mujer con quien yo manejo
el pariente de quien yo pienso
los turistas con quienes yo trabajo

La noche *(conversación entre dos)*

1. ¿Sueñas cuando duermes? ¿Puedes contarme el último sueño que tuviste?
2. ¿Tienes pesadillas? ¿Cuál fue la pesadilla más horrible que has tenido jamás?
3. ¿Alguna vez has salido dormido/a de tu cama como un/una sonámbulo/a?
4. ¿Tienes el sueño liviano y te despiertas fácilmente durante la noche o duermes profundamente toda la noche?
5. ¿Hace cuánto tiempo que tu mamá ya no te cubre o arropa cuando te acuestas?
6. ¿Haces tu cama inmediatamente después de levantarte?
7. ¿Duermes la siesta a menudo?
8. ¿Te sientes bien al levantarte por la mañana o te sientes muy agotado/a?
9. ¿A qué hora te levantarías si no tuvieras compromisos?

Reciclaje

1. Pregunta a tu compañero/a si sueña cuando duerme y pídele que te cuente cuál fue el último sueño que tuvo.
2. Tú quieres saber si él/ella tiene pesadillas y cuál fue la pesadilla más horrible que ha tenido jamás. Elabora estas dos preguntas.
3. Averigua si él/ella ha salido dormido/a de su cama alguna vez como un/una sonámbulo/a.
4. Quieres saber si él/ella tiene el sueño liviano y se despierta fácilmente durante la noche o si duerme profundamente toda la noche. Pregúntale.
5. Pregúntale hace cuánto tiempo que su mamá ya no le cubre o arropa cuando se acuesta.
6. Te gustaría saber si él/ella hace su cama inmediatamente después de levantarse. Pregúntale.
7. Tú deseas saber si él/ella duerme la siesta a menudo. Hazle esta pregunta.
8. Quisieras saber si él/ella se siente bien al levantarse por la mañana o si él/ella se siente muy agotado/a. Formula la pregunta.
9. Pregúntale a qué hora él/ella se levantaría si no tuviera compromisos.

El correo electrónico de hoy

Mensaje recibido

Respuesta

De:	delfina@conversemosjuntos.mx
Para:	tú@conversemosjuntos.mx

Escuché decir que los jóvenes no duermen suficiente por las noches. ¿Qué es lo que les impide dormir lo suficiente? ¿Tú duermes bien? Y, ¿duermes lo suficiente?

De:	tú@conversemosjuntos.mx
Para:	delfina@conversemosjuntos.mx

Respuesta:

_____

_____

_____

_____

_____

_____

Vocabulario: La noche

Comprensión

soñar (v.) to dream (sueño, soñamos)

reciente (adj.) recent

una pesadilla (n.f.) a nightmare

cuando duermes (exp.) when you sleep

más (adv.) most

durante (prep.) during

acostarse (v.) to go to bed
(me acuesto, nos acostamos)

arropar/cubrir (v.) to tuck in, to cover

la siesta (n.f.) nap

jamás (adv.) ever

algo (pron.) something

sentirse bien (exp.) to feel well

sentirse (v.) to feel (me siento, nos
sentimos)

agotado/a (adj.) exhausted

te levantarías (v. levantarse)
you would get up

Sugerencias

al dormir (exp.) upon, while sleeping

un sonámbulo (n.m.) a sleepwalker

una bruja (n.f.) a witch

un monstruo (n.m.) a monster

un ladrón (n.m.) a robber

un examen (n.m.) a test

un lobo (n.m.) a wolf

las vacaciones (n.f.pl.) vacations

siempre (adv.) always

elegir (v.) to choose

la elección (n.f.) choice

dormirse de nuevo (exp.) to fall asleep
again

Otras posibilidades

_____
_____
_____
_____
_____
_____
_____
_____
_____
_____
_____
_____
_____
_____

Gramática oral

que: pronombre relativo con función de objeto
Alternar y después… piensa en otros ejemplos "a… a…, b… b…., c… c…"

el apartamento que yo alquilo
la bebida que yo bebo
la canción que yo canto
la decoración que yo disfruto
el español que yo estudio
el futbolista que yo felicito
las gafas de sol que yo guardo
la habitación que yo hallo
la idea que yo indico
el juego que yo juego
el libro que yo leo

los mosquitos que yo mato
la nota que yo necesito
el plato que yo preparo
el queso que yo quiero
la obligación que yo odio
el régimen que yo rompo
la sirena que yo sorprendo
la tarea que yo tengo
la vaca que yo veo
la uña que yo uso

Cambiar pronombres sujetos: tú, él, ella, usted, nosotros/as, vosotros/as, ellos, ellas, ustedes

La lluvia (conversación entre dos)

1. ¿Te gusta la lluvia?
2. ¿Qué llevas/vistes/te pones cuando llueve?
3. ¿Adónde prefieres ir cuando llueve?
4. ¿Qué no te gusta hacer cuando llueve?
5. ¿Pisas los charcos de agua o caminas alrededor de ellos?
6. ¿Puedes oír el sonido de la lluvia en el techo de tu casa?
7. ¿Cambias de humor cuando llueve? ¿En qué momentos te gusta que llueva?
8. ¿Por qué es importante la lluvia? ¿Te gustan los jardines?
9. ¿Cuáles son las señales de que un jardín carece de agua?

Reciclaje

1. Pregunta a tu compañero/a si le gusta la lluvia.
2. Te gustaría saber qué lleva él/ella cuando llueve. Pregúntale.
3. Averigua adónde prefiere ir él/ella cuando llueve.
4. Quisieras saber qué no le gusta hacer a él/ella cuando llueve. Hazle esta pregunta.
5. Pregúntale si él/ella pisa los charcos de agua o camina alrededor de ellos.
6. Quieres saber si él/ella puede oír el sonido de la lluvia en el techo de su casa. Formula la pregunta.
7. Pregúntale si él/ella cambia de humor cuando llueve y si en qué momentos le gusta a él/ella que llueva.
8. Quisieras saber por qué es importante la lluvia y si le gustan los jardines. Hazle estas dos preguntas.
9. Pregúntale cuáles son las señales de que un jardín carece de agua.

Montefrío en Granada, España

El mensaje de texto de hoy

De: Diego (34) 958 212 764

¡Hola! ¡Sigue lloviendo - increíble! Por suerte lo único que tengo que hacer es estudiar. ¿Qué haces un día como hoy que no para de llover?

Respuesta:

_____
_____
_____
_____
_____
_____
_____
_____

Vocabulario: La lluvia

Comprensión

la lluvia (n.f.) rain

vestir/ponerse (v.) to wear

llevar (v.) to wear, carry

preferir (v.) to prefer
  (prefiero, preferimos)

pisar (v.) to step on

el charco (n.m.) puddle

ellos (pron.) them

el sonido (n.m.) sound

el techo (n.m.) roof

cambiar de humor (v.) to change moods

llueve (v. llover) it rains, it is raining

el jardín (n.m.) garden (los jardines)

la señal (n.f.) sign, evidence

carecer (v.) to lack

Sugerencias

las botas (n.f.pl.) boots

un impermeable (n.m.) a raincoat

un anorak (n.m.) a parka

un piloto (n.m.) a raincoat

una gabardina (n.f.) a raincoat

un paraguas (n.m.) an umbrella

un sombrero para la lluvia (n.m.)
  a rainhat

ir de picnic (exp.) to go on a picnic

saltar (v.) to jump

cambiar un neumático (v.)
  to change a tire

una rueda (n.f.) a tire

desfilar (v.) to parade

regar (v.) to water (riego, regamos)

la flor (n.f.) flower

hacer crecer (v.) to make grow

llenar (v.) to fill up

marchitarse (v.) to dry out, to fade

resecarse (v.) to dry up

el polvo (n.m.) dust

por suerte (exp.) luckily

Otras posibilidades

_____

_____

_____

_____

_____

_____

_____

_____

_____

_____

_____

_____

_____

_____

_____

_____

_____

Gramática oral

Pronombres de objeto indirecto: me, te, le (se), nos, os, les (se)
Aclaración: a mí me, a ti te, a él le, a ella le, a usted le, a nosotros/as nos,
*   a vosotros/as vos, a ellos les, a ellas les, a ustedes les*
*con **doler** (to hurt)*   *con **gustar** (to please, like)*

A mí me duele la cabeza.   **A mí me gusta caminar.**
A mí me duele la espalda.   A mí me gusta cantar.
A mí me duele el estómago.   **A mí me gusta la música.**
A mí me duelen los ojos.   A mí me gustan las papas fritas.
A mí me duelen las orejas.   **A mí me gustan las frutas.**
A mí me duelen las piernas.   A mí me gustan los viajes.
A mí me duelen los dedos del pie.   **A mí me gustan los deportes.**

La lluvia *(conversación entre dos)*

1. ¿Cómo se ve/se nota que un jardín ha recibido demasiada lluvia?
2. ¿Llovió alguna vez en un momento que no querías?
3. ¿Te gusta hacer/realizar un deporte bajo la lluvia? ¿Por qué?
4. ¿Crees que uno pueda resfriarse quedándose bajo la lluvia?
5. ¿Qué sentimientos te inspira la lluvia?
6. ¿Te gusta tener el pelo/cabello mojado? ¿Cómo te secas el pelo/cabello?
7. ¿Llueve en este momento? ¿Llueve tranquilamente o llueve a cántaros?
8. ¿Cuáles son las consecuencias de una lluvia abundante/copiosa?
9. ¿Qué ocurre a veces después de llover?

Reciclaje

1. Pregunta a tu compañero/a cómo se ve/se nota que un jardín ha recibido demasiada lluvia.
2. Deseas saber si alguna vez llovió en un momento que él/ella no quería. Pregúntale.
3. Averigua si a él/ella le gusta hacer/realizar un deporte bajo la lluvia y por qué.
4. Tienes curiosidad de saber si él/ella cree que uno pueda resfriarse quedándose bajo la lluvia. Hazle la pregunta.
5. Pregúntale qué sentimientos le inspira la lluvia a él/ella.
6. Quisieras saber si a él/ella le gusta tener el pelo/cabello mojado y cómo se seca el pelo/cabello. Elabora dos preguntas.
7. Pregúntale si llueve en este momento y si llueve tranquilamente o a cántaros.
8. Te gustaría saber cuáles son las consecuencias de una lluvia abundante/copiosa. Formula la pregunta.
9. Pregúntale qué ocurre a veces después de llover.

El correo electrónico de hoy

Mensaje recibido

Respuesta

De:	lamejortía@conversemosjuntos.es
Para:	tú@conversemosjuntos.es

¿Qué te gustaría hacer este fin de semana si es que llueve este sábado y domingo como lo señala el pronóstico del tiempo? ¿Cuáles son las mejores actividades para un día de lluvia?

De:	tú@conversemosjuntos.es
Para:	lamejortía@conversemosjuntos.es

Respuesta:

_____

_____

_____

_____

_____

_____

Vocabulario: La lluvia

Comprensión

demasiado (adj.) too much

llovió (v.llover) it rained

en un momento (exp.) when
(at a moment)

querer (v.) to want

desear (v.) to want, wish, desire

puede (v. poder) he/she can

resfriarse (v.) to catch a cold

quedándose (v. quedarse) by staying

hacer/realizar (v.) to do

mojado (adj.) wet

secarse el pelo (exp.) to dry one's hair

el pelo/cabello (n.m.) hair

tranquilamente (adv.) calmly, serenely

llover a cántaros (exp.) to pour
(to rain buckets)

abundante/copiosa (adj.) abundant/
copious

Sugerencias

pudrir (podrir) (v.) to rot

flotar (v.) to float

el musgo (n.m.) moss

la sensación de revivir (exp.) a sense
of renewal

la melancolía (n.f.) melancholy

la tristeza (n.f.) sadness

una toalla (n.f.) a towel

la secadora (n.f.) the dryer

seco (adj.) dry

una inundación (n.f.) a flood

el arcoíris (n.m.) rainbow

Proverbio/refrán: "Después de la lluvia,
sale el sol".

Otras posibilidades

_____

_____

_____

_____

_____

_____

_____

_____

_____

_____

_____

_____

_____

_____

Gramática oral

Gustar *(to please, like) con pronombres de objeto indirecto: me, te, le, nos, os, les*
Aclaración: a mí me, a ti te, a él le, a ella le, a usted le, a nosotros/as nos, a vosotros/as vos,
a ellos les, a ellas les, a ustedes les

| ¿Te gusta el/la _____? | Sí, me gusta _____. | No, no me gusta _____. *(singular)* |
| ¿Te gustan los/las _____? | Sí, me gustan _____. | No , no me gustan _____. *(plural)* |

el helado	los perros	**los zapatos**
los huevos	**los gatos**	los postres
las bananas	los exámenes	**la música**
el azúcar	**el béisbol**	el teatro
el pescado	la playa	**los videos**
el café	**las montañas**	la televisión
el té	los mosquitos	**el flan**
las nueces	**la nieve**	el español
el chocolate	los frijoles	**las hambuguesas**
el jamón	**los deportes**	los idomas
las papas	los libros	**los besos**

La primavera *(conversación entre dos)*

1. ¿Cómo sabes que la primavera ha llegado?
2. ¿Es la primavera tu estación preferida? ¿Por qué?
3. ¿Qué haces en la primavera que no puedes hacer en el invierno?
4. En la primavera, ¿cuál es tu flor preferida? ¿Y tu perfume preferido?
5. ¿Puedes estudiar cuando hace buen tiempo? ¿Dónde?
6. ¿Prefieres hacer tus deberes académicos/escolares cuando hace frío o cuando hace calor?
7. ¿Cuándo florecen los claveles?
8. ¿Abrazaste o besaste a alguien en un jardín?
9. ¿Tienes ganas de enamorarte en la primavera? ¿Ya estás enamorado/a?

Reciclaje

1. Pregunta a tu compañero/a cómo sabe que la primavera ha llegado.
2. Quieres saber si la primavera es su estación preferida y por qué. Hazle las preguntas.
3. Pregúntale qué hace él/ella en la primavera que no puede hacer en el invierno.
4. Tienes curiosidad de saber cuál es su flor preferida y su perfume preferido. Pregúntale.
5. Te gustaría saber si él/ella puede estudiar cuando hace buen tiempo y dónde. Elabora estas preguntas.
6. Deseas saber si él/ella prefiere hacer sus deberes académicos/escolares cuando hace frío o cuando hace calor. Formula la pregunta.
7. Averigua cuándo florecen los claveles.
8. Tienes curiosidad de saber si él/ella abrazó o besó a alguien en un jardín. Pregúntale.
9. Pregúntale si tiene ganas de enamorarse en la primavera o si ya está enamorado/a.

Bogotá, Colombia

El mensaje de texto de hoy

De: Adela (57) 1339 8705

¡Por fin ha llegado la primavera! ¡Se acabó la nieve!! ¿Qué quieres hacer esta tarde? ¿Algo al aire libre quizás? :)

Respuesta:

_____
_____
_____
_____
_____
_____
_____

Vocabulario: La primavera

Comprensión

la primavera (n.f.) spring

la estación (n.f.) season

preferido (adj.) favorite

puedes (v. poder) you can

en el invierno (exp.) in the winter

la flor (n.f.) flower

estudiar (v.) to study

Hace buen tiempo. (exp.) The weather is nice.

los deberes (n.m.pl.) homework

florecer (v.) to flower, bloom, blossom

los claveles (n.m.pl.) carnations

abrazar (v.) to hug

besar (v) to kiss

tener ganas de (+ infinitivo) (exp.) to feel like

enamorarse (de) (v.) to fall in love (with)

enamorado (adj.) in love

estás (v. estar) you are

ya (adv.) already

acabar (v.) to end, finish

al aire libre (exp.) in open air

Sugerencias

la hoja (n.f) leaf

la hierba (n.f.) grass

un pájaro (n.m.) a bird

el petirrojo (n.m.) robin

el cielo (n.m.) sky

azul (adj.) blue

celeste (adj.) light blue, sky blue

el tiempo está lindo (exp.) the weather is nice

la brisa (n.f.) breeze

un tulipán (n.m.) a tulip

un narciso (n.m.) a daffodil

un azafrán (n.m.) a crocus

una rosa (n.m.) a rose

las lilas (n.f.pl.) lilacs

la tierra (n.f.) earth

el lodo/barro (n.m.) mud

el béisbol (n.m.) baseball

el remo (n.m.) (oar) crew (rowing)

la natación (n.f.) swimming

Otras posibilidades

_____

_____

_____

_____

_____

_____

_____

_____

_____

_____

_____

_____

_____

_____

_____

_____

_____

_____

Gramática oral

Saber / Conocer y pronombres de objeto directo

Saber   sé, sabes, sabe, sabemos, sabéis, saben

Conocer   conozco, conoces, conoce, conocemos, conocéis, conocen

La hora.	Yo la sé (la hora).	**Yo la sé también (la hora).**
La fecha.	**Yo la sé (la fecha).**	Yo la sé también (la fecha).
Roberto.	Yo lo conozco (a Roberto).	**Yo lo conozco también (a él).**
María	**Yo la conozco (a María).**	Yo la conozco también (a ella).
La pregunta.	Yo no la sé (la pregunta).	**Yo no la sé tampoco (la pregunta).**
La respuesta.	**Yo no la sé (la respuesta).**	Yo no la sé tampoco (la respuesta).
Mi barrio.	Yo lo conozco (mi barrio).	**Yo lo conozco también (mi barrio).**
El profesor.	**Yo lo conozco (al profesor).**	Yo lo conozco también (al profesor).
La ciudad.	Yo la conozco (la ciudad).	**Yo la conozco también (la ciudad).**
Su nombre.	**Yo no lo sé (su nombre).**	Yo no lo sé tampoco (su nombre).
Su dirección.	Yo no la sé (su dirección).	**Yo no la sé tampoco (su dirección).**
Los niños.	**Yo no los conozco (a los niños).**	Yo no los conozco tampoco (a los niños).
La profesora.	Yo la conozco (a la profesora).	**Yo la conozco también (a la profesora).**

La primavera *(conversación entre dos)*

1. ¿Escribes música en la primavera? ¿Tocas algún instrumento? ¿Cuál?
2. ¿Cuál es tu música o canción favorita en la primavera?
3. ¿Irás a un baile especial en la primavera? ¿Invitarás a alguien a este baile?
4. Si alguien te regalara flores, ¿qué flores preferirías?
5. ¿Diste una flor a alguien esta primavera? ¿A quién se la diste? ¿Qué flor era?
6. ¿Qué hacen los pajaritos en la primavera?
7. ¿Qué clima hace en primavera?
8. ¿Te gusta bañarte en un lago en la primavera y caminar descalzo(a)?
9. ¿Cuál es tu mejor recuerdo de la primavera?

Reciclaje

1. Pregunta a tu compañero/a si escribe música en la primavera, si toca algún instrumento y cuál.
2. Averigua cuál es su música o canción favorita en la primavera.
3. Te gustaría saber si él/ella irá a un baile especial en la primavera y si le invitará a alguien a este baile. Elabora estas preguntas.
4. Pregúntale qué flores preferiría él/ella si alguien se las regalara.
5. Quisieras saber si él/ella dio una flor a alguien esta primavera, a quién se la dio y qué flor era. Pregúntale.
6. Averigua qué hacen los pajaritos en la primavera.
7. Te gustaría saber qué clima hace en la primavera. Hazle la pregunta.
8. Deseas saber si le gusta bañarse en un lago en la primavera y si le gusta caminar descalzo/a. Pregúntale.
9. Pregúntale cuál es su mejor recuerdo de la primavera.

El correo electrónico de hoy

Mensaje recibido

| De: | amado@conversemosjuntos.co |
| Para: | tú@conversemosjuntos.co |

Me gustaría saber cómo es la primavera en la región donde vives. ¿Te parece que esta estación es un buen momento para visitarte? ¿Qué podríamos hacer para disfrutar la primavera?

Respuesta

| De: | tú@conversemosjuntos.co |
| Para: | amado@conversemosjuntos.co |

Respuesta:

_____

_____

_____

_____

_____

_____

Vocabulario: La primavera

Comprensión

irás (v. ir) you will go

un baile (n.m.) a dance

favorita (adj.) favorite

alguien (pron.) someone

preferirías (v. preferir, condicional) would you prefer

regalara (v. regalar, imperfecto de subjuntivo) were to give to you as a present

un pájaro (n.m.) a bird

el pajarito (n.m.) diminutive of bird

cambiar (v.) to change

la naturaleza (n.f.) nature

bañarse (v.) to swim, bathe

un lago (n.m.) a lake

el pie (n.m.) foot

descalzo (adj.) barefoot

el recuerdo (n.m.) memory

Sugerencias

la rosa (n.f.) rose

el clavel (n.m.) carnation

ofrecer (v.) to offer

ofreciera (v. ofrecer, imperfecto de subjuntivo) offered, were to offer

la flor silvestre (n.f.) wildflower

una violeta (n.f.) a violet

un lirio (n.m.) an iris

una azucena (n.f.) a lily

un nido (n.m.) a nest

cantar (v.) to sing

gorjear (v.) to chirp, twitter, trill

verdear (v.) to turn green

florecer (v.) to flower, bloom, blossom

crecer (v.) to grow

frío (adj.) cold

sucio (adj.) dirty

la rana (n.f.) frog

la parte (n.f.) place

el lugar (n.m.) place

olvidar (v.) to forget

feliz (adj.) happy

Otras posibilidades

_____

_____

_____

_____

_____

_____

_____

_____

_____

_____

_____

_____

_____

_____

_____

_____

_____

_____

Gramática oral

	acabar de + infinitivo to have just eaten	estar + gerundio to be eating	ir a + infinitivo to be going to eat
	acabar de comer	**estar comiendo**	**ir a comer**
yo	acabo de comer	estoy comiendo	voy a comer
tú	**acabas de comer**	**estás comiendo**	**vas a comer**
él	acaba de comer	está comiendo	va a comer
ella	**acaba de comer**	**está comiendo**	**va a comer**
usted	acaba de comer	está comiendo	va a comer
nosotros	**acabamos de comer**	**estamos comiendo**	**vamos a comer**
nosotras	acabamos de comer	estamos comiendo	vamos a comer
vosotros	**acabáis de comer**	**estáis comiendo**	**vais a comer**
vosotras	acabáis de comer	estáis comiendo	vais a comer
ellos	**acaban de comer**	**están comiendo**	**van a comer**
ellas	acaban de comer	están comiendo	van a comer
ustedes	**acaban de comer**	**están comiendo**	**van a comer**

El restaurante *(conversación entre dos)*

1. ¿Te gusta cenar en un restaurante? ¿Con qué frecuencia cenas en un restaurante?
2. ¿Te gusta más ir a un restaurante de lujo o a un restaurante familiar?
3. Cuando vas a un restaurante, ¿quién paga la cuenta?
4. ¿Qué tipo de cocina prefieres: estadounidense, latinoamericana, española, árabe, oriental u otra?
5. ¿Prefieres ir a comer a un restaurante o comprar la comida para llevarla a la casa?
6. ¿Qué se observa a veces en la vidriera o delante de un restaurante?
7. En la carta/el menú del restaurante se ofrece una lista de platos de comidas, bebidas y postres, pero, ¿qué significa el menú del día?
8. ¿Cómo se pide un plato o una comida que no se ofrece como menú del día?
9. Por lo general, ¿cuánto es lo apropiado/justo dejar de propina si no está incluida en la cuenta?

Reciclaje

1. Pregunta a tu compañero/a si a él/ella le gusta cenar en un restaurante y con qué frecuencia lo hace.
2. Averigua si a él/ella le gusta más ir a un restaurante de lujo o a un restaurante familiar.
3. Te gustaría saber quién paga la cuenta cuando él/ella va a un restaurante. Hazle esta pregunta.
4. Quisieras saber qué tipo de cocina prefiere él/ella: estadounidense, latinoamericana, española, árabe, oriental u otra. Elabora la pregunta.
5. Pregúntale si él/ella prefiere ir a comer a un restaurante o comprar la comida para llevarla a la casa.
6. Deseas saber qué se observa a veces en la vidriera o delante de un restaurante. Formula la pregunta.
7. Tienes la curiosidad de saber qué es el menú del día. Primero menciona que en la carta/el menú del restaurante se ofrece una lista de platos de comidas, bebidas y postres y luego pregúntale qué significa el menú del día.
8. Pregúntale cómo se pide un plato o una comida que no se ofrece como menú del día.
9. Pregúntale si por lo general cuánto es lo apropiado/justo dejar de propina si no está incluida en la cuenta.

Managua, Nicaragua

El mensaje de texto de hoy

De: Magalí (505) 8332 5643

¡Holita! ¿Sabes que mi papá va a abrir un restaurante? Él va a dejar que yo cree un plato que lleve mi nombre: ¡el plato de Magalí! Ayúdame a crear este arte culinario :)

Respuesta:

_____

_____

_____

_____

_____

_____

Vocabulario: El restaurante

Comprensión

el lujo (n.m.) luxury

de lujo (exp.) expensive, deluxe, luxurious

familiar (adj.) family oriented

pagar (v.) (+ complemento directo) to pay for

cobrar (v.) to charge

la cuenta (n.f.) bill, check

la comida (n.f.) meal

la bebida (n.f.) drink

el postre (n.m.) dessert

la cocina (n.f.) cooking, art of food preparation of a particular region

fijo (adj.) fixed

la vidriera (n.f.) display window

delante de (prep.) in front of

pedir (v.) to order, ask for (food) (pido, pedimos)

la carta (n.f.) menu

el menú (n.m.) menu

el menú del día (n.m.) a specific meal or a course of dishes offered on a certain day for a fixed price

apropiado (adj.) appropriate

justo (adj.) fair

la propina (n.f.) tip

culinario (adj.) culinary, of cooking

Sugerencias

observar (v.) to observe, to note

ligero (adj.) light

la ligereza (n.f.) lightness

fresco (adj.) fresh

la frescura (n.f.) the freshness

el menú fijo = the fixed menu

el menú del día = the menu of the day

El menú del día es una comida a precio fijo con selección limitada. = The menu of the day is a meal with fixed price and limited selection.

a la carta (exp.) from the menu (ordering a single dish)

el servicio (n.m.) service charge

la caja registradora (n.f.) cash register

el plato (n.m.) dish

chino (adj.) Chinese

mexicano (adj.) Mexican

español (adj.) Spanish (from Spain)

el cubierto (n.m.) place setting, cutlery, cover charge

la vajilla (n.f.) place setting, silverware

incluido (adj.) included

Se paga quince por ciento por el servicio. (*minimum*)

Otras posibilidades

Gramática oral

Expresiones con "tener" (*¿Qué quiere decir .....?*)

Yo tengo buena memoria.
Yo tengo calor.
Yo tengo frío.
Yo tengo celos.
Yo tengo cuidado.
Yo tengo dolor de cabeza.
Yo tengo éxito.
Yo tengo quince años,
Yo tengo fiebre.
Yo tengo mala suerte.
Yo tengo ganas de continuar.

¡Yo tengo prisa!
Yo tengo miedo.
Yo tengo ganas de repetir.
Yo tengo razón.
Yo no tengo razón.
Yo tengo sed.
Yo tengo hambre.
Yo tengo sueño.
Yo tengo suerte.
Yo tengo mala memoria.
¡Yo tengo que repetir!

El restaurante *(conversación entre dos)*

1. Por lo general, ¿está incluido el servicio en la cuenta?
2. ¿Quién recibe la propina?
3. ¿Cómo se llama a la persona que sirve en un restaurante? ¿Y cómo se llama a la persona que trabaja en la caja registradora?
4. ¿Cuál fue el restaurante más costoso al que fuiste alguna vez? ¿Quién pagó?
5. ¿Puedes mencionar un plato extranjero que te gusta? ¿Puedes describir un plato o una comida de un país en donde se habla español?
6. ¿Qué restaurantes cerca de aquí les recomiendas a tus amigos?
7. ¿Te gustan los restaurantes tipo bufé/de tenedor libre/de autoservicio?
8. ¿Hay un restaurante que ofrece comida latinoamericana o española cerca de tu casa? ¿Comiste allí?
9. Si pudieras elegir cualquier restaurante, ¿dónde comerías esta noche?

Reciclaje

1. Pregunta a tu compañero/a si por lo general el servicio está incluido en la cuenta.
2. Quieres saber quién recibe la propina. Pregúntale.
3. Te gustaría saber cómo se llama a la persona que sirve en un restaurante y cómo se llama a la persona que trabaja en la caja registradora. Hazle estas dos preguntas.
4. Averigua cuál fue el restaurante más costoso al que él/ella fue alguna vez y quién pagó la cuenta. Elabora estas dos preguntas.
5. Deseas saber si él/ella puede mencionar un plato extranjero que le gusta. Además te gustaría saber si él/ella puede describir un plato o una comida de un país en donde se habla español. Pregúntale.
6. Tienes curiosidad de saber qué restaurantes cerca de aquí le recomienda él/ella a sus amigos. Pregúntale.
7. Pregúntale si a él/ella le gustan los restaurantes tipo bufé/de tenedor libre/de autoservicio.
8. Te gustaría saber si hay un restaurante que ofrece comida latinoamericana o española cerca de su casa y si él/ella comió allí. Pregúntale.
9. Quisieras saber dónde comería él/ella esta noche si pudiera elegir cualquier restaurante. Formula la pregunta.

El correo electrónico de hoy

Mensaje recibido

Respuesta

De:	braulio@conversemosjuntos.ni
Para:	tú@conversemosjuntos.ni

¡Feliz cumpleaños! Me gustaría invitarte a un restaurante la noche del sábado, pero tú tienes que elegir el restaurante y por favor cuéntame el porqué de tu elección. ¿Qué tipos de comida se ofrecen en ese restaurante? ¿Vas a invitar a alguien más para que venga con nosotros?

De:	tú@conversemosjuntos.ni
Para:	braulio@conversemosjuntos.ni

Respuesta:

_____

_____

_____

_____

_____

_____

Vocabulario: El restaurante

Comprensión

la cuenta (n.f.) bill, check

recibir (v.) to receive

la propina (n.f.) tip

el servicio (n.m.) service charge

incluido (adj.) included

servir (v.) to serve

la caja/caja registradora (n.f.) cash register

una bebida (n.f.) a drink

pedir (v.) to order, ask

costoso, caro (adj.) costly, expensive, pricely

el plato (n.m.) dish

recomendar (v.) recommend

el bufé (n.m.) buffet

el autoservicio (n.m.) self-service meal

un restaurante de tenedor libre (exp.) an all-you-can-eat restaurant

cerca de (prep.) near

allí (adv.) there

pudieras (v. poder, imperfecto de súbjuntivo) you could

comerías (v. comer, condicional) you would eat

cualquier (adj.) any

Sugerencias

el camarero/mesero (n.m.) waiter

la camarera/mesera (n.f.) waitress

el cajero (n.m.) cashier

la cajera (n.f.) cashier

el cubierto (n.m.) place setting, cutlery, cover charge

la vajilla (n.f.) place setting, silverware

un aperitivo (n.m.) a before dinner food or drink

la carta (n.f.) menu

el menú (n.m.) menu

un menú (n.m.) a menu (sometimes a fixed meal)

la lista de platos (exp.) the menu

la elección (n.f.) choice

saborear (v.) to savor, taste

degustar (v.) to taste

el vigorón, plato
tradicional nicaragüense

Otras posibilidades

_____

_____

_____

_____

_____

_____

_____

_____

_____

_____

_____

_____

_____

_____

_____

_____

_____

_____

Gramática oral

Presente de indicativo - Verbos regulares ar -er -ir

	hablar	comer	**escribir**
yo	hablo	**como**	escribo
tú	**hablas**	comes	**escribes**
él	habla	**come**	escribe
ella	**habla**	come	**escribe**
usted	habla	**come**	escribe
nosotros	**hablamos**	comemos	**escribimos**
nosotras	hablamos	**comemos**	escribimos
vosotros	**habláis**	coméis	**escribís**
vosotras	habláis	**coméis**	escribís
ellos	**hablan**	comen	**escriben**
ellas	hablan	**comen**	escriben
ustedes	**hablan**	comen	**escriben**

la pitahaya o la
fruta del dragón

los tamales envueltos
en hojas de plátano

El fin de semana *(conversación entre dos)*

1. ¿Cuáles son los días del fin de semana?
2. ¿Qué días prefieres, los sábados o los domingos? ¿Por qué?
3. ¿Vas a jugar un partido este fin de semana? ¿Un partido de qué? ¿Contra quiénes jugarás?
4. ¿Verás una película este fin de semana?
5. ¿Qué te gusta hacer los sábados por la noche?
6. ¿A qué hora debes volver a tu casa los sábados por la noche?
7. ¿A qué hora te acuestas los sábados por la noche?
8. ¿A qué hora te levantas los domingos por la mañana?
9. ¿Qué es lo primero que haces los domingos al levantarte?

Reciclaje

1. Pregunta a tu compañero/a cuáles son los días del fin de semana.
2. Te gustaría saber qué días prefiere él/ella, los sábados o los domingos y por qué. Elabora estas preguntas.
3. Tienes curiosidad de saber si él/ella va a jugar un partido este fin de semana, si de qué deporte es el partido y contra quiénes jugará. Pregúntale.
4. Pregúntale si él/ella verá una película este fin de semana.
5. Deseas saber qué le gusta hacer a él/ella los sábados por la noche. Formula la pregunta.
6. Pregúntale a qué hora debe volver él/ella a su casa los sábados por la noche.
7. Quieres saber a qué hora se acuesta él/ella los sábados por la noche. Hazle la pregunta.
8. Averigua a qué hora se levanta él/ella los domingos por la mañana.
9. Pregúntale a él/ella qué es lo primero que hace los domingos al levantarse.

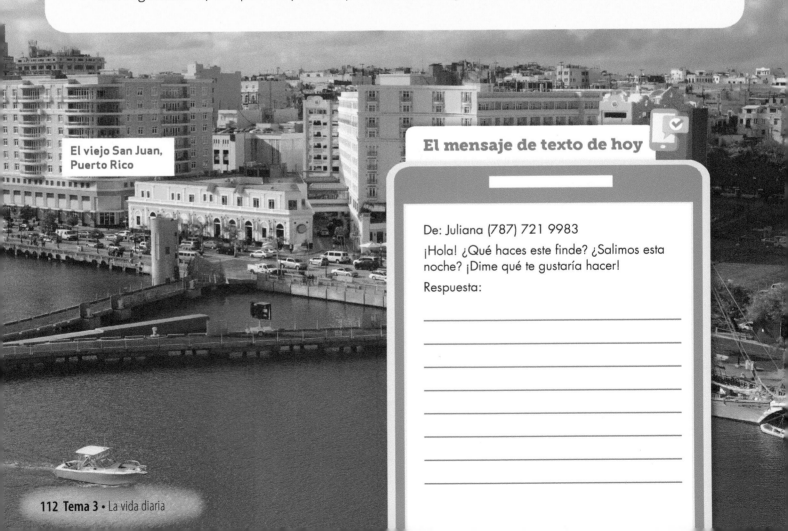

El viejo San Juan, Puerto Rico

El mensaje de texto de hoy

De: Juliana (787) 721 9983

¡Hola! ¿Qué haces este finde? ¿Salimos esta noche? ¡Dime qué te gustaría hacer!

Respuesta:

Vocabulario: El fin de semana

Comprensión

el sábado (n.m.) Saturday

el domingo (n.m.) Sunday

jugar un partido (exp.) to play a sport or game, to play a match

de qué (exp.) of what

ver (v.) to see

verás (v. ver) you will see

la película (n.f.) movie

volver (v.) to return

acostarse (v.) to go to bed

apenas (adv.) as soon as

levantarse (v.) to get up

al levantarte (exp.) when waking up (yourself)

Sugerencias

un partido de (n.m.) a game of

el fútbol americano (n.m.) American football

el fútbol (n.m.) soccer

el béisbol (n.m.) baseball

el básquet, baloncesto (n.m.) basketball

el *hockey* de campo (n.m.) field hockey

el *hockey* sobre hielo (n.m.) ice hockey

el remo (n.m.) rowing

el ciclismo (n.m.) cycling

el tenis (n.m.) tennis

lavarse la cara (v.) to wash one's face

cepillarse los dientes (v.) to brush one's teeth

bañarse (v.) to take a bath

ducharse (v.) to take a shower

peinarse (v.) to comb one's hair

vestirse (v.) to get dressed

afeitarse (v.) to shave

desayunar (v.) to have breakfast

Otras posibilidades

_____

_____

_____

_____

_____

_____

_____

_____

_____

_____

_____

_____

_____

_____

_____

_____

Gramática oral

Presente de indicativo - Verbos reflexivos

	lavarse	bañarse	**levantarse**
yo	me lavo	**me baño**	me levanto
tú	**te lavas**	te bañas	**te levantas**
él	se lava	**se baña**	se levanta
ella	**se lava**	se baña	**se levanta**
usted	se lava	**se baña**	se levanta
nosotros	**nos lavamos**	nos bañamos	**nos levantamos**
nosotras	nos lavamos	**nos bañamos**	nos levantamos
vosotros	**os laváis**	os bañáis	**os levantáis**
vosotras	os laváis	**os bañáis**	os levantáis
ellos	**se lavan**	se bañan	**se levantan**
ellas	se lavan	**se bañan**	se levantan
ustedes	**se lavan**	se bañan	**se levantan**

casarse, llamarse, maquillarse, preocuparse, quitarse

divertirse   *vestirse*   *sentirse*

El fin de semana *(conversación entre dos)*

1. ¿Es el domingo un día interesante para ti? ¿Por qué?
2. ¿Haces tus tareas/deberes los fines de semana?
3. De vez en cuando, ¿tienes que asistir a la escuela/al colegio el sábado o el domingo? ¿Con qué motivo?
4. ¿Cuál es la mejor parte del fin de semana para ti?
5. ¿Qué parte del fin de semana no te gusta? ¿Por qué?
6. ¿Haces/tienes muchas actividades los fines de semana?
7. ¿Qué puedes hacer los fines de semana que no puedes hacer durante los otros días de la semana?
8. ¿Cómo te sientes los domingos por la noche?
9. Finalmente, ¿tienes planes para hacer algo divertido o interesante este fin de semana?

Reciclaje

1. Pregunta a tu compañero/a si el domingo es un día interesante para él/ella y por qué.
2. Te gustaría saber si él/ella hace sus tareas/deberes los fines de semana. Hazle la pregunta.
3. Quieres saber si él/ella tiene que asistir de vez en cuando a la escuela/al colegio el sábado o el domingo y con qué motivo. Pregúntale.
4. Pregúntale cuál es la mejor parte de su fin de semana para él/ella.
5. Deseas saber qué parte del fin de semana no le gusta a él/ella y por qué.
6. Pregúntale si tiene/hace muchas actividades los fines de semana.
7. Quisieras saber qué puede él/ella hacer los fines de semana que no puede hacer durante los otros días de la semana. Formula la pregunta.
8. Averigua cómo se siente él/ella los domingos por la noche.
9. Pregúntale si él/ella tiene planes para hacer algo divertido o interesante este fin de semana.

El correo electrónico de hoy

Mensaje recibido

| De: | anahí@conversemosjuntos.pr |
| Para: | tú@conversemosjuntos.pr |

¿Cómo te va? Yo pensaba verte este fin de semana. ¿Qué te gustaría hacer? ¿Habrá un buen momento para pasar tiempo juntos?

Respuesta

| De: | tú@conversemosjuntos.pr |
| Para: | anahí@conversemosjuntos.pr |

Respuesta:

_____

_____

_____

_____

_____

_____

Vocabulario: El fin de semana

Comprensión

la tarea (n.f.) homework

los deberes (n.m.pl.) homework

asistir (v.) to attend

de vez en cuando (exp.) from time to time

el motivo (n.m.) reason

salir (v.) to leave

mejor (adj.) best, better

poder (v.) to be able (puedo, podemos)

divertirse (v.) to have fun, a good time (me divierto, nos divertimos)

divertido (adj.) fun

interesante (adj.) interesting

Sugerencias

la mañana (n.f.) morning

a la siesta (exp.) period of time after noon

la tarde (n.f.) afternoon

la tardecita (n.f.) later in the afternoon close to nightfall

la noche (n.f.) night

dormir (v.) to sleep

jugar (v.) to play

descansar (v.) to rest

sentirse (v.) to feel

Yo me siento bien. I feel good.

Yo no me siento bien. I don't feel good.

Estoy de buen humor. I am in a good mood

feliz (adj.) happy

de mal humor (exp.) in a bad mood

malhumorado (exp.) grumpy

hacer deportes (v.) to play sports

ir de paseo (exp.) to go for a stroll, go for a walk, go sightseeing

salir de paseo/salir a pasear (exp.) to go out on a walk, stroll

Otras posibilidades

_____

_____

_____

_____

_____

_____

_____

_____

_____

_____

_____

_____

_____

_____

_____

_____

_____

Gramática oral

Pretérito de indicativo - Verbos regulares

Verbos (-ar)	*-é, -aste, -ó , -amos, -asteis, - aron*
Verbos (-er, -ir)	*-í, -iste, -ió, -imos, -isteis, -ieron*

	comprar	comer	escribir
yo	compré *(I bought)*	**comí** *(I ate)*	escribí *(I wrote)*
tú	**compraste**	comiste	**escribiste**
él	compró	**comió**	escribió
ella	**compró**	comió	**escribió**
usted	compró	**comió**	escribió
nosotros	**compramos**	comimos	**escribimos**
nosotras	compramos	**comimos**	escribimos
vosotros	**comprasteis**	comisteis	**escribisteis**
vosotras	comprasteis	**comisteis**	escribisteis
ellos	**compraron**	comieron	**escribieron**
ellas	compraron	**comieron**	escribieron
ustedes	**compraron**	comieron	**escribieron**
	bailar, cantar	*vender, coser*	*vivir, abrir*

TEMA

4

noticias
mar
gesto
sueño
tablero
damas
sol
día
ganar
viaje
ajedrez
obra
piscina
juegos
al aire libre
comer
pensar
recordar
pasto
escenario
apacible
estadio
paseo
programa
a mí me gusta
intermedio
manifestar
interesar

vacaciones
estrella de teatro

cercana

El Castillo, fortaleza
maya de Tulum, México

LA VIDA ES BELLA

PREGUNTAS ESENCIALES

1. ¿Cuáles son las ventajas y desventajas de vivir en la ciudad? ¿Y las de vivir en el campo?

2. ¿Vives para comer o comes para vivir?

3. ¿Cuáles son tus diversiones preferidas?

4. ¿Cuál ha sido el mejor momento de tu vida?

5. ¿Cuáles son los días festivos que más te gustan?

6. ¿Qué sensaciones experimentas al viajar?

El campo *(conversación entre dos)*

1. ¿Te gusta el campo? ¿Te gustaría vivir ahí o prefieres nada más ir al campo de visita?
2. ¿Prefieres nadar/bañarte en una piscina/alberca/pileta o en un lago/una laguna, un arroyo o una charca?
3. ¿Qué ruidos se oyen/escuchan en el campo?
4. ¿Te gustan los paseos a pie/las caminatas en el bosque?
5. ¿Qué olores/fragancias/perfumes se huelen/respiran/aprecian/sienten en el campo?
6. En el campo, ¿la vida es tranquila/apacible o ruidosa?
7. ¿Te gusta acampar/ir de campamento? ¿Te gusta acampar en el bosque o en los lugares designados para hacer campamentos?
8. ¿Te impiden conciliar el sueño los ruidos del campo?
9. ¿Hay insectos en el campo? ¿Cuáles son algunos de ellos?

Reciclaje

1. Pregunta a tu compañero/a si él/ella le gusta el campo, si le gustaría vivir ahí o si prefiere nada más ir al campo de visita.
2. Te gustaría saber si él/ella prefiere nadar/bañarse en una piscina/alberca/pileta o en un lago/una laguna, un arroyo o una charca Pregúntale.
3. Pregúntale qué ruidos se oyen/escuchan en el campo.
4. Deseas saber si a él/ella le gustan los paseos a pie/las caminatas en el bosque. Formula la pregunta.
5. Tienes curiosidad de saber qué olores/fragancias/perfumes se huelen/respiran/aprecian/sienten en el campo. Elabora la pregunta.
6. Averigua si en el campo la vida es tranquila/apacible o ruidosa.
7. Quisieras saber si a él/ella le gusta acampar/ir de campamento y si le gusta acampar en el bosque o en los lugares designados para hacer campamentos. Hazle dos preguntas.
8. Te gustaría saber si los ruidos del campo le impiden conciliar el sueño a él/ella. Elabora la pregunta.
9. Pregúntale si hay insectos en el campo y cuáles son algunos de ellos.

El mensaje de texto de hoy

Monumento Nacional a la Bandera en Rosario, Argentina

De: Florencia (54) 3413 5895

Holita, ¿cómo te va por allá donde vivís? ¡Voy a pasar acá en el campo el fin de semana! Como estoy acostumbrada a vivir en la ciudad, contame por fa: ¿cuáles son tus actividades favoritas cuando estás aquí? Si me podés dar 3 ideas, te voy a agradecer un montón.

Respuesta:

_____

_____

_____

_____

_____

_____

Vocabulario: El campo

Comprensión

el campo (n.m.) countryside

el paseo (n.m.) short walk, stroll

la caminata (n.f.) short walk, stroll, long walk, hiking

nadar/bañarse (v.) to swim, get in the water, bathe

una piscina/pileta/alberca (n.f.) a swimming pool

un lago (n.m.) a pond

una laguna (n.f.) a small lake

un arroyo (n.m.) a creek, stream, brook

una charca (n.f.) a pond

a pie (exp.) on foot

el bosque (n.m.) woods

un olor (n.m.) a smell

tranquilo/apacible (adj.) peaceful, calm, pleasant

ruidoso (adj.) noisy

el paseo (n.m.) outing, trip

el campamento (n.m.) camping ground

acampar (v.) to camp

ir de campamento (exp.) to go camping

conciliar el sueño (exp.) fall asleep

impedir (v.) to prevent, stop

algunos de ellos (exp.) some of them

Sugerencias

el viento (n.m.) wind

ahí (adv.) there

los árboles frutales (n.m.pl.) fruit trees

dormir (v.) to sleep (duermo, dormimos)

el canto de los pájaros (n.m.) singing of the birds

el mugido de las vacas (n.m.) mooing of the cows

el zumbido de insectos (n.m.) buzzing of insects

el heno (n.m.) hay

la hierba (n.f.) grass

la boñiga/bosta (n.f.) cow manure

el humo (n.m.) smoke

el abeto (n.m.) fir tree

la mosca (n.f.) fly

las mariposas (n.f.pl.) butterflies

la luciérnaga (n.f.) glow worm

la cigarra (n.f.) cicada

el mosquito (n.m.) mosquito

una abeja (n.f.) a bee

un abejorro (n.m.) a bumblebee

una avispa (n.f.) a wasp

una mariquita (n.f.) a ladybug

una araña (n.f.) a spider

una hormiga (n.f.) an ant

Otras posibilidades

_____

_____

_____

_____

_____

_____

_____

_____

_____

_____

_____

_____

_____

_____

_____

_____

_____

Gramática oral

Pretérito de indicativo – Verbos irregulares

andar	anduve, **anduviste**, anduvo,	**anduvimos, anduvisteis, anduvieron**
dar	**di**, diste, **dio**,	dimos, **disteis**, dieron
decir	dije, **dijiste**, dijo,	**dijimos**, dijisteis, **dijeron**
conducir	**conduje**, condujiste, **condujo**,	condujimos, **condujisteis**, condujeron
estar	estuve, **estuviste**, estuvo,	**estuvimos**, estuvisteis, **estuvieron**
hacer	**hice**, hiciste, **hizo**,	hicimos, **hicisteis**, hicieron
ir	fui, **fuiste**, fue,	**fuimos**, fuisteis, **fueron**
poder	**pude**, pudiste, **pudo**,	pudimos, **pudisteis**, pudieron
poner	puse, **pusiste**, puso,	**pusimos**, pusisteis, **pusieron**
querer	**quise**, quisiste, **quiso**,	quisimos, **quisisteis**, quisieron
saber	supe, **supiste**, supo,	**supimos**, supisteis, **supieron**
ser	**fui**, fuiste, **fue**,	fuimos, **fuisteis**, fueron
tener	tuve, **tuviste**, tuvo,	**tuvimos**, tuvisteis, **tuvieron**
traer	**traje**, trajiste, **trajo**,	trajimos, **trajisteis**, trajeron
venir	vine, **viniste**, vino,	**vinimos**, vinisteis, **vinieron**

El campo *(conversación entre dos)*

1. ¿Te gusta más el campo en el verano o en el invierno?
2. En el campo, ¿cuáles son algunas de las actividades veraniegas y cuáles son las actividades invernales que se pueden hacer/realizar?
3. ¿Has vivido en el campo alguna vez? ¿Cuándo, dónde y por cuánto tiempo?
4. ¿Si vivieras en una granja, qué animales te gustaría criar?
5. Cuando estás en el bosque, ¿qué animales te gusta mirar?
6. ¿Qué actividades nocturnas pueden hacerse en el campo?
7. ¿Se acuesta uno más tarde en el campo que en la ciudad?
8. ¿Tiene tu familia una casa de campo?¿Con qué frecuencia van?
9. ¿Piensas que el campo es un lugar entretenido o aburrido?

Reciclaje

1. Pregunta a tu compañero/a si le gusta más el campo en el verano o en el invierno.
2. Quisieras saber cuáles son las actividades veraniegas en el campo y cuáles son algunas de las actividades invernales que se pueden hacer/realizar. Elabora la pregunta.
3. Averigua si él/ella ha vivido en el campo alguna vez. Si su respuesta es afirmativa, pregúntale además cuándo ha vivido en el campo, dónde específicamente y por cuánto tiempo. Hazle estas preguntas.
4. Quieres saber qué animales le gustaría criar a él/ella si viviera en una granja. Pregúntale.
5. Pregúntale qué animales le gusta mirar cuando él/ella está en el bosque.
6. Te gustaría saber qué actividades nocturnas pueden hacerse en el campo. Formula la pregunta.
7. Quisieras saber si uno se acuesta más tarde en el campo que en la ciudad. Formula la pregunta.
8. Pregúntale si su familia tiene una casa de campo y con qué frecuencia van.
9. Deseas saber si él/ella piensa que el campo es un lugar entretenido o aburrido. Hazle la pregunta.

El correo electrónico de hoy

Mensaje recibido

Respuesta

De: susana@conversemosjuntos.ar
Para: tú@conversemosjuntos.ar

Tengo algunos amigos a quienes les encanta el campo, pero a mí me parece aburridísimo. ¡No hay nada para hacer allá! Yo sé que mis abuelos piensan invitarme a pasar unos días en su casa de campo, pero ¡no me quiero ir sola! ¿Quieres venir conmigo? ¿Qué actividades podemos hacer allá?

De: tú@conversemosjuntos.ar
Para: susana@conversemosjuntos.ar

Respuesta:

Vocabulario: El campo

Comprensión

por cuánto tiempo (exp.) for how long

veraniego (adj.) summer time, summery

invernal (adj.) winter, wintry

una granja (n.f.) a farm

te gustaría (v. gustar, condicional) would you like

criar (v.) to raise

mirar (v.) to watch

más tarde (adv.) later

una casa de campo (n.f.) a country house

un lugar (n.m.) a place

agradable (adj.) pleasant

entretenido (adj.) entertaining, enjoyable

aburrido (adj.) boring

con qué frecuencia (exp.) how often

Sugerencias

esquiar (v.) to go skiing

hacer esquí de fondo (exp.) to go cross country skiing

el patinaje sobre hielo (n.m.) ice skating

la natación (n.f.) swimming

la jardinería (n.f.) gardening

dar un paseo en bote/en barco (exp.) to go boating

las gallinas (n.f.pl.) hens

una oveja (n.f.) a sheep

una vaca (n.f.) a cow

una cabra (n.f.) a goat

una ardilla (n.f.) a squirrel

un conejo (n.m.) a rabbit

un ciervo (n.m.) a deer

un caballo (m.m.) a horse

un chancho/cerdo/puerco/marrano (n.m.) a pig

un carpincho (n.m.) a capybara

los pajaritos (n.m.pl.) birds

Otras posibilidades

_____

_____

_____

_____

_____

_____

_____

_____

_____

_____

_____

_____

_____

_____

_____

_____

Gramática oral ↓ ? 👤 👤

Algunas conjugaciones del pretérito de indicativo
yo, tú, él, ella, usted, nosotros, nosotras, vosotros, vosotras, ellos, ellas, ustedes

Infinitivo	pretérito yo	infinitivo	pretérito yo	infinitivo	préterito yo
andar	**anduve**	esquiar	esquié	**poder**	**pude**
buscar	busqué	**estar**	**estuve**	poner	puse
conducir	**conduje**	gastar	gasté	**querer**	**quise**
contar	conté	**hacer**	**hice**	**saber**	**supe**
continuar	**continué**	jugar	jugué	**tener**	**tuve**
decir	dije	**pagar**	**pagué**	traer	traje
empezar	**empecé**	pensar	pensé	**venir**	**vine**

un carpincho

El cine *(conversación entre dos)*

1. ¿Te gusta ir al cine?
2. ¿Cuándo fue la última vez que viste una película en el cine? ¿Dónde la viste?
3. Esa vez, ¿te fuiste solo/a o acompañado/a? Si te fuiste acompañado/a, ¿con quién fuiste?
4. ¿Qué te pareció la película que viste?
5. ¿Recuerdas cómo se llamaba la película que viste? ¿De qué se trataba?
6. ¿Dónde te sientas normalmente? ¿En la primera fila, en el medio o cerca del pasillo de salida?
7. ¿Te gusta sentarte en la última fila? ¿Por qué?
8. En el cine, ¿dónde se compran chocolates, bebidas y palomitas/rosetas de maíz/pororó?
9. ¿Alquilas películas o las descargas/bajas para verlas en casa? ¿Miras las películas en el televisor, en la computadora, en una tableta o en otro aparato?

Reciclaje

1. Pregunta a tu compañero/a si a él/ella le gusta ir al cine.
2. Pregúntale cuándo fue la última vez que vio una película en el cine y dónde la vio.
3. Quisieras saber si esa vez que él/ella fue al cine se fue solo/a o acompañado/a y si se fue acompañado/a, con quién se fue. Hazle esta pregunta.
4. Te gustaría saber qué le pareció a él/ella la película que vio. Pregúntale.
5. Deseas saber si él/ella recuerda cómo se llamaba la película que vio y de qué se trataba. Hazle las preguntas.
6. Quieres saber dónde él/ella se sienta normalmente: en la primera fila, en el medio o cerca del pasillo de salida. Formula las preguntas.
7. Pregúntale si a él/ella le gusta sentarse en la última fila y por qué.
8. Te gustaría saber dónde se compran chocolates, bebidas y palomitas/rosetas de maíz/pororó en el cine. Elabora esta pregunta.
9. Quisieras saber si él/ella alquila películas o las descarga/baja para verlas en casa o si mira las películas en el televisor, en la computadora, en una tableta o en otro aparato. Formula estas preguntas.

Ometepe,
Nicaragua

El mensaje de texto de hoy

De: Amanda (505) 2775 3124

¿Qué tal? ¿Bajaste una película para que la veamos juntos este fin de semana? ¿Cuándo y dónde quedamos para verla?

Respuesta:

Vocabulario: El cine

Comprensión

el cine (n.m.) movie theater, the movies

la sala de cine (exp.) movie house

la última vez (exp.) the last time

solo (adj.) alone

acompañado (adj.) accompanied by

si (adv.) if

sentarse (v.) to sit (me siento, nos sentamos)

sentados (adj.) seated

delante/enfrente (adv.) in front of, at the front

en el medio (adv.) in the middle

detrás (adv.) at the back

cerca de (adv.) close to

lejos de (adv.) far away from

la pantalla (n.f.) screen

la fila (n.f.) row

el pasillo (n.m.) hallway, corridor

creer (v.) to think, believe

normalmente (adv.) normally

el televisor (n.m.) T.V. machine

la computadora (n.f.) computer

el ordenador (n.m.) computer

la tableta (n.f.) tablet

Sugerencias

bajar una película a la computadora/ al ordenador (exp.) to download a movie to the computer

emisión en directo (exp.) live streaming

emisión en continuo (exp.) streaming with no interruptions of previously recorded material

entretenido (adj.) entertaining, enjoyable

divertido (adj.) fun, pleasant, entertaining

chistoso/cómico (adj.) amusing, funny

aterrador (adj.) terrifying, frightening

triste (adj.) sad

agradable (adj.) pleasant, nice

emocionante (adj.) exciting, thrilling

tonto (adj.) silly, stupid

¡fenomenal! (int.) amazing, great, fantastic

¡estupendo! (adj.) wonderful, stupendous

es una locura (exp.) it is pure crazyness, madness

un novio (n.m.) a boyfriend

una novia (n.f.) a girlfriend

la taquilla/ventanilla (n.f.) box office, ticket window

el vestíbulo (n.m.) foyer, the lobby

la entrada (n.f.) entrance

la antesala (n.f.) entrance hall

la salida (n.f.) exit

Otras posibilidades

Gramática oral

Algunas conjugaciones del pretérito de indicativo
yo, tú, él, ella, usted, nosotros, nosotras, vosotros, vosotras, ellos, ells, ustedes

Infinitivo	pretérito yo	infinitivo	pretérito yo	infinitivo	préterito yo
caer	**caí**	dormir	dormí	**seguir**	**seguí**
coger	cogí	**ir**	**fui**	sentir	sentí
conocer	**conocí**	oír	oí	**ser**	**fui**
construir	construí	**pedir**	**pedí**	sonreír	sonreí
convencer	**convencí**	perder	perdí	**valer**	**valí**
creer	creí	**prohibir**	**prohibí**	ver	vi
dar	**di**	salir	salí	**volver**	**volví**

El cine *(conversación entre dos)*

1. Normalmente, ¿compras algo de comer o de beber en el cine? ¿Cuánto cuesta?
2. ¿Se permite hablar por teléfono móvil/celular dentro de la sala de cine?
3. ¿Dónde buscas las películas que están en cartelera? ¿En el diario/periódico, en internet o en el cine mismo?
4. ¿Te gustan más los documentales o los dibujos animados? ¿Por qué?
5. ¿Cuál de todos es tu personaje favorito de un dibujo animado? Descríbelo.
6. ¿Quién es tu actor de cine preferido? ¿Quién es tu actriz de cine preferida?
7. ¿Has visto alguna vez una película en un cine al aire libre? ¿Cuándo y dónde?
8. ¿Cuál fue la peor película que viste en tu vida y cuál fue la mejor?
9. ¿Qué películas están en cartelera en este momento?

Reciclaje

1. Pregunta a tu compañero/a si normalmente él/ella compra algo de comer o de beber en el cine y cuánto cuesta.
2. Tienes la curiosidad de saber si se permite hablar por teléfono móvil/celular dentro de la sala de cine. Hazle la pregunta.
3. Pregúntale dónde busca él/ella las películas que están en cartelera: en el diario/periódico, en internet o en el cine mismo.
4. Quisieras saber si a él/ella le gustan más los documentales o los dibujos animados y por qué. Formula dos preguntas.
5. Te gustaría saber cuál de todos es su personaje favorito de un dibujo animado. Pregúntale y pídele que te describa ese personaje.
6. Deseas saber quién es su actor de cine preferido y quién es su actriz de cine preferida. Elabora dos preguntas.
7. Te gustaría saber si él/ella ha visto alguna vez una película en un cine al aire libre, cuándo y dónde. Formula las preguntas.
8. Averigua cuál fue la peor película que él/ella vio en su vida y cuál fue la mejor.
9. Pregúntale qué películas están en cartelera en este momento.

El correo electrónico de hoy

Mensaje recibido

| De: | marcos@conversemosjuntos.ni |
| Para: | tú@conversemosjuntos.ni |

¿Viste una película en el cine hace poco? ¿Con quién? ¿Te gustó la película y me la recomendarías? Me gustaría que me contaras todo.

Respuesta

| De: | tú@conversemosjuntos.ni |
| Para: | marcos@conversemosjuntos.ni |

Respuesta:

_____

_____

_____

_____

_____

_____

Vocabulario: El cine

Comprensión

algo de comer (exp.) something to eat
algo de beber (exp.) something to drink
un balcón (n.m.) a balcony
un documental (n.m.) a documentary
¿se permite? (v. permitir)
  is it permitted?
el teléfono móvil/celular (n.m.)
  cell phone
el diario/periódico (n.m.) newspaper
los dibujos animados (n.m.pl.) cartoons
el personaje (n.m) character
favorito (adj.) favorite
un/una director/a (n.m./f.) director
la mejor (adj.) the best
la peor (adj.) the worst
estar en cartelera (exp.) to be on
  the billboard

Sugerencias

pensar (v.) to think (pienso, pensamos)
el acomodador (n.m.) male usher
la acomodadora (n.f.) female usher
vender (v.) to sell
el malvado (n.m.) evil person
el bondadoso (n.m.) kind person
un helado (n.m.) an ice cream
una película romántica (exp.)
  a romantic movie
una película de ciencia ficción (exp.)
  a science fiction movie
las palomitas/rosetas de maíz (n.f.)
  popcorn
el pororó (n.m.) popcorn
el chocolate (n.m.) chocolate
los bombones (n.m.) chocolate covered
  candies with a sweet filling
los caramelos (n.m.pl.) candy
las gaseosas/sodas (n.f.pl.) soft drinks
Tom y Jerry = Tom and Jerry
La Pantera Rosa = The Pink Panther
Los Pitufos = The Smurfs
Los Picapiedras = The Flintstones
Bob Esponja = Sponge Bob

Otras posibilidades

_____
_____
_____
_____
_____
_____
_____
_____
_____
_____
_____
_____
_____
_____
_____
_____
_____
_____

Gramática oral ⬇ ?

Participios pasados

regulares		irregulares	
hablar	**hablado**	**abrir**	**abierto**
trabajar	trabajado	cubrir	cubierto
pintar	**pintado**	**describir**	**descrito**
cerrar	cerrado	escribir	escrito
aprender	**aprendido**	**morir**	**muerto**
vivir	vivido	poner	puesto
comer	**comido**	**resolver**	**resuelto**
ser	sido	romper	roto
ir	**ido**	**satisfacer**	**satisfecho**
traer	traído	volver	vuelto
oír	**oído**	**decir**	**dicho**
leer	leído	ver	visto
caer	**caído**	**hacer**	**hecho**

La cocina *(conversación entre dos)*

1. ¿Tienes una cocina grande? ¿Te gusta cocinar?
2. ¿Cuál es la receta/el plato que mejor preparas?
3. ¿Tienes aparatos eléctricos de cocina en casa? ¿Qué aparatos eléctricos tienes?
4. ¿Te gustaría aprender a cocinar un plato de un país en donde se habla español? ¿Qué plato?
5. ¿Has hecho una tortilla española alguna vez? ¿Qué ingredientes lleva?
6. ¿Has hecho una torta u otro postre alguna vez? ¿Para quién? ¿Para qué acontecimiento?
7. ¿Prefieres comer en la cocina o en el comedor? ¿Por qué?
8. ¿Qué tipo de carne prefieres comer: carne de vaca, pollo, chancho u otro tipo? ¿Te gusta el pescado? ¿Quién en tu casa sabe cocinar mejor la carne?
9. ¿Qué verdura, legumbre u hortaliza te gusta más? ¿Qué platos comes o preparas con las mismas?

Reciclaje

1. Pregunta a tu compañero/a si él/ella tiene una cocina grande y si le gusta cocinar. Formula dos preguntas.
2. Pregúntale cuál es la receta/el plato que mejor prepara.
3. Te gustaría saber si él/ella tiene aparatos eléctricos de cocina en casa y qué aparatos eléctricos tiene. Hazle estas preguntas.
4. Quisieras saber si a él/ella le gustaría aprender a cocinar un plato de un país en donde se habla español y qué plato. Elabora dos preguntas.
5. Pregúntale si él/ella ha hecho una tortilla española alguna vez y qué ingredientes lleva.
6. Deseas saber si él/ella ha hecho una torta u otro postre alguna vez, para quién y para qué acontecimiento. Formula estas preguntas.
7. Pregúntale si él/ella prefiere comer en la cocina o en el comedor y por qué.
8. Quieres saber si qué tipo de carne él/ella prefiere comer: carne de vaca, pollo, chancho u otro tipo. Además pregúntale si le gusta el pescado y si quién en su casa sabe cocinar mejor la carne.
9. Averigua qué verdura, legumbre u hortaliza le gusta más a él/ella y qué platos come o prepara con las mismas.

Ciudad de Panamá, Panamá

El mensaje de texto de hoy

De: Hugo (507) 235 8319

¿Qué tal? Dime, ¿sabes hacer una torta rica? ¡Dame la receta por favor!

Respuesta:

_____
_____
_____
_____
_____
_____
_____

Vocabulario: La cocina

Comprensión

la cocina (n.f.) kitchen, stove, cooking

el comedor (n.m.) dining room

el salón comedor (n.m.) living/dining room

cocinar (v.) to cook

el plato (n.m) dish

el mejor (adv.) the best

un aparato (n.m.) an appliance

la comida (n.f.) meal

una tortilla española (n.f.) a Spanish omelette with potatoes

una torta (n.f.) a cake

un postre (n.m.) a dessert

poder (v.) to be able (puedo, podemos)

sentarse a la mesa (exp.) to sit at the table

la carne de chancho/cerdo/puerco/marrano/cochino (n.f.) pork meat

la carne de vaca (n.f.) cow meat, beef

la carne de pollo (n.f.) chicken meat

la carne de pescado (n.f.) fish

la verdura/legumbre/hortaliza (n.f.) vegetable

las mismas (n.f.pl.) the same ones

rica (adj.) delicious

Sugerencias

una licuadora (n.f.) a blender

un (a) procesador (a) de alimentos (n.m./f.) a food processor

una Cuisinart, un Robot, una Moulinex - food processor brands

el cochinillo (n.m.) piglet

la nevera/heladera/refrigeradora/congeladora (n.f.) refrigerator

el frigorífico/refrigerador/congelador (n.m.) refrigerator

la hornalla (n.f.) hotplate, burner

el desayuno (n.m.) breakfast

el almuerzo (n.m.) lunch

la merienda (n.f.) snack, mid morning snack, mid afternoon snack

la cena (n.f.) dinner

los huevos (n.m.pl.) eggs

la patata/papa (n.f.) potato

el cordero (n.m.) lamb

el biftec (n.m.) steak

las judías verdes (n.f.pl.) green beans

el poroto/frijol (n.m.) bean

la habichuela/haba/alubia (n.f.) bean

los guisantes (n.m.pl.) peas

las arvejas (n.f. pl.) peas

Otras posibilidades

Gramática oral

Pretérito perfecto/presente perfecto del modo indicativo
Presente de indicativo del verbo auxiliar "haber" + participio pasado
(he, has, ha, hemos, habéis, han)

	I have spoken	I have eaten	I have lived
	hablar	comer	**vivir**
yo	he hablado	**he comido**	he vivido
tú	**has hablado**	has comido	**has vivido**
él	ha hablado	**ha comido**	ha vivido
ella	**ha hablado**	ha comido	**ha vivido**
usted	ha hablado	**ha comido**	ha vivido
nosotros	**hemos hablado**	hemos comido	**hemos vivido**
nosotras	hemos hablado	**hemos comido**	hemos vivido
vosotros	**habéis hablado**	habéis comido	**habéis vivido**
vosotras	habéis hablado	**habéis comido**	habéis vivido
ellos	**han hablado**	han comido	**han vivido**
ellas	han hablado	**han comido**	han vivido
ustedes	**han hablado**	han comido	**han vivido**
	bailar, cantar	*querer, vender*	*abrir, sentir*

una tortilla española

La cocina *(conversación entre dos)*

1. ¿Cuando se pone la mesa, ¿de qué lado del plato se pone/coloca el tenedor?
2. ¿Prefieres acompañar la carne con ensalada de verduras, con papas/patatas, con arroz o con pastas?
3. ¿Tienes una estufa/cocina eléctrica o una estufa/cocina a gas? ¿Cuál prefieres?
4. ¿Hay un horno de microondas en tu cocina? ¿Es útil?
5. ¿Tienes un tostador/una tostadora eléctrico(a)? ¿Para cuántas rebanadas es el tostador/la tostadora? ¿Quemas el pan de vez en cuando?
6. ¿Qué postre o plato típico/tradicional de tu país o región sabes preparar y cómo se prepara? ¿Has preparado alguna vez una receta de un país extranjero?
7. ¿Conoces la receta de un postre especial? ¿Qué ingredientes lleva?
8. Si prepararas todas las comidas de mañana, ¿qué servirías para el desayuno, el almuerzo, la merienda y la cena?
9. Si otra persona preparara algo de comer para ti, ¿qué plato especial pedirías?

Reciclaje

1. Pregunta a tu compañero/a si cuando se pone la mesa, de qué lado del plato se pone/coloca el tenedor.
2. Averigua si él/ella prefiere acompañar la carne con ensalada de verduras, con papas/patatas, con arroz o con pastas.
3. Quisieras saber si él/ella tiene una estufa/cocina eléctrica o una estufa/cocina a gas y si cuál prefiere. Hazle las preguntas.
4. Deseas saber si hay un horno de microondas en su cocina y si es útil. Formula dos preguntas.
5. Pregúntale si él/ella tiene un tostador/una tostadora eléctrico(a), para cuántas rebanadas es el tostador y si él/ella quema el pan de vez en cuando.
6. Te gustaría saber qué postre o plato típico/tradicional de su país o región sabe preparar, cómo se prepara y si él/ella ha preparado alguna vez una receta de un país extranjero. Hazle las preguntas.
7. Averigua si él/ella conoce la receta de un postre especial y qué ingredientes lleva.
8. Pregúntale qué serviría él/ella para el desayuno, el almuerzo, la merienda y la cena si preparara todas las comidas de mañana.
9. Averigua qué plato especial pediría él/ella si otra persona le preparara algo de comer.

El correo electrónico de hoy

Mensaje recibido

| De: | arnaldo@conversemosjuntos.pa |
| Para: | tú@conversemosjuntos.ni |

Se dice que la cocina se está globalizando. En tu región, ¿las cocinas de qué países se pueden degustar? ¿Qué tipo de cocina es tu favorita?

Respuesta

| De: | tú@conversemosjuntos.ni |
| Para: | arnaldo@conversemosjuntos.pa |

Respuesta:

_____

_____

_____

_____

_____

_____

Vocabulario: La cocina

Comprensión

poner la mesa (v.) to set the table
los cubiertos (n.m.pl.) silverware
las vajillas (n.f.pl.) silverware
el tenedor (n.f.) fork
el cuchillo (n.m.) knife
la cuchara (n.f.) spoon
el arroz (n.m.) rice
las pastas (n.f.pl.) pastas (fideos, tallarines, espaguetis, ñoquis, raviolis, canelones, lasaña)
un horno (n.m.) a stove
una estufa (n.f.) a stove
un horno de microondas (n.m.) a microwave oven
útil (adj.) useful
un (a) tostador (a) (n.m./f.) a toaster
una rebanada (n.f.) a slice
quemar (v.) to burn
de vez en cuando (adv.) once in a while
pedir (v.) to order (in a restaurant)
si (conj.) if
prepararas (v. preparar, imperfecto de subjuntivo) you were to prepare

Sugerencias

a la izquierda (exp.) to the left
a la derecha (exp.) to the right
la galleta (n.f.) cookie
el dulce de leche/arequipe (n.m.) caramelized sweet spread made of milk
la cajeta (n.f.) caramelized sweet spread made of milk
la mermelada/jalea de guayaba (n.f.) sweet spread made of guava fruit
el alfajor (n.m.) traditional pastry made with flour, coconut and filled with *dulce de leche* (caramel)
la pasta frola (n.f.) traditional pastry made with flour, sugar, egg and filled with *dulce de guayaba* (guava spread)
la tarta de manzana (n.f.) apple pie
la crema batida/crema chantillí (n.f.) whipped cream
un pastel (n.m.) a cake
una torta (n.f.) a cake
una tarta (n.f.) a pie
la comida (n.f.) food, meal
el mantel (n.m.) tablecloth
la servilleta (n.f.) napkin

Otras posibilidades

_____
_____
_____
_____
_____
_____
_____
_____
_____
_____
_____
_____
_____
_____
_____
_____
_____
_____

Gramática oral  _____

Imperfecto de indicativo
Verbos –ar: -aba, -abas, -aba, -ábamos, abais, -aban
Verbos –er, -ir: -ía, -ías, -ía, -íamos, -íais, -ían

	I spoke, was speaking, used to speak	I ate, was eating, used to eat	I wrote, was writing, used to write	
	hablar	comer	**escribir**	**el alfajor**
yo	hablaba	**comía**	escribía	
tú	**hablabas**	comías	**escribías**	
él	hablaba	**comía**	escribía	
ella	**hablaba**	comîa	**escribía**	
usted	hablaba	**comía**	escribía	
nosotros	**hablábamos**	comíamos	**escribíamos**	
nosotras	hablábamos	**comíamos**	escribíamos	
vosotros	**hablabais**	comíais	**escribíais**	
vosotras	hablabais	**comíais**	escribíais	
ellos	**hablaban**	comían	**escribían**	
ellas	hablaban	**comían**	escribían	
ustedes	**hablaban**	comían	**escribían**	
	bailar cantar	*vender, romper*	*vivir, salir*	

Los juegos de mesa *(conversación entre dos)*

1. ¿Cuáles son los juegos de sociedad/juegos de mesa más populares?
2. ¿Prefieres jugar a los naipes/a las cartas o al ajedrez?
3. ¿A qué se juega en un tablero de ajedrez? ¿Y en un tablero de damas?
4. ¿Cuáles son los cuatro palos de los naipes?
5. ¿Cuáles son los nombres de los trece naipes de cada palo?
6. Cuando juegas a los naipes/a las cartas, ¿haces trampa/trampeas?
7. ¿Haces apuestas por dinero/plata cuando juegas con tus amigos?
8. Al principio de un partido de ajedrez, ¿qué piezas se ponen en la primera fila?
9. ¿De qué color son normalmente las piezas y las casillas del tablero?

Reciclaje

1. Pregúntale cuáles son los juegos de sociedad/juegos de mesa más populares.
2. Tienes curiosidad de saber si él/ella prefiere jugar a los naipes/a las cartas o al ajedrez. Formula la pregunta.
3. Te gustaría saber a qué se juega en un tablero de ajedrez y a qué se juega en un tablero de damas. Hazle las preguntas.
4. Pregúntale cuáles son los cuatro palos de los naipes.
5. Deseas saber cuáles son los nombres de los trece naipes de cada palo. Pregúntale.
6. Quisieras saber si él/ella trampea/hace trampa cuando juega a los naipes/a las cartas. Elabora la pregunta.
7. Averigua si él/ella hace apuestas por dinero/plata cuando juega con sus amigos.
8. Te gustaría saber qué piezas se ponen en la primera fila al principio de un partido de ajedrez. Hazle la pregunta.
9. Pregúntale de qué color son normalmente las piezas y las casillas del tablero.

Plaza de Armas de Lima, Perú

El mensaje de texto de hoy

De: Fabián (51) 1772 9443

Voy a pasar un fin de semana con mi tía y a ella le encantan los juegos de mesa. ¿Qué juego me aconsejas que aprenda para jugar con ella el sábado? Explícame las reglas por favor.

Respuesta:

_____
_____
_____
_____
_____
_____
_____

Vocabulario: Los juegos de mesa

Comprensión

el juego (n.m.) game

los juegos de sociedad (n.m.pl.)
  board games, parlor games

jugar un juego (v.) to play a game

los naipes (n.m.pl.) cards

las cartas (n.f.pl.) cards

el ajedrez (n.m.) chess

un tablero de ajedrez (n.m.)
  a chessboard

un tablero de damas (n.m.)
  a checkerboard

el palo (n.m.) suit of cards

hacer trampa/trampear (v.) to cheat

apostar (v.) to bet (apuesto, apostamos)

al principio (exp.) at the beginning

la pieza (n.f.) piece (in a game)

la fila (n.f.) row, rank

en la primera fila (exp.) in the front row,
  in the first row

la casilla (n.f.) square

Sugerencias

el dominó (n.m.) dominoes

Monopolio = Monopoly®

las damas (n.f.pl.) checkers

ni uno ni otro (exp.) neither, neither one
  nor the other

honesto (adj.) honest

limpiamente (adv.) fairly

Uno juega al ajedrez. One plays chess.

Uno juega a las damas. One plays
  checkers.

la pica (n.f.) spade

el corazón (n.m.) heart

el diamante (n.m.) diamond

el trébol (n.m.) club

el peón (n.m.) pawn (pieza de ajedrez)

el dos, el tres el cuatro...

el diez, la sota, la reina, el rey, el as...

Otras posibilidades

_____
_____
_____
_____
_____
_____
_____
_____
_____
_____
_____
_____
_____
_____
_____

Gramática oral

Imperfecto de indicativo – Verbos irregulares (ir, ser, ver)

	ir	ser	**ver**
yo	iba	**era**	veía
tú	**ibas**	eras	**veías**
él	iba	**era**	veía
ella	**iba**	era	**veía**
usted	iba	**era**	veía
nosotros	**íbamos**	éramos	**veíamos**
nosotras	íbamos	**éramos**	veíamos
vosotros	**ibais**	erais	**veíais**
vosotras	ibais	**erais**	veíais
ellos	**iban**	eran	**veían**
ellas	iban	**eran**	veían
ustedes	**iban**	eran	**veían**

Los juegos de mesa *(conversación entre dos)*

1. ¿Cómo se llaman las diferentes piezas en la última fila en un juego de ajedrez?
2. ¿Sabes jugar al chaquete/backgammon? ¿Es el backgammon tan popular como el ajedrez?
3. ¿Te gusta jugar al Monopolio? ¿Por qué?
4. ¿Qué se puede hacer si se tiene un monopolio de las propiedades del mismo color?
5. ¿Cuándo se paga el alquiler en el juego de Monopolio?
6. ¿Conoces el juego de la oca? ¿Y el ludo/parchís?
7. ¿Qué otros juegos conoces?
8. ¿A qué juego juegas mejor? ¿Cuál es tu estrategia?
9. ¿Tienes una buena actitud también cuando pierdes o sólo cuando ganas?

Reciclaje

1. Pregunta a tu compañero/a cómo se llaman las diferentes piezas en la última fila en un juego de ajedrez.
2. Pregúntale si él/ella sabe jugar al chaquete/backgammon y si el backgammon es tan popular como el ajedrez.
3. Quisieras saber si a él/ella le gusta jugar al Monopolio y por qué. Formula dos preguntas.
4. Deseas saber qué se puede hacer si se tiene un monopolio de las propiedades del mismo color. Hazle la pregunta.
5. Te gustaría saber cuándo se paga el alquiler en el juego de Monopolio. Hazle la pregunta.
6. Quisieras saber si él/ella conoce el juego de la oca y si conoce el ludo/parchís. Pregúntale.
7. Averigua qué otros juegos conoce él/ella.
8. Quieres saber a qué juego él/ella juega mejor y cuál es su estrategia. Formula la pregunta.
9. Pregúntale si cuando él/ella pierde también tiene una buena actitud o sólo cuando gana.

El correo electrónico de hoy

Mensaje recibido

Respuesta

De:	benjamín@conversemosjuntos.pe
Para:	tú@conversemosjuntos.pe

Los jóvenes de hoy en día, ¿ todavía juegan juegos de mesa además de los videojuegos? Me gustaría obsequiarles unos juegos a mis nietos, pero no sé qué les gusta. ¿Qué me recomiendas?

De:	tú@conversemosjuntos.pe
Para:	benjamín@conversemosjuntos.pe

Respuesta:

_____

_____

_____

_____

_____

_____

Vocabulario: Los juegos de mesa

Comprensión

último (adj.) last

el chaquete (n.m.) backgammon

mejor (adj.) best

el alquiler (n.m.) rent

ganar (v.) to win

perder (v.) to lose

puedes (v. poder) can, be able (puedo, podemos)

el juego de la oca = game of the goose

el ludo (n.m.) a simple and traditional board game

Sugerencias

el peón (n.m.) pawn (chess), playing piece (backgammon)

la torre (n.f.) rook, castle

el caballo (n.m.) knight

el alfil (n.m.) bishop

la reina (la dama) (n.f.) queen

el rey (n.m.) king

construir (v.) to build

una casa (n.f.) a house

un hotel (n.m.) a hotel

abandonar (v.) to give up

dejarse ganar (exp.) to let the other person win

la partida (n.f.) the game (cards, board games)

el azar (n.m.) chance

la suerte (n.f.) luck

mala suerte (exp.) bad luck

Otras posibilidades

_____

_____

_____

_____

_____

_____

_____

_____

_____

_____

_____

_____

_____

Gramática oral

Futuro de indicativo - hablar, comer, vivir - Infinitivo + -é, ás, -á, -emos, -éis, - án

	hablar	comer	**vivir**
yo	hablaré	**comeré**	viviré
tú	**hablarás**	comerás	**vivirás**
él	hablará	**comerá**	vivirá
ella	**hablará**	comerá	**vivirá**
usted	hablará	**comerá**	vivirá
nosotros	**hablaremos**	comeremos	**viviremos**
nosotras	hablaremos	**comeremos**	viviremos
vosotros	**hablaréis**	comeréis	**viviréis**
vosotras	hablaréis	**comeréis**	viviréis
ellos	**hablarán**	comerán	**vivirán**
ellas	hablarán	**comerán**	vivirán
ustedes	**hablarán**	comerán	**vivirán**
	cantar, bailar, cenar	_romper, coser, vender_	_cubrir, abrir, escribir_

El mejor momento *(conversación entre dos)*

1. ¿Cuál fue el mejor momento que has vivido hasta la fecha?
2. ¿Cuántos años tenías en ese momento?
3. ¿Fue este momento una sorpresa que te dieron tus amigos o familiares?
4. ¿Cuánto tiempo duró ese evento/acontecimiento que recuerdas como el mejor?
5. ¿Estaba lindo el clima ese día? Y, ¿qué día de la semana era?
6. ¿Había algo de comer o beber en esa ocasión especial?
7. ¿Puedes describir el lugar preciso donde te encontrabas?
8. ¿Puedes o quieres volver allí? ¿Es posible hacerlo? ¿Ya lo hiciste?
9. ¿Recuerdas qué ropa llevabas en ese momento?

Reciclaje

1. Pregunta a tu compañero/a cuál fue el mejor momento que ha vivido hasta la fecha.
2. Pregúntale cuántos años tenía en ese momento.
3. Quieres saber si ese momento fue una sorpresa que le dieron sus amigos o familiares. Pregúntale.
4. Tienes curiosidad de saber cuánto tiempo duró ese evento/acontecimiento que recuerda como el mejor. Elabora la pregunta.
5. Pregúntale si el clima estaba lindo ese día y si qué día de la semana era.
6. Deseas saber si había algo de comer o beber en esa ocasión especial. Hazle la pregunta.
7. Averigua si él/ella puede describir el lugar preciso donde se encontraba.
8. Te gustaría saber si él/ella puede o quiere volver allí, si es posible hacerlo y si ya lo hizo. Formula estas preguntas.
9. Pregúntale si él/ella recuerda qué ropa llevaba en ese momento.

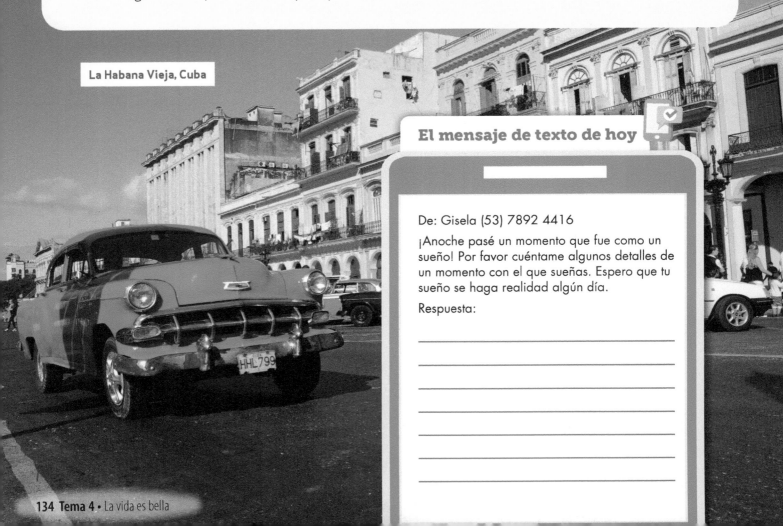

La Habana Vieja, Cuba

El mensaje de texto de hoy

De: Gisela (53) 7892 4416

¡Anoche pasé un momento que fue como un sueño! Por favor cuéntame algunos detalles de un momento con el que sueñas. Espero que tu sueño se haga realidad algún día.

Respuesta:

_____

_____

_____

_____

_____

_____

_____

Vocabulario: El mejor momento

Comprensión

el momento (n.m.) moment

hasta la fecha (exp.) to date, up to today, so far

ocurrir (v.) to happen

durar (v.) to last

un evento/acontecimiento (n.m.) an event, occurrence

el mejor = the best one

los familares (n.m.pl.) family members, relatives

¿estaba lindo el clima? = was the weather nice?

el clima (n.m.) climate

describir (v.) to describe

el lugar (n.m.) place

preciso (adj.) precise, exact

encontrarse (v.) to be located

volver (v.) to return (vuelvo, volvemos)

allí (adv.) there

la ropa (n.f.) clothing

Sugerencias

un instante (n.m.) an instant

unos segundos (n.m.pl.) a few seconds

unos momentos (n.m.pl.) some time, a few moments

al aire libre = in the open air, outdoors

una montaña (n.f.) a mountain

la playa (n.f.) beach

el mar (n.m.) ocean

en casa = at home

un pariente (n.m.) a relative

Otras posibilidades

_____

_____

_____

_____

_____

_____

_____

_____

_____

_____

_____

_____

_____

_____

_____

_____

Gramática oral

Futuro de indicativo - Verbos irregulares - *Repetir de manera alternada*

haber	habré, **habrás**, habrá,	**habremos**, habréis, **habrán**
poder	**podré**, podrás, **podrá**,	podremos, **podréis**, podrán
querer	querré, **querrás**, querrá,	**querremos**, querréis, **querrán**
saber	**sabré**, sabrás, **sabrá**,	sabremos, **sabréis**, sabrán
poner	pondré, **pondrás**, pondrá,	**pondremos**, pondréis, **pondrán**
salir	**saldré**, saldrás, **saldrá**,	saldremos, **saldréis**, saldrán
tener	tendré, **tendrás**, tendrá,	**tendremos**, tendréis, **tendrán**
valer	**valdré**, valdrás, **valdrá**,	valdremos, **valdréis**, valdrán
venir	vendré, **vendrás**, vendrá,	**vendremos**, vendréis, **vendrán**
decir	**diré**, dirás, **dirá**,	diremos, **diréis**, dirán
hacer	haré, **harás**, hará,	**haremos**, haréis, **harán**

El mejor momento *(conversación entre dos)*

1. ¿Qué te ha hecho muy feliz alguna vez, una noticia que has oído o un evento que ha ocurrido y/o has vivido?
2. ¿Quién estaba presente en ese momento de tu vida? ¿Dónde están ahora esas personas?
3. ¿Puedes describir todo lo que pasó?
4. ¿Qué hiciste tú? ¿Cómo te sentías?
5. ¿Cómo reaccionaste?
6. ¿Cómo reaccionaron las otras personas?
7. ¿Cuáles son los detalles que recuerdas de ese momento?
8. ¿Te diste cuenta de la importancia de ese momento de inmediato o un tiempo después?
9. ¿Por qué fue ese un momento importante para ti?

Reciclaje

1. Pregunta a tu compañero/a qué le ha hecho muy feliz alguna vez, una noticia que ha oído o un evento que ha ocurrido y/o ha vivido.
2. Averigua quién estaba presente en ese momento de su vida y dónde están ahora esas personas.
3. Tienes curiosidad de saber si él/ella puede describir todo lo que pasó. Pregúntale.
4. Deseas saber qué hizo él/ella y cómo se sentía. Formula las preguntas.
5. Pregúntale cómo reaccionó él/ella.
6. Quisieras saber cómo reaccionaron las otras personas. Hazle la pregunta.
7. Pregúntale cuáles son los detalles que él/ella recuerda de ese momento.
8. Quieres saber si él/ella se dio cuenta de la importancia de ese momento de inmediato o un tiempo después. Elabora la pregunta.
9. Te gustaría saber por qué fue ese un momento importante para él/ella. Pregúntale.

El correo electrónico de hoy

Mensaje recibido

| De: | manuel@conversemosjuntos.cu |
| Para: | tú@conversemosjuntos.cu |

¿Puedes describirme un momento especial en tu vida que ha sido como un sueño para ti? Para un proyecto del colegio tengo que entrevistar a mis amigos y me gustaría contar tu historia.

Respuesta

| De: | tú@conversemosjuntos.cu |
| Para: | manuel@conversemosjuntos.cu |

Respuesta:

_____

_____

_____

_____

_____

_____

Vocabulario: El mejor momento

Comprensión	Sugerencias	Otras posibilidades

Comprensión

hacer (+ adj.) (v.) to make (happy)

estar presente (exp.) to be present

en fin (exp.) finally, in short

¿Qué sucedió? (exp.) What happened?

sentirse (v.) to feel (me siento, nos sentimos)

reaccionar (v.) to react

de inmediato (adv.) immediately, promptly

recordar (v.) to remember (recuerdo, recordamos)

traer (v.) to bring

darse cuenta de (exp.) to realize

enseguida (adv.) immediately

más tarde (exp.) later

Sugerencias

Reí. (v. reír) I laughed.

Lloré (v.llorar) I cried.

Grité (v. gritar) I shouted.

Bailé (v. bailar) I danced.

Sonreí. (v. sonreír) I smiled.

feliz (adj.) happy

contento (adj.) content, happy

alegre (adj.) joyful, happy, cheerful

satisfecho (adj.) satisfied

radiante (adj.) radiant

encantado (adj.) delighted

la alegría (n.f.) joy, happiness

la felicidad (n.f.) happiness

la satisfacción (n.f.) satisfaction, contentment

claramente (adv.) clearly

el placer (n.m.) pleasure

Gramática oral

Futuro perfecto de indicativo: futuro del verbo "haber" + participio pasado

	I will have spoken	I will have eaten	I will have lived
	hablar	comer	**vivir**
yo	habré hablado	**habré comido**	habré vivido
tú	**habrás hablado**	habrás comido	**habrás vivido**
él	habrá hablado	**habrá comido**	habrá vivido
ella	**habrá hablado**	habrá comido	**habrá vivido**
usted	habrá hablado	**habrá comido**	habrá vivido
nosotros	**habremos hablado**	habremos comido	**habremos vivido**
nosotras	habremos hablado	**habremos comido**	habremos vivido
vosotros	**habréis hablado**	habréis comido	**habréis vivido**
vosotras	habréis hablado	**habréis comido**	habréis vivido
ellos	**habrán hablado**	habrán comido	**habrán vivido**
ellas	habrán hablado	**habrán comido**	habrán vivido
ustedes	**habrán hablado**	habrán comido	**habrán vivido**

El pícnic *(conversación entre dos)*

1. ¿Te gusta ir de pícnic?
2. ¿Cuál es la mejor estación para ir de pícnic o para pasar un día en el campo?
3. ¿Es una tradición para tu familia ir de pícnic una vez al año?
4. ¿Te acuerdas de haber ido de pícnic al campo, al parque o a otro lugar alguna vez? ¿Cuándo y adónde fuiste y con quién(es)?
5. ¿Qué clase de sándwich prefieres para un pícnic?
6. ¿Qué clase de bebidas prefieres para un pícnic?
7. Cuando vas de pícnic, ¿qué te gusta comer?
8. Generalmente, ¿qué tipo de comida no se come en un pícnic? ¿Por qué?
9. ¿Extiendes o pones algo en la hierba/el césped para sentarte?

Reciclaje

1. Pregunta a tu compañero/a si le gusta ir de pícnic.
2. Averigua cuál es la mejor estación para ir de pícnic o para pasar un día en el campo.
3. Tienes curiosidad de saber si es una tradición para su familia ir de pícnic una vez al año. Hazle la pregunta.
4. Quisieras saber si él/ella se acuerda de haber ido de pícnic al campo, al parque o a otro lugar alguna vez. Además pregúntale cuándo y adónde fue él/ella y con quién(es).
5. Pregúntale qué clase de sándwich prefiere él/ella para un pícnic.
6. Quieres saber qué clase de bebidas prefiere él/ella para un pícnic. Elabora la pregunta.
7. Te gustaría saber qué le gusta comer a él/ella cuando va de pícnic. Formula la pregunta.
8. Deseas saber si generalmente qué tipo de comida no se come en un pícnic y por qué. Pregúntale.
9. Pregúntale si él/ella extiende o pone algo en la hierba/el césped para sentarse.

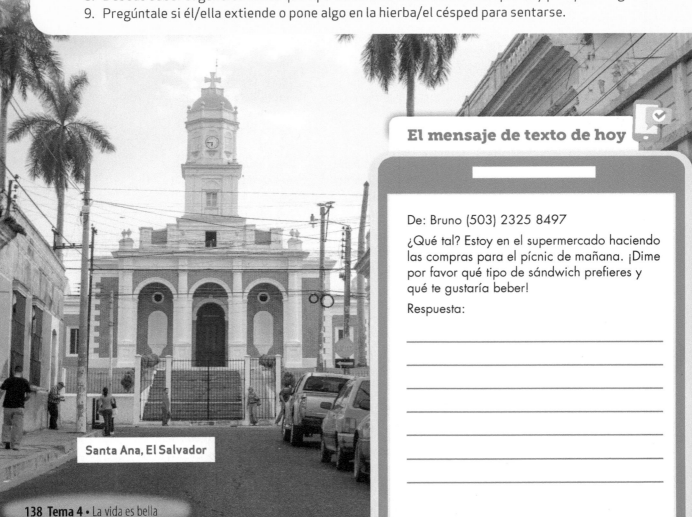

Santa Ana, El Salvador

El mensaje de texto de hoy

De: Bruno (503) 2325 8497

¿Qué tal? Estoy en el supermercado haciendo las compras para el pícnic de mañana. ¡Dime por favor qué tipo de sándwich prefieres y qué te gustaría beber!

Respuesta:

_____

_____

_____

_____

_____

_____

_____

Vocabulario: El pícnic

Comprensión

el pícnic (n.m.) picnic

la mejor estación (exp.) the best season

acordarse (de) (v.) to remember (me acuerdo, nos acordamos)

una bebida (n.f.) a drink

el plato (n.m.) dish

nunca (adv.) never

extender (v.) to spread out (extiendo, extendemos)

poner (v.) to put, place

la hierba (n.f.) grass

el césped (n.f.) grass

sentarse (v.) to sit down (me siento, nos sentamos)

Sugerencias

el verano (n.m.) summer

el otoño (n.m.) fall

el invierno (n.m.) winter

la primavera (n.f.) spring

el rosbif (n.m.) roast beef

el jamón (n.m.) ham

el queso (n.m.) cheese

la lechuga (n.f.) lettuce

la mermelada (n.f.) jam

la limonada (n.f.) lemonade

el té helado (n.m.) iced tea

el jugo de fruta (n.m.) fruit juice

un mantel (n.m.) tablecloth

una manta (n.f.) a blanket

el cojín/almohadón (n.m.) cushion

la cesta/canasta de comestibles (n.f.) picnic basket

algo de comer (exp.) something to eat

algo de beber (exp.) something to drink

verde (adj.) green

Otras posibilidades

_____

_____

_____

_____

_____

_____

_____

_____

_____

_____

_____

_____

_____

_____

_____

_____

_____

_____

Gramática oral

Condicional: infinitivo	+ -ía, -ías, -ía, -íamos, - íais, -ían		
	I would speak	*I would eat*	*I would live*
	hablar	comer	**vivir**
yo	hablaría	**comería**	viviría
tú	**hablarías**	comerías	**vivirías**
él	hablaría	**comería**	viviría
ella	**hablaría**	comería	**viviría**
usted	hablaría	**comería**	viviría
nosotros	**hablaríamos**	comeríamos	**viviríamos**
nosotras	hablaríamos	**comeríamos**	viviríamos
vosotros	**hablaríais**	comeríais	**viviríais**
vosotras	hablaríais	**comeríais**	viviríais
ellos	**hablarían**	comerían	**vivirían**
ellas	hablarían	**comerían**	vivirían
ustedes	**hablarían**	comerían	**vivirían**

El pícnic *(conversación entre dos)*

1. Cuando vas de pícnic, ¿en qué transportas las bebidas calientes y frías para que mantengan su temperatura?
2. ¿Utilizas platos de plástico, de papel o de porcelana para un pícnic?
3. ¿Son las servilletas de papel o de paño/tela?
4. ¿Usas cubiertos de plata o de plástico para servirte la comida?
5. ¿Comes con cubiertos o con las manos?
6. ¿Qué insectos y animales pueden verse normalmente durante un pícnic?
7. ¿Prefieres sentarte al sol o a la sombra de un árbol para disfrutar de un pícnic?
8. ¿Qué comida, bebida o ingrediente te parece que sean comunes en un pícnic en un país de habla hispana?
9. ¿Cuándo ha sido la última vez que comiste al aire libre?

Reciclaje

1. Pregunta a tu compañero/a en qué transporta las bebidas calientes y frías cuando va de pícnic para que mantengan su temperatura.
2. Quieres saber si él/ella utiliza platos de plástico, de papel o de porcelana para un pícnic. Formula la pregunta.
3. Averigua si las servilletas son de papel o de paño/tela.
4. Te gustaría saber si él/ella usa cubiertos de plata o de plástico para servirse la comida. Pregúntale.
5. Pregúntale si él/ella come con cubiertos o con las manos.
6. Averigua qué insectos y animales pueden verse normalmente durante un pícnic.
7. Quisieras saber si él/ella prefiere sentarse al sol o a la sombra de un árbol para disfrutar de un pícnic. Formula la pregunta.
8. Deseas saber qué comida, bebida o ingrediente le parece que son comunes en un pícnic en un país de habla hispana. Hazle la pregunta.
9. Te gustaría saber cuándo ha sido la última vez que él/ella comió al aire libre. Elabora la pregunta.

El correo electrónico de hoy

Mensaje recibido

Respuesta

| De: | pablo@conversemosjuntos.sv |
| Para: | tú@conversemosjuntos.sv |

Ayúdame a organizar un pícnic. Conozco el lugar perfecto pero no sé qué podemos llevar. Por favor dame recomendaciones de lo que podemos comer y beber. ¿Qué día te parece mejor? ¿Te gustaría invitar a otros amigos?

| De: | tú@conversemosjuntos.sv |
| Para: | pablo@conversemosjuntos.sv |

Respuesta:

_____

_____

_____

_____

_____

_____

Vocabulario: El pícnic

Comprensión

caliente (adj.) hot
frío (adj.) cold
el paño (n.m.) cloth, fabric
la tela (n.f.) fabric
el cubierto (n.m.) silverware
servirse de (v.) to use (me sirvo, nos servimos)
al utilizar (exp.) when using
las manos (n.f.pl.) hands
común (adj.) common
el sol (n.m.) sun
la sombra (n.f.) shade
al aire libre (adv.) outdoors

Sugerencias

un termo (n.m.) a Thermos® bottle
los utensilios de plata (n.m.pl.) silverware
un utensilio (n.m.) a utensil
una nevera portátil/conservadora (n.f.) a portable cooler
una ensalada (n.f.) a salad
el salchichón (n.m.) sausage
el queso (n.m.) cheese
las galletas (n.f.pl.) crackers, cookies
la mantequilla (n.f.) butter
el pan (n.m.) bread
un perro (n.m.) a dog
una ardilla (n.f.) a squirrel
un abejorro (n.m.) a bumblebee
una abeja (n.f.) a bee
un mosquito (n.m.) a mosquito
una hormiga (n.f.) an ant
una avispa (n.f.) a wasp
una mosca (n.f.) a fly
una mariposa (n.f.) a butterfly
traer (v.) to bring (traigo, traemos)
llevar (v.) to carry, take
la música (n.f.) music

Otras posibilidades

_____
_____
_____
_____
_____
_____
_____
_____
_____
_____
_____
_____
_____
_____
_____
_____
_____
_____
_____
_____

Gramática oral

↓ ? 👤 👤 🕐 _____

Condicional perfecto - condicional del verbo "haber" + participio pasado

	I would have spoken	*I would have eaten*	*I would have lived*
	hablar	comer	**vivir**
yo	habría hablado	**habría comido**	habría vivido
tú	**habrías hablado**	habrías comido	**habrías vivido**
él	habría hablado	**habría comido**	habría vivido
ella	**habría hablado**	habría comido	**habría vivido**
usted	habría hablado	**habría comido**	habría vivido
nosotros	**habríamos hablado**	habríamos comido	**habríamos vivido**
nosotras	habríamos hablado	**habríamos comido**	habríamos vivido
vosotros	**habríais hablado**	habríais comido	**habríais vivido**
vosotras	habríais hablado	**habríais comido**	habríais vivido
ellos	**habrían hablado**	habrían comido	**habrían vivido**
ellas	habrían hablado	**habrían comido**	habrían vivido
ustedes	**habrían hablado**	habrían comido	**habrían vivido**

La playa *(conversación entre dos)*

1. ¿Prefieres nadar en el río o en el mar?
2. ¿Cuándo fue la última vez que fuiste a una playa?
3. ¿Fuiste a una playa de arena o de piedritas? ¿Qué tipo de playa te gusta más?
4. El agua de la playa a la que fuiste, ¿estaba fría, fresca o tibia?
5. ¿Qué tipos de plantas y animalitos de mar había en el agua de esta playa? ¿De qué color era el agua?
6. ¿Qué actividades pueden hacerse en esta playa?
7. ¿Sabes practicar el esquí acuático o hacer surf?
8. ¿Qué es una moto acuática? ¿Has probado pasearte en una moto acuática alguna vez? ¿Te gustó?
9. ¿Te gusta dormir en la playa? ¿Lo has hecho alguna vez?

Reciclaje

1. Pregunta a tu compañero/a si él/ella prefiere nadar en el río o en el mar.
2. Averigua cuándo fue la última vez que él/ella se fue a una playa.
3. Te gustaría saber si él/ella fue a una playa de arena o de piedritas y si qué tipo de playa le gusta más a él/ella. Pregúntale.
4. Pregúntale si el agua de la playa a la que él/ella fue estaba fría, fresca o tibia.
5. Deseas saber qué tipos de plantas y animalitos de mar había en el agua de esta playa y de qué color era el agua. Hazle estas preguntas.
6. Tienes la curiosidad de saber qué actividades pueden hacerse en esta playa. Elabora la pregunta.
7. Pregúntale si él/ella sabe practicar el esquí acuático o hacer surf.
8. Averigua qué es una moto acuática, si él/ella ha probado pasearse en una moto acuática alguna vez y si le gustó.
9. Quisieras saber si a él/ella le gusta dormir en la playa y si lo ha hecho alguna vez. Formula las preguntas.

Bariloche, Patagonia en Argentina

El mensaje de texto de hoy

De: Pedro (54) 2944 859 247

¡Saludos desde Bariloche! Acá todavía sigue el fresco. Tengo tantas ganas de visitarte pronto porque quiero practicar un deporte veraniego en una región donde haga calor. ¿Qué actividades me proponés vos?

Respuesta:

_____

_____

_____

_____

_____

_____

Vocabulario: La playa

Comprensión

la playa (n.f.) beach

el agua (n.f.) water (el agua, las aguas)

el río (n.m.) river

el mar (n.m.) ocean, sea

nadar (v.) to swim

bañarse/entrar al agua (v.) to bathe, get in the water

la arena (n.f.) sand

la piedrita/piedrecilla (n.f.) pebble

frío (adj.) cold

fresco (adj.) cool

tibio (adj.) warm

el esquí acuático/náutico (n.m.) water skiing, water ski

hacer surf (v.) to surf

la moto acuática (n.f.) Jet ski®

dormir (v.) to sleep (duermo, dormimos)

Sugerencias

el agua dulce (n.f.) fresh water

el agua de mar (n.f.) salt water

el pez (n.m.) fish

el cangrejo (n.m.) crab

la estrella de mar (n.f.) starfish

el alga marina (n.f.) seaweed (el alga, las algas)

una medusa (n.f.) a jellyfish

jugar (v.) to play

el voleibol (n.m.) volleyball

el fútbol (n.m.) soccer

los bolos (n.m.pl.) bowling

la lancha (n.f.) boat

un velero/bote de vela/barco de vela (n.m.) a sailboat

un bote motorizado (n.m.) a motorboat

Otras posibilidades

_____

_____

_____

_____

_____

_____

_____

_____

_____

_____

_____

_____

_____

Gramática oral

Pluscuamperfecto de indicativo: imperfecto del verbo " haber" + participio pasado

	I had spoken	*I had eaten*	*I had lived*
	hablar	comer	**vivir**
yo	había hablado	**había comido**	había vivido
tú	**habías hablado**	habías comido	**habías vivido**
él	había hablado	**había comido**	había vivido
ella	**había hablado**	había comido	**había vivido**
usted	había hablado	**había comido**	había vivido
nosotros	**habíamos hablado**	habíamos comido	**habíamos vivido**
nosotras	habíamos hablado	**habíamos comido**	habíamos vivido
vosotros	**habíais hablado**	habíais comido	**habíais vivido**
vosotras	habíais hablado	**habíais comido**	habíais vivido
ellos	**habían hablado**	habían comido	**habían vivido**
ellas	habían hablado	**habían comido**	habían vivido
ustedes	**habían hablado**	habían comido	**habían vivido**

La playa *(conversación entre dos)*

1. ¿Qué ruidos se oyen/escuchan en la playa?
2. ¿Te gusta nadar o saltar en las olas del mar? ¿De qué altura te gusta que sean las olas?
3. Cuando estás en el mar, ¿te gusta bañarte o nadar cuando hay marea alta (pleamar) o baja (bajamar)?
4. ¿Has sufrido quemaduras alguna vez debido a la exposición al sol?
5. ¿Cómo proteges tu piel de los rayos solares?
6. ¿Te proteges los ojos cuando te expones al sol? ¿Cómo?
7. ¿Qué peligros existen en una playa?
8. ¿Has construido un castillo de arena alguna vez? ¿Cuándo, dónde y con quién?
9. ¿En qué playa te gustaría pasar las vacaciones el verano próximo?

Reciclaje

1. Pregunta a tu compañero/a qué ruidos se oyen/escuchan en la playa.
2. Quisieras saber si a él/ella le gusta nadar o saltar en las olas del mar y de qué altura le gusta que sean las olas. Elabora dos preguntas.
3. Tienes curiosidad de saber si cuando él/ella está en el mar le gusta bañarse o nadar cuando hay marea alta (pleamar) o baja (bajamar). Pregúntale.
4. Pregúntale si él/ella se ha sufrido quemaduras alguna vez debido a la exposición al sol.
5. Averigua cómo protege él/ella su piel de los rayos solares.
6. Deseas saber si él/ella se protege los ojos cuando se expone al sol y cómo. Formula dos preguntas.
7. Te gustaría saber qué peligros existen en una playa. Hazle esa pregunta.
8. Pregúntale si él/ella ha construido un castillo de arena alguna vez. Además pregúntale cuándo, dónde y con quién.
9. Averigua en qué playa le gustaría pasar las vacaciones el verano próximo.

El correo electrónico de hoy

Mensaje recibido

Respuesta

De: francisco@conversemosjuntos.ar
Para: tú@conversemosjuntos.ar

Estoy a cargo de un grupo de jóvenes argentinos que viajarán en verano a la región del país donde vives. Nos gustaría realizar una excursión a tu ciudad para poder nadar donde se bañan los lugareños. ¿Podés darme algunas sugerencias?

De: tú@conversemosjuntos.ar
Para: francisco@conversemosjuntos.ar

Respuesta:

Vocabulario: La playa

Comprensión

el ruido (n.m.) noise
uno (pron.) one
oír (v.) to hear (oigo, oímos)
escuchar (v.) to listen
la ola (n.f.) wave
la altura (n.f.) height
la marea (n.f.) tide
la marea baja/bajamar (n.f.) low tide
la marea alta/pleamar (n.f.) high tide
quemar (v.) to burn
la quemadura de sol (n.f.) sunburn
la piel (n.f.) skin
el sol (n.m.) sun
proteger (v.) to protect
los ojos (n.m.pl.) eyes
un castillo (n.m.) a castle

Sugerencias

la radio (n.f.) radio
la gente (n.f.) people
los niños (n.m.pl.) children
los pájaros (n.m.pl.) birds
un pelícano (n.m.) a pelican
la gaviota (n.f.) seagull
entrar al agua (v.) to get in the water
el viento (n.m.) wind
el traje de baño/bañador (n.m.)
  bathing suit
la malla (n.f.) bathing suit
la crema protectora (n.f.) sunscreen
la crema bronceadora (n.f.) suntan
  lotion
el bronceador (n.m.) suntan lotion
las gafas de sol (n.f.pl.) sunglasses
los lentes/anteojos de sol (n.m.pl.)
  sunglasses
la corriente (n.f.) current
el tiburón (n.m.) shark
los pedazos de vidrio (n.m.pl.)
  broken glass
el cardo (n.m.) thistle
broncearse (v.) to tan
descansar (v.) to rest
hacer ejercicio (v.) to exercise
tomar el sol (exp.) to sunbathe

Otras posibilidades

_____
_____
_____
_____
_____
_____
_____
_____
_____
_____
_____
_____
_____
_____
_____
_____
_____
_____
_____
_____

Gramática oral

La voz pasiva (de uso poco común en español) el verbo "ser" + participio pasado

(la voz pasiva) **La lección fue presentada por el profesor.**
(la voz activa) El profesor presentó la lección.
  Los profesores son respetados por los estudiantes.
    Los estudiantes respetan a los profesores.
  Las lecturas son detestadas por todo el mundo.
    Todo el mundo detesta las lecturas.
  Los ladrones son arrestados por la policía.
    La policía arresta a los ladrones.
  Las frases son repetidas muchísimas veces por los estudiantes.
    Los estudiantes repiten muchísimo las frases.

El se pasivo

Se habla español aquí.   Se venden frutas.
Se necesita profesor.   **Se habla inglés.**
Se siven bebidas.   Se necesitan trajabadores.

Las estaciones y las fiestas *(conversación entre dos)*

1. ¿Qué fecha es hoy?
2. ¿En qué estación estamos? ¿En qué mes estamos?
3. ¿En qué año estamos? Y, ¿qué día de la semana es hoy?
4. ¿En qué meses empiezan y terminan las estaciones?
5. ¿Cuál es la fecha de la primera fiesta/del primer día festivo del año?
6. ¿Qué sabes del Camino de Santiago y de la fiesta de Santiago de Compostela en España?
7. ¿Se celebra el 4 de julio en los países en donde se habla español? ¿Por qué sí o no?
8. ¿Sabes la fecha de la independencia de un país hispano?
9. ¿Qué actividades se realizan para celebrar/conmemorar la independencia de un país?

Reciclaje

1. Pregunta a tu compañero/a qué fecha es hoy.
2. Quieres saber en qué estación estamos y en qué mes estamos. Hazle estas preguntas.
3. Pregúntale en qué año estamos y qué día de la semana es hoy.
4. Te gustaría saber los meses en que empiezan y terminan las estaciones. Elabora estas preguntas.
5. Deseas saber cuál es la fecha de la primera fiesta/del primer día festivo del año. Pregúntale.
6. Averigua qué sabe él/ella del Camino de Santiago y de la fiesta de Santiago de Compostela en España.
7. Pregúntale si se celebra el 4 de julio en los países en donde se habla español y además pregúntale por qué sí o no.
8. Te gustaría saber si él/ella sabe la fecha de la independencia de un país hispano. Pregúntale.
9. Tienes la curiosidad de saber qué actividades se realizan para celebrar/conmemorar la independencia de un país. Formula la pregunta.

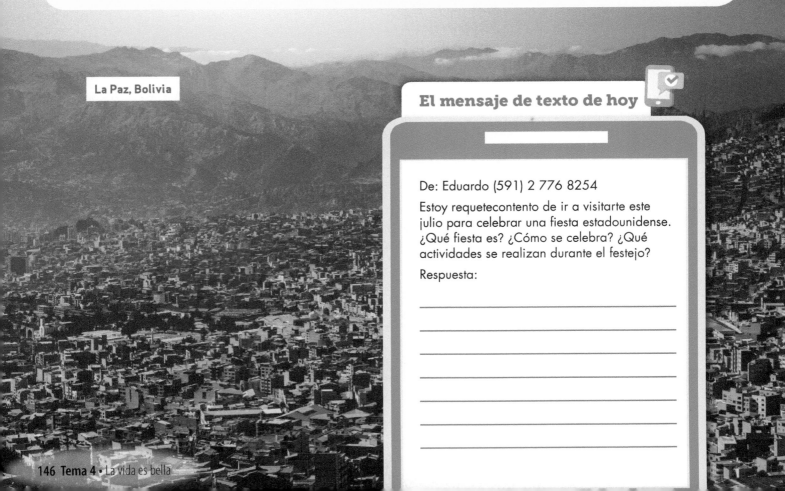

La Paz, Bolivia

El mensaje de texto de hoy

De: Eduardo (591) 2 776 8254

Estoy requetecontento de ir a visitarte este julio para celebrar una fiesta estadounidense. ¿Qué fiesta es? ¿Cómo se celebra? ¿Qué actividades se realizan durante el festejo?

Respuesta:

_____

_____

_____

_____

_____

_____

Vocabulario: Las estaciones y las fiestas

Comprensión

empieza (v. empezar, presente de indicativo) begins

terminar (v.) to finish

la fiesta (n.f.) holiday

el año (n.m.) year

un día de vacaciones (n.m.) a day off, holiday

la fiesta de Santiago de Compostela = el veinticinco de julio

la fiesta nacional mexicana/la independencia de México = el diez y seis de septiembre

la fiesta nacional americana/la independencia de los Estados Unidos = el cuatro de julio

requetecontento (exp.) happy to a great degree, extremely happy

requete (pref.) extremely

Sugerencias

"Es el dos de octubre de dos mil dieciséis." = 2/10/2016 o 2/X/2016

en el otoño (exp.) in autumn

en el invierno (exp.) in winter

en la primavera (exp.) in spring

en el verano (exp.) in summer

en el mes de mayo/en mayo = in May

la víspera de Año Nuevo = New Year's Eve

el día del Año Nuevo/el primero de enero (exp.) New Year's Day

la fiesta de San/Santo/Santa _____ = Saint _____'s Day

el Día de los Inocentes (n.m.pl.) April Fool's Day

el pícnic (n.m.) picnic

el baile (n.m.) dance

el desfile (n.m.) parade

los fuegos artificiales (n.m.pl.) fireworks

Otras posibilidades

_____
_____
_____
_____
_____
_____
_____
_____
_____
_____
_____
_____

Gramática oral

Infinitivo compuesto - después de + haber + participio pasado

levantarse	**Después de haberme levantado, yo te vi.**
ver	Después de haberte visto, hablé con María.
hablar	**Después de haber hablado con María, yo salí.**
salir	Después de haber salido, fui al restaurante.
llegar	**Después de haber llegado al restaurante, yo comí.**
comer	Después de haber comido, yo dormí la siesta.
dormir	**Después de haber dormido, yo me lavé la cara.**
lavarse	Después de haberme lavado la cara, yo bailé.
bailar	**Después de haber bailado, yo canté.**
cantar	Después de haber cantado, yo descansé.
descansar	**Después de haber descansado, yo estudié.**
estudiar	Después de haber estudiado, yo escribí la tarea.
escribir	**Después de haber escrito la tarea, yo me acosté.**

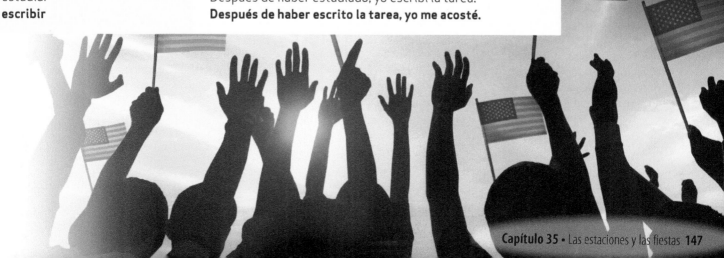

Las estaciones y las fiestas *(conversación entre dos)*

1. ¿Qué se celebra/festeja el Primero de Mayo en muchos países? ¿Es este día feriado/festivo en EE.UU.? ¿Y en los países de habla española?
2. ¿En qué estación se celebra la Pascua de Resurrección?
3. ¿En qué fecha es Navidad? ¿El cumpleaños de quién se celebra en la Navidad?
4. ¿Cuál es la fecha del Día del Armisticio? ¿El fin de qué guerra se conmemora en esta fecha?
5. ¿En qué mes es el Día de Acción de Gracias? ¿Hay una fiesta para dar las gracias en los países en donde se habla español?
6. ¿Qué hacen los estadounidenses en la víspera del Día de Todos los Santos?
7. ¿Cuáles son los días festivos que se celebran en tu país que puedes nombrar?
8. ¿Cuál es el próximo feriado nacional o festejo de otra índole?
9. ¿Cuál es la mejor estación para una fiesta y por qué?

Reciclaje

1. Pregunta a tu compañero/a qué se celebra/festeja el Primero de Mayo en muchos países y si este día es feriado/festivo en EE.UU. y en los países de habla española.
2. Quieres saber en qué estación se celebra la Pascua de Resurrección. Elabora la pregunta.
3. Averigua en qué fecha es Navidad y el cumpleaños de quién se celebra en la Navidad.
4. Pregúntale cuál es la fecha del Día del Armisticio y el fin de qué guerra se conmemora en esta fecha.
5. Deseas saber en qué mes es el Día de Acción de Gracias y si hay una fiesta para dar las gracias en los países en donde se habla español. Elabora dos preguntas.
6. Quisieras saber qué hacen los estadounidenses en la víspera del Día de Todos los Santos. Hazle la pregunta.
7. Te gustaría saber cuáles son los días festivos que se celebran en su país. Formula la pregunta.
8. Pregúntale cuál es el próximo feriado nacional o festejo de otra índole.
9. Tienes la curiosidad de saber cuál es la mejor estación para una fiesta y por qué. Pregúntale.

mona de Pascua

El correo electrónico de hoy

Mensaje recibido

De: alfonsina@conversemosjuntos.bo
Para: tú@conversemosjuntos.bo

Si unos jóvenes extranjeros de un país hispano vinieran a visitarte a los Estados Unidos, ¿qué aspecto tradicional o representativo les enseñarías? ¿A qué lugares los llevarías y qué les contarías para que aprendieran más de tu país? Te agradecería me lo dijeras.

Respuesta

De: tú@conversemosjuntos.bo
Para: alfonsina@conversemosjuntos.bo

Respuesta:

_____

_____

_____

_____

_____

_____

Vocabulario: Las estaciones y las fiestas

Comprensión

el Día del Trabajo/el Día del Trabajador/el Día del Obrero = el primero de mayo

el cumpleaños (n.m.) birthday

La Pascua (n.f.) Easter

la Navidad (n.f.) Christmas

el día del Armisticio (n.m.) = el once de noviembre (el fin de la primera Guerra Mundial)

el Día de Acción de Gracias (n.f.) Thanksgiving

la víspera (n.f.) eve

la índole (n.f.) nature, type, kind, sort

el Día de Todos los Santos (n.m.) All Saints' Day = el primero de noviembre

Sugerencias

la Navidad = el veinticinco de diciembre

la Nochebuena = el 24 de diciembre

las luces de colores = colored lights

el arbolito de Navidad = the (little) Christmas tree

el Día de las Brujas = Halloween

disfrazarse (v.) to dress up, to put on costumes

pedir bombones/caramelos (exp.) to ask for chocolate, candy

gastar/hacer bromas (exp.) to play trick

el Día de la Raza/ el Día de la Hispanidad = el doce de octubre

La Pascua Florida/La Pascua de Flores = La Pascua de Resurrección

¡Felices Pascuas! = Happy Easter!

¡Feliz Navidad! = Merry Christmas!

Otras posibilidades

_____

_____

_____

_____

_____

_____

_____

_____

_____

_____

_____

_____

Gramática oral

El pasado continuo o progresivo
Imperfecto progresivo con estar: imperfecto de indicativo del verbo estar + gerundio
(was/were doing, reading, etc.)

¿Qué estaban haciendo cuando la policía llegó?
Yo estaba leyendo cuando mi mamá me llamó.
Usted estaba estudiando cuando la clase terminó.
Nosotros estábamos comiendo cuando empezó a llover.
Tú estabas hablando cuando los niños interrumpieron.
Ellos estaban trabajando cuando ocurrió el accidente.
Vosotros estabais durmiendo cuando el árbol se cayó sobre la casa.
Él estaba esquiando cuando se rompió el brazo.
¡Ella estaba aprendiendo a manejar el coche nuevo de su padre cuando… chocó!

Los deportes *(conversación entre dos)*

1. ¿Eres deportista? ¿Cuál es el deporte que se practica a nivel profesional que más te gusta?
2. ¿Asististe recientemente a un partido de algún deporte que se juega a nivel profesional? ¿Cuál fue el resultado final del partido?
3. ¿Sabes el nombre de un equipo de fútbol/balompié estadounidense o de un país de lengua española?
4. ¿Prefieres mirar un partido en la televisión o en un estadio? ¿Por qué?
5. ¿Cuál es el deporte más popular en los Estados Unidos y que tiene el mayor número de entusiastas? ¿Y en el mundo hispano?
6. ¿Qué deporte es el más violento? ¿Lo son también los espectadores?
7. ¿Cuánto cuesta un billete/una entrada para un partido de basquetbol a nivel profesional?
8. ¿Te sientes a tus anchas entre fanáticos deportivos o en una muchedumbre?
9. Para alentar a un jugador, ¿prefieres solo aplaudir o comentar el juego en voz alta con cantos y gritos?

Reciclaje

1. Pregunta a tu compañero/a si él/ella es deportista y cuál es el deporte que se practica a nivel profesional que más le gusta.
2. Tienes la curiosidad de saber si él/ella asistió recientemente a un partido de algún deporte que se juega a nivel profesional y cuál fue el resultado final del partido. Elabora dos preguntas.
3. Pregúntale si sabe el nombre de un equipo de fútbol/balompié estadounidense o de un país de lengua española.
4. Te gustaría saber si él/ella prefiere mirar un partido en la televisión o en un estadio y por qué. Formula dos preguntas.
5. Quisieras saber cuál es el deporte más popular en los Estados Unidos y que tiene el mayor número de entusiastas. Además pregúntale cuál es el deporte más popular en el mundo hispano.
6. Averigua qué deporte es el más violento y pregúntale si lo son también los espectadores.
7. Pregúntale cuánto cuesta un billete/una entrada para un partido de basquetbol a nivel profesional.
8. Deseas saber si él/ella se siente a sus anchas entre fanáticos deportivos o en una muchedumbre. Elabora esta pregunta.
9. Quisieras saber si para alentar a un jugador él/ella prefiere solo aplaudir o comentar el juego en voz alta con cantos y gritos. Hazle la pregunta.

Reserva del Bosque Nuboso Monteverde, Costa Rica

El mensaje de texto de hoy

De: Patricia (506) 3091 5466

¡Hola! Tengo 2 entradas para 2 partidos profesionales este finde. ¿Te gustaría ir a un partido de fútbol o de basquetbol? ¡Házmelo saber! Dime el porqué de tu preferencia.

Respuesta:

_____
_____
_____
_____
_____
_____

Vocabulario: Los deportes

Comprensión

deportista (adj.) athletic, sporty

asistir (a) (v.) to be present, attend

el resultado (n.m.) result, score

un equipo (n.m.) a team

el fútbol/balompié (n.m.) soccer

un estadio (n.m.) a stadium

lo (pron.) it

cuesta (v. costar) to cost

un billete (n.m.) a ticket

una entrada (n.f.) a ticket

el nivel (n.m.) level

en cuanto a (adv.) regarding

sentirse (v.) to feel (me siento, nos sentimos)

a tus anchas (exp.) at ease, comfortable

entre (prep.) among

una muchedumbre (n.f.) a crowd

alentar (v.) to encourage, cheer (aliento, alentamos)

un jugador (n.m.) a player

aplaudir (v.) to clap, applaud

comentar (v.) to comment on, criticize

Sugerencias

el puntaje (n.f.) score

el basquetbol/baloncesto (n.m.) basketball

el fútbol americano (n.m.) American football

el hockey sobre hielo/hierba (exp.) ice/field hockey

el boxeo (n.m.) boxing

el béisbol (n.m.) baseball

la natación (n.f.) swimming

el tenis (n.m.) tennis

el golf (n.m.) golf

el esquí (n.m.) skiing

la gimnasia (n.f.) physical exercise, calesthenics, gymnastics

el baile (n.m.) dance

el ballet (n.m.) ballet

la danza clásica (n.f.) ballet

el yoga (n.m.) yoga

Otras posibilidades

_____

_____

_____

_____

_____

_____

_____

_____

_____

_____

_____

_____

_____

_____

_____

_____

Gramática oral

→ ?

Imperativo de tú:	forma afirmativa	forma negativa
comer	**come sanamente**	**no comas muchos dulces**
dar	da un regalo	no des problemas
decir	**di "Gracias"**	**no digas insultos**
escribir	escribe la tarea	no escribas en las paredes
hacer	**haz el favor de ayudar**	**no hagas ruido**
ir	ve conmigo tranquilo	no vayas con los otros
escuchar	**escucha música**	**no escuches la música muy fuerte**
poner	pon los chocolates aquí	no pongas el libro en el piso
salir	**sal conmigo**	**no salgas con los otros**
ser	sé amable	no seas antipático
tener	**ten cuidado**	**no tengas celos**
venir	ven conmigo	no vengas con los otros
tomar	**toma un café**	**no tomes demasiada cerveza**

Los deportes *(conversación entre dos)*

1. ¿Qué comidas o bebidas se venden durante un partido en un estadio?
2. ¿Qué comes y bebes si miras un partido en casa con tus amigos y familiares?
3. ¿De qué color es normalmente el uniforme de los árbitros? ¿Y cómo se decide el color de los uniformes de los jugadores?
4. ¿Cómo anuncian los árbitros una infracción? ¿Y el fin del partido?
5. Enséñame el gesto por el cual los árbitros de fútbol anuncian un gol.
6. ¿Qué hacen los espectadores cuando un equipo marca un gol?
7. ¿Cuántos jugadores hay en un equipo de *hockey* sobre hielo, de fútbol y de polo?
8. ¿Adónde se puede ir en tu ciudad para ver jugar a los deportistas profesionales? ¿Qué equipos juegan allí?
9. ¿Sueñas con jugar algún deporte a nivel profesional? ¿Por qué?

Reciclaje

1. Pregunta a tu compañero/a qué comidas o bebidas se venden durante un partido en un estadio.
2. Quisieras saber qué come y bebe él/ella si mira un partido en casa con sus amigos y familiares. Elabora esta pregunta.
3. Averigua de qué color es normalmente el uniforme de los árbitros y cómo se decide el color de los uniformes de los jugadores.
4. Te gustaría saber cómo anuncian los árbitros una infracción y el fin del partido. Hazle estas preguntas.
5. Pídele que te enseñe el gesto por el cual los árbitros de fútbol anuncian un gol.
6. Quisieras saber qué hacen los espectadores cuando un equipo marca un gol. Formula la pregunta.
7. Te gustaría saber cuántos jugadores hay en un equipo de *hockey* sobre hielo, de fútbol y de polo. Hazle la pregunta.
8. Deseas saber adónde se puede ir en tu ciudad para ver jugar a los deportistas profesionales y qué equipos juegan allí. Hazle estas preguntas.
9. Pregúntale si sueña con jugar algún deporte a nivel profesional y por qué.

El correo electrónico de hoy

Mensaje recibido

De:	lorena@conversemosjuntos.cr
Para:	tú@conversemosjuntos.cr

Desde tu punto de vista, ¿quiénes son mejores deportistas, los estadounidenses o los de países hispanohablantes? ¿Cuál es tu experiencia personal en este tema? Y ¿cuál es tu deporte preferido?

Respuesta

De:	tú@conversemosjuntos.cr
Para:	lorena@conversemosjuntos.cr

Respuesta:

_____

_____

_____

_____

_____

_____

Vocabulario: Los deportes

Comprensión

un jugador (n.m.) a player
el juego (n.m.) play
en voz alta (exp.) aloud
el árbitro (n.m.) referee
vestido (adj.) dressed
el uniforme (n.m.) uniform
un penal (n.m.) a penalty
una infracción (n.f.) an infraction,
 violation
marcar un gol (exp.) to score a goal
enseñar (v.) to show
el gesto (n.m.) gesture
por (prep.) by
el cual (prons.) that which
mucho (adj.) much, a lot
te gustaría (v. gustar) would you like
un sueño (n.m.) a dream
los hispanohablantes (n.m.pl.) Spanish
 speaking people
realizar (v.) to make real, accomplish
el tema (n.m.) matter, point, subject

Sugerencias

animar (v.) to encourage, cheer
hinchar (v.) to cheer on, support
aplaudir (v.) to applaud, clap
gritar (v.) to shout
¡Vamos! (int.) Go!
¡Viva! (int.) Yeah! Hurrah!
¡Viva el equipo! (exp.) Go team! Yeah,
 team!
¡Dale! (exp.) go, Go for it!
¡Fuerza! (exp.) go, You can do it!
¡Tú puedes!/¡Vos podés! (exp.) you can
Olé, olé, olé (exp.) expression used to
 cheer on, encourage
un gol (n.m.) a goal
un buen partido (exp.) a good game
el empate (n.m.) a tie game
torpe (adj.) awkward, clumsy
patán (n.m.) lout
badulaque (n.m.) idiot, nincompoop
los ganadores (n.m.pl.) winners
los perdedores (n.m.pl.) losers
un pito/silbato (n.m.) a whistle
6 jugadores *(hockey)*
11 jugadores (fútbol)
4 jugadores (polo)

Otras posibilidades

_____
_____
_____
_____
_____
_____
_____
_____
_____
_____
_____
_____
_____
_____
_____
_____
_____
_____
_____
_____
_____
_____
_____
_____

Gramática oral

Mandatos de usted y ustedes		Forma afirmativa	Forma negativa
-ar	**comprar**	compre (usted) legumbres	**no compre carne**
		compren (ustedes) frutas	**no compren dulces**
-er	**comer**	coma sanamente	**no coma dulces**
		coman uvas	**no coman pepitas/semillas**
-ir	**escribir**	escriba en la hoja	**no escriba en las paredes**
		escriban en el cuaderno	**no escriban en la mesa**
(Formas irregulares)	**ir**	vaya rápidamente	**no vaya lentamente**
		vayan con nosotros	**no vayan con los otros**
	ser	sea agradable	**no sea antipático**
		sean generosos	**no sean egoístas**
	saber	sepa la respuesta	**¡no sepa nada! ;-)**
		sepan las instrucciones	**¡no sepan nada! ;-)**
	estar	esté de buen humor	**no esté de mal humor**
		estén de acuerdo	**no estén enojados**
	dar	dé regalos	**no dé problemas**
		den flores	**no den dificultades**

La televisión *(conversación entre dos)*

1. ¿Te gusta mirar la televisión/tele? ¿Tienes una tele en tu cuarto/habitación/pieza?
2. ¿A cuántos canales tienes acceso en tu casa? ¿Qué cadena de televisión es tu preferida?
3. ¿Tienes una televisión que capta los canales por cable, una televisión satelital con antena parabólica o miras los programas por internet?
4. ¿Cuántos televisores hay en tu casa y en qué habitaciones están instalados?
5. ¿Cuál es tu comedia televisiva preferida? ¿Y cuál es el dibujo animado que más prefieres? ¿Y tu serie preferida?
6. En tu casa, ¿a qué hora debes apagar la tele?
7. ¿Te permiten mirar la tele entresemana cuando hay clases al día siguiente?
8. ¿Cuántas horas al día está encendido el televisor en tu casa?
9. ¿Cuál es el anuncio/comercial/la propaganda/publicidad que más te gusta y cuál es el anuncio o la propaganda que detestas?

Reciclaje

1. Pregúntale a tu compañero/a si le gusta mirar la televisión/tele y si tiene una tele en su cuarto/habitación/pieza.
2. Te gustaría saber a cuántos canales tiene él/ella acceso en su casa y qué cadena de televisión es su preferida. Elabora dos preguntas.
3. Averigua si él/ella tiene una televisión que capta los canales por cable, una televisión satelital con antena parabólica o si mira los programas por internet.
4. Deseas saber cuántos televisores hay en su casa y en qué habitaciones están instalados. Pregúntale.
5. Pregúntale cuál es su comedia televisiva preferida, cuál es el dibujo animado que más prefiere, y cuál es su serie preferida.
6. Tienes curiosidad de saber a qué hora él/ella debe apagar la tele en su casa. Formula la pregunta.
7. Quisieras saber si a él/ella le permiten mirar la tele entresemana cuando hay clases al día siguiente. Hazle la pregunta.
8. Averigua cuántas horas al día está encendido el televisor en su casa.
9. Pregúntale cuál es el anuncio/comercial/la propaganda/publicidad que más le gusta y cuál es el anuncio o la propaganda que detesta.

Palacio de Gobierno en Asunción, Paraguay

El mensaje de texto de hoy

De: Carolina (595) 21 632 397

¿Qué tal? ¿Cómo te va? Te agradezco que me hayas recomendado la televisión por satélite. ¡Ahora tengo 200 canales! Dígame cuáles son los canales que más te gustan a vos y por qué. :)

Respuesta:

_____

_____

_____

_____

_____

_____

Vocabulario: La televisión

Comprensión

un televisor (n.m.) a television set

la televisión/tele/tevé (n.f.) TV

la cadena (n.f.) network

el canal (n.m.) channel

la televisión por cable (n.f.) cable television

la televisión por satélite (n.f.) satellite TV

la televisión por internet (n.f.) internet TV

la antena parabólica (n.f.) satellite dish

prender/encender (v.) to turn on, start

apagar (v.) to turn off

los dibujos animados (n.m.pl.) cartoons

una serie (n.f.) a series

de vez en cuando (exp.) from time to time

entresemana (adv.) within the week, on weekdays

debes apagar (v. deber) you must shut off

al día (exp.) per day, each day

funcionar (v.) to work, run (machines)

la publicidad/propaganda (n.f.) advertising, commercials

el anuncio/comercial (n.m.) advertising, commercials

Sugerencias

ESPN está en el canal _____

MTV está en el canal _____

TBS está en el canal _____

FOX está en el canal _____

ABC está en el canal _____

CBS está en el canal _____

NBC está en el canal _____

PBS está en el canal _____

prender/encender (v.) to turn on

en tu casa (exp.) in/at your house

la cadena (n.f.) network

el canal (n.m.) channel

el número (n.m.) number

Otras posibilidades

_____
_____
_____
_____
_____
_____
_____
_____
_____
_____
_____
_____
_____
_____
_____
_____
_____
_____
_____

Gramática oral → ?

Mandatos de nosotros (Let's _____)

	Forma afirmativa	Forma negativa
hablar	hablemos con las chicas	**no hablemos inglés**
comer	**comamos en el restaurante**	no comamos aquí
escribir	escribamos las tareas	**no escribamos con fea letra**
dar	**demos dinero**	no demos dificultades
decir	digamos la verdad	**no digamos nada**
estar	**estemos contentos**	no estemos tristes
hacer	hagamos una fiesta	**no hagamos ruido**
ir	**vamos a casa**	no vayamos a la ciudad
escuchar	escuchemos el concierto	**no escuchemos los problemas ajenos**
poner	**pongamos la mesa**	no pongamos la basura en el piso
saber	sepamos las respuestas	**no sepamos sus problemas**
salir	**salgamos juntos**	no salgamos sin dinero
ser	seamos agradables	**no seamos idiotas**
tener	**tengamos éxito**	no tengamos miedo
caminar	caminemos al centro	**no caminemos solos**

La televisión *(conversación entre dos)*

1. ¿Miras la publicidad/propaganda/los anuncios/comerciales en la televisión? ¿Por qué?
2. ¿Hay emisiones de mal gusto? ¿Por ejemplo?
3. ¿A qué hora y en qué orden se presentan las noticias, la meteorología y los deportes?
4. Por favor enséñame/muéstrame el gesto que haces cuando apagas la televisión.
5. ¿En dónde está ubicada la televisión en tu casa? ¿Dónde se coloca/pone el control remoto?
6. ¿Qué mirabas en la televisión cuando eras pequeño(a)?
7. ¿Cuál es la mayor ventaja de la televisión? ¿Y cuál es la desventaja o el inconveniente de la televisión?
8. ¿Te gustaría salir en televisión? ¿En qué programa? ¿Ya apareciste en la tele alguna vez?
9. ¿Tienes una telenovela u otro programa que sigues asiduamente? ¿Qué ocurrió en el último episodio que miraste?

Reciclaje

1. Pregunta a tu compañero si él/ella mira la publicidad/propaganda/anuncios/comerciales en la televisión y por qué.
2. Averigua si hay emisiones de mal gusto y que te dé un ejemplo.
3. Quisieras saber a qué hora y en qué orden se presentan las noticias, la meteorología y los deportes. Elabora la pregunta.
4. Pídele que por favor te enseñe/muestre el gesto que hace cuando apaga la televisión.
5. Te gustaría saber en dónde está ubicada la televisión en su casa y dónde se coloca/pone el control remoto. Hazle estas dos preguntas.
6. Quieres saber qué miraba él/ella en la televisión cuando era pequeño(a). Formula la pregunta.
7. Pregúntale cuál es la mayor ventaja de la televisión y cuál es la desventaja o el inconveniente de la televisión.
8. Tienes curiosidad de saber si a él/ella le gustaría salir en televisión, en qué programa y si ya apareció en la tele alguna vez.
9. Averigua si él/ella tiene una telenovela u otro programa que sigue asiduamente y qué ocurrió en el último episodio que miró.

El correo electrónico de hoy

Mensaje recibido

| De: | sergio@conversemosjuntos.py |
| Para: | tú@conversemosjuntos.py |

Tengo curiosidad de saber qué papel juega la tele para vos y para tus amigos. ¿Te parece que hoy el rol de la tele es tan importante como antes? ¿Por qué? A vos, ¿te gustaría trabajar algún día en un medio de comunicación? ¿En cuál?

Respuesta

| De: | tú@conversemosjuntos.py |
| Para: | sergio@conversemosjuntos.py |

Respuesta:

_____
_____
_____
_____
_____
_____

Vocabulario: La televisión

Comprensión

la publicidad/propaganda (n.f.) advertising, commercials

el anuncio (n.m.) advertising, commercials

de mal gusto (n.m.) in bad taste, poor taste

las noticias (n.f.pl.) news, current events

el gesto (n.m.) gesture

el control remoto (n.m.) remote control

el zapping (exp.) channel-surfing

una ventaja (n.f.) an advantage

una desventaja (n.f.) a disadvantage

un inconveniente (n.m.) an inconvenience

salir en televisión (exp.) to appear on TV

ya (adv.) already

un programa de televisión (n.m.) a television program, series

actualmente (adv.) now

una telenovela (n.f.) a soap opera

ocurrir/suceder (v.) to happen

asiduamente (adv.) assiduosly, frequently, regularly

Sugerencias

primero (adv.) first

las noticias (n.f.pl.) news

los medios de comunicación (n.m.pl.) media

luego (adv.) then

la meteorología (n.f.) weather metereology, forecast

el pronóstico del tiempo (n.m.) forecast

finalmente/por último (adv.) finally, lastly

los deportes (n.m.pl.) sports

desperdiciar (v.) to waste

perder (v.) to lose

el tiempo (n.m.) time

una pérdida (n.f.) a loss

la calidad (n.f.) quality

divorciarse (de) (v.) to divorce

engañar (v.) to deceive, cheat

robar (v.) to steal

mentir (v.) to lie (miento, mentimos)

estar enamorado de (exp.) to be in love with

casarse (con) (v.) to marry

tener un bebé (v.) to have a baby

amar/querer (v.) to love

Otras posibilidades

_____

_____

_____

_____

_____

_____

_____

_____

_____

_____

_____

_____

_____

_____

_____

_____

_____

_____

Gramática oral → ? 👤 👤

Imperativos/Mandatos – Verbos reflexivos

acostarse – to get up, **bañarse** – to bathe, **casarse** – to get married,
despertarse – to wake up, **divertirse** – to have a good time, **dormirse** – to fall asleep
irse – to go away, **lavarse** – to wash, **levantarse** - to get up, **llamarse** – to be called
peinarse – to comb one's hair, **preocuparse** – to worry, **sentarse** – to sit down
sentirse – to feel, **vestirse** – to get dressed

(tú)	**báñate**, diviértete, **lávate**	no te duermas, **no te levantes**, no te preocupes
(nosotros)	**casémonos**, divirtámonos, **sentémonos**	no nos acostemos, **no nos levantemos**, no nos vayamos
(usted)	**báñese**, lávese, **despiértese**	no se lave, **no se duerma**, no se preocupe
(ustedes)	**siéntense**, lávense, **péinense**	no se duerman, **no se preocupen**, no se casen

El teatro *(conversación entre dos)*

1. ¿Te gusta ir al teatro?
2. ¿Cuál es la última obra/pieza que viste? ¿Te gustó? ¿Qué opinas de esa obra?
3. ¿Cuánto cuesta una entrada de teatro actualmente? ¿Habría una gran diferencia en el precio si vieras la obra en Broadway en Nueva York?
4. ¿Dónde prefieres sentarte en el teatro? ¿En la platea, en preferencia, en el palco o en el paraíso/gallinero?
5. ¿Lees todo el programa de la obra de teatro?
6. ¿Prefieres las comedias o las tragedias?
7. En el teatro, ¿cómo enseñan/demuestran/manifiestan los espectadores su apreciación?
8. ¿Qué hace el público en Estados Unidos para manifestar su disgusto? ¿Y los españoles y latinoamericanos?
9. ¿Te gusta más el cine o el teatro? ¿Por qué? ¿Cuál de los dos es más realista?

Reciclaje

1. Pregunta a tu compañero/a si le gusta ir al teatro.
2. Averigua cuál es la última obra/pieza que vio y si le gustó. Además pregúntale qué opina él/ella de esa obra.
3. Quisieras saber cuánto cuesta una entrada de teatro actualmente y si hay una gran diferencia en el precio si vieras la obra en Broadway en Nueva York. Elabora dos preguntas.
4. Pregúntale dónde prefiere sentarse él/ella en el teatro: en la platea, en preferencia, en el palco o en el paraíso/gallinero.
5. Deseas saber si él/ella lee todo el programa de la obra de teatro. Hazle esta pregunta.
6. Averigua si él/ella prefiere las comedias o las tragedias.
7. Te gustaría saber cómo los espectadores enseñan/demuestran/manifiestan su apreciación en el teatro. Hazle la pregunta.
8. Quisieras saber qué hace el público en Estados Unidos para manifestar su disgusto y qué hacen los españoles y latinoamericanos. Formula dos preguntas.
9. Pregúntale si le gusta más el cine o el teatro, por qué y cuál de los dos es más realista.

Alcázar de Segovia, España

El mensaje de texto de hoy

De: Estrella (34) 921 805 276

¿Sabes que puedo conseguir dos billetes para una obra de teatro gracias a la cuota mensual de mis padres? ¿Te gusta el teatro? Me gustaría que fuéramos juntos. ¿Qué tipo de obra de teatro te gusta?

Respuesta:

_____

_____

_____

_____

_____

_____

Vocabulario: El teatro

Comprensión

la obra/pieza de teatro (n.f.) play

cuesta (v. costar) costs

la entrada (n.f.) ticket for a show

un billete (n.m.) a ticket

sentarse (v.) to sit down (me siento, nos sentamos)

la platea (n.f.) main floor with regular pricing

la preferencia (n.f.) preference, theater seating on the side that surrounds the main floor which is more expensive than the main floor seating

el palco (n.m.) box or balcony (theater), private and most expensive seating

el gallinero/paraíso (n.m.) "with the gods" (in ceiling decorations), in the uppermost balcony (theater), the cheap seats

leer (v.) to read

enseñar/mostrar/manifestar (v.) to show

el disgusto (n.m.) displeasure

la comedia (n.f.) comedy

la tragedia (n.f.) tragedy

Sugerencias

aplaudir (v.) to applaud

aclamar (v.) to cheer

el balcón (n.m.) balcony

la cuota (n.f.) fees, dues

actualmente (adv.) now, nowadays, these days

ponerse de pie (exp.) to stand

tirar ramos de flores (exp.) to throw bunches of flowers

abuchear (v.) to boo

tirar tomates (exp.) to throw tomatoes

silbar (v.) to whistle

salir/abandonar la sala (v.) to leave, abandon the theater

Otras posibilidades

_____

_____

_____

_____

_____

_____

_____

_____

_____

_____

_____

_____

_____

_____

_____

_____

_____

Gramática oral

 _____

ser: se usa para <u>definir</u> a una persona o una cosa

	presente	pretérito	imperfecto	futuro	condicional
yo	soy	**fui**	era	**seré**	sería
tú	**eres**	fuiste	**eras**	serás	**serías**
él	es	**fue**	era	**será**	sería
ella	**es**	fue	**era**	será	**sería**
usted	es	**fue**	era	**será**	sería
nosotros	**somos**	fuimos	**éramos**	seremos	**seríamos**
nosotras	somos	**fuimos**	éramos	**seremos**	seríamos
vosotros	**sois**	fuisteis	**erais**	seréis	**seríais**
vosotras	sois	**fuisteis**	erais	**seréis**	seríais
ellos	**son**	fueron	**eran**	serán	**serían**
ellas	son	**fueron**	eran	**serán**	serían
ustedes	**son**	fueron	**eran**	serán	**serían**

El teatro *(conversación entre dos)*

1. ¿Qué color de traje deben evitar los actores en un teatro?
2. ¿Dónde se deja el abrigo/saco/la chamarra en un teatro?
3. ¿Hay que abonar una suma para usufructuar el servicio de guardarropa?
4. ¿A quién se le enseña/muestra el billete/la entrada para ingresar al teatro?
5. ¿Tienes un actor de teatro preferido o una actriz preferida? ¿Quién?
6. ¿Le da uno una propina al acomodador/a la acomodadora? ¿Cuál es la suma mínima que debe otorgarse?
7. ¿Qué se hace durante el intermedio/entreacto en el teatro?
8. ¿Te gusta actuar en el escenario? ¿Te pones nervioso(a) antes de desempeñar un papel? Si actúas en una obra, ¿necesitas un apuntador/ soplón?
9. ¿Qué obra de teatro te ha impresionado más? ¿Por qué?

Reciclaje

1. Pregunta a tu compañero/a qué color de traje deben evitar los actores en un teatro.
2. Tienes la curiosidad de saber dónde se deja el abrigo/saco/la chamarra en un teatro. Haz la pregunta.
3. Quisieras saber si hay que abonar una suma para usufructuar el servicio de guardarropa. Formula la pregunta.
4. Averigua a quién se le enseña/muestra el billete/la entrada para ingresar al teatro.
5. Pregúntale si él/ella tiene un actor de teatro preferido o una actriz preferida y quién es.
6. Deseas saber si uno le da una propina al acomodador/a la acomodadora y cuál es la suma mínima que debe otorgarse. Formula dos preguntas.
7. Te gustaría saber qué se hace durante el intermedio/entreacto en el teatro. Pregúntale.
8. Averigua si a él/ella le gusta actuar en el escenario y si se pone nervioso(a) antes de desempeñar un papel. Además pregúntale si necesita un apuntador/soplón se actúa en una obra.
9. Quisieras saber qué obra de teatro le ha impresionado más y por qué. Elabora la pregunta.

El correo electrónico de hoy

Mensaje recibido

| De: | inmaculada@conversemosjuntos.es |
| Para: | tú@conversemosjuntos.es |

Estoy estudiando la posibilidad de realizar un intercambio teatral entre jóvenes españoles y estadounidenses. ¿Tienes alguna experiencia teatral? ¿Te gustaría participar de un intercambio de esta índole? Ayúdame a pensar qué podríamos hacer para concretar esta idea.

Respuesta

| De: | tú@conversemosjuntos.es |
| Para: | inmaculada@conversemosjuntos.es |

Respuesta:

_____

_____

_____

_____

_____

_____

Vocabulario: El teatro

Comprensión

evitar (v.) to avoid

el traje (n.m.) costume, garment

el abrigo/chaquetón (n.m.) coat

la chamarra (n.f.) coat, jacket, overcoat

el saco (n.m.) coat, jacket

el guardarropa (n.m.) coatroom

el/la guardarropa (n.m./f.) coatroom clerk, attendant

otorgar (v.) to award, to give

la acomodadora (n.f.) female usher

el acomodador (n.m.) male usher

la propina (n.f.) tip

la suma (n.f) sum

le (pron.) to him, to her

uno (pron.) one

el intermedio/entreacto (n.m.) intermission

actuar (v.) to act

representar (v.) to act

desempeñar un papel (exp.) to play a role

el escenario (n.m.) the stage

ponerse nervioso (exp.) to become nervous

tener miedo al público (exp.) to have stagefright, be afraid of the audience

un apuntador/soplón (n.m.) a prompter

Sugerencias

el amarillo (n.m.) yellow

el sobretodo (n.m.) overcoat

tranquilizar (v.) to reassure, to calm down

aprender el papel (exp.) to learn the part

olvidar (v.) to forget

me parece (exp.) it seems to me

el vestuario/camerino (n.m.) dressing room

una estrella (n.f.) a star

un dramaturgo (n.m.) a playwright

recibir (v.) to receive

uno recibe (v. recibir) one receives

dejar (v.) to leave behind

llevar (v.) to take, to lead

la butaca (n.f.) the seat

el lugar/asiento (n.m.) place, seat

el aplauso (n.m.) clapping

Reí./Me reí. I laughed.

Lloré. I cried

Entendí. I understood.

Me sentía. I felt

Estaba conmovido/emocionado. I was moved.

Otras posibilidades

_____

_____

_____

_____

_____

_____

_____

_____

_____

_____

_____

_____

_____

_____

_____

_____

_____

_____

_____

_____

_____

Gramática oral

estar: se usa para <u>describir</u> la condición o estado de una persona o cosa

	presente	pretérito	imperfecto	futuro	condicional
yo	estoy	estuve	estaba	estaré	estaría
tú	estás	estuviste	estabas	estarás	estarías
él	está	estuvo	estaba	estará	estaría
ella	está	estuvo	estaba	estará	estaría
usted	está	estuvo	estaba	estará	estaría
nosotros	estamos	estuvimos	estábamos	estaremos	estaríamos
nosotras	estamos	estuvimos	estábamos	estaremos	estaríamos
vosotros	estáis	estuvisteis	estabais	hestaréis	estaríais
vosotras	estáis	estuvisteis	estabais	estaréis	estaríais
ellos	están	estuvieron	estaban	estarán	estarían
ellas	están	estuvieron	estaban	estarán	estarían
ustedes	están	estuvieron	estaban	estarán	estarían

La ciudad *(conversación entre dos)*

1. ¿Te gustan las ciudades grandes?
2. ¿Cuál es la ciudad más grande del mundo y cuál es la ciudad más bella del mundo?
3. ¿Prefieres sólo visitar una ciudad grande o vivir en esa ciudad?
4. ¿Piensas asistir a una universidad en una ciudad grande? ¿Por qué?
5. ¿Qué es lo que más te gusta de una ciudad grande? ¿Y qué es lo que menos te gusta o lo que te disgusta de una ciudad grande?
6. ¿Cuáles son los museos o las atracciones turísticas de la ciudad más grande que conoces?
7. ¿Cuáles son las actividades culturales que se pueden realizar en una ciudad grande? ¿Y cuáles son las actividades culturales que hay en tu ciudad o en la ciudad más cercana?
8. ¿Qué hace uno para divertirse en una ciudad grande?
9. ¿Qué se puede ver en la ciudad que no se puede ver en el campo?

Reciclaje

1. Pregunta a tu compañero/a si le gustan las ciudades grandes.
2. Averigua cuál es la ciudad más grande del mundo y cuál es la ciudad más bella del mundo.
3. Tienes curiosidad de saber si él/ella prefiere sólo visitar una ciudad grande o vivir en esa ciudad. Hazle la pregunta.
4. Quisieras saber si él/ella piensa asistir a una universidad en una ciudad grande y por qué. Elabora dos preguntas.
5. Te gustaría saber qué es lo que más le gusta de una ciudad grande a él/ella y y qué es lo que menos le gusta o lo que le disgusta de una ciudad grande. Formula dos preguntas.
6. Deseas saber cuáles son los museos o las atracciones turísticas de la ciudad más grande que él/ella conoce. Pregúntale.
7. Te gustaría saber cuáles son las actividades culturales que se pueden realizar en una ciudad grande y cuáles son las actividades culturales que hay en su ciudad o en la ciudad más cercana. Hazle esas preguntas.
8. Averigua qué hace uno para divertirse en una ciudad grande.
9. Pregúntale qué se puede ver en la ciudad que no se puede ver en el campo.

Oaxaca, México

El mensaje de texto de hoy

De: Elena (52) 95 1892 5731

¿Qué tal? Como sabes, vengo de una ciudad grande donde he vivido toda mi vida. ¿Sabes tú las ventajas de la vida en la ciudad?

Respuesta:

_____

_____

_____

_____

_____

_____

_____

Vocabulario: La ciudad

Comprensión

la ciudad (n.f.) the city

una ciudad grande (n.f.) a big city

una gran ciudad (n.f.) a great city, an important city

vivir (v.) to live

asistir (a) (v.) to be present, attend

gustar (v.) to please

te gusta más (exp.) you like the most

menos (adv.) the least

disgustar (v.) to dislike

cercano (adj.) near

realizar (v.) to do

hay (v.haber) there is, there are

divertirse (v.) to have fun, have a good time (me divierto, nos divertimos)

se puede (v. poder) can one

Sugerencias

la vida cultural (n.f.) cultural life

las tiendas (n.f.pl.) stores, shops

los negocios (n.m.pl.) businesses, shops, stores

los centros comerciales (n.m.pl.) shopping centers

los almacenes (n.m.pl.) warehouses, department stores, grocery stores, markets

la gente (n.f.) people

el ruido (n.m.) noise

la contaminación (n.f.) pollution

una muchedumbre (n.f.) a crowd

el tráfico (n.m.) traffic

el teatro (n.m.) theater

el cine (n.m.) movies

un museo (n.m.) a museum

un edificio (n.m.) a building

los artistas callejeros y la gente que disfruta de su arte y de la vida diurna y nocturna de la calle (exp.) street artists, street life, activities

un barrio histórico (n.m.) an historic neighborhood

Otras posibilidades

_____

_____

_____

_____

_____

_____

_____

_____

_____

_____

_____

_____

_____

_____

Gramática oral

 _____

haber *(auxiliary verb in compound tenses)*   **haber que** *(to have to, must)*
hay/ había/ hubo (tercera persona singular) *(there is/there are; there was/ there were)*

	presente	*imperfecto*	*pretérito*	*futuro*	*condicional*
yo	he	**había**	hube	**habré**	habría
tú	**has**	habías	**hubiste**	habrás	**habrías**
él	ha	**había**	hubo	**habrá**	habría
ella	**ha**	había	**hubo**	habrá	**habría**
usted	ha	**había**	hubo	**habrá**	habría
nosotros	**hemos**	habíamos	**hubimos**	habremos	**habríamos**
nosotras	hemos	**habíamos**	hubimos	**habremos**	habríamos
vosotros	**habéis**	habíais	**hubisteis**	habréis	**habríais**
vosotras	habéis	**habíais**	hubisteis	**habréis**	habríais
ellos	**han**	habían	**hubieron**	habrán	**habrían**
ellas	han	**habían**	hubieron	**habrán**	habrían
ustedes	**han**	habían´	**hubieron**	habrán	**habrían**

La ciudad *(conversación entre dos)*

1. ¿Qué medio de transporte usas/empleas para ir a la ciudad más grande cercana de donde vives?
2. ¿Cuáles son los medios de transporte disponibles en una ciudad grande?
3. ¿Cuáles son los peligros de una ciudad grande?
4. ¿Hay barrios peligrosos que se deben evitar en tu ciudad?
5. ¿Qué recomendaciones te hacen tus padres cuando vas al centro de la ciudad?
6. ¿Subiste a la parte más alta del edificio más alto de tu ciudad? ¿Qué se puede ver desde ahí?
7. ¿Cuáles son las tiendas, los almacenes, los negocios o centros comerciales que te interesan en tu ciudad?
8. ¿Cuál es la ciudad que más te gusta en el mundo?
9. ¿Cuál es la ciudad del mundo hispano que todavía no has visitado y que te gustaría visitar? ¿Por qué?

Reciclaje

1. Pregunta a tu compañero/a qué medio de transporte usa/emplea para ir a la ciudad más grande cercana de donde vive.
2. Quisieras saber cuáles son los medios de transporte disponibles en una ciudad grande. Hazle la pregunta.
3. Deseas saber cuáles son los peligros de una ciudad grande. Formula la pregunta.
4. Pregúntale si hay barrios peligrosos que se deben evitar en tu ciudad.
5. Quieres saber qué recomendaciones le hacen tus padres cuando va al centro de la ciudad. Hazle la pregunta.
6. Tienes la curiosidad de saber si él/ella subió a la parte más alta del edificio más alto de su ciudad y qué se puede ver desde ahí. Elabora dos preguntas.
7. Quisieras saber cuáles son las tiendas, los almacenes, los negocios o centros comerciales que te interesan en tu ciudad. Pregúntale.
8. Deseas saber cuál es la ciudad que más le gusta en el mundo. Pregúntale.
9. Pregúntale cuál es la ciudad del mundo hispano que todavía no ha visitado y que le gustaría visitar y por qué.

El correo electrónico de hoy

Mensaje recibido

| De: | carlos@conversemosjuntos.mx |
| Para: | tú@conversemosjuntos.mx |

Para tu estadía en México, ¿prefieres pasar dos meses en la Ciudad de México, la capital del país, o en Capulalpam de Méndez, un pueblo rústico y conocido por el ecoturismo, en el estado de Oaxaca? Dime cuál es el criterio de tu elección.

Respuesta

| De: | tú@conversemosjuntos.mx |
| Para: | carlos@conversemosjuntos.mx |

Respuesta:

_____

_____

_____

_____

_____

_____

Vocabulario: La ciudad

Comprensión

el medio (n.m.) means, mode

el medio de transporte (exp.) means of transportation

usar/emplear/utilizar (v.) to use, employ, utilize

usufructuar (v.) to use something, receive a service

disponible (adj.) available

un barrio (n.m.) a neighborhood

evitar (v.) to avoid

cerca de (prep.) near

ir a la ciudad (exp.) to go to the city

el edificio (n.m.) building

alto (adj.) high

desde (prep.) from

la parte más alta del edificio (exp.) highest part, peak, top of the building

interesar (v.) to interest

todavía no (adv.) not yet

te gustaría (exp.) you would like

Sugerencias

el taxi (n.m.) taxi

el metro (n.m.) subway

el coche/automóvil/auto/carro (n.m.) car

el tren (n.m.) train

el autobús/micro/colectivo/ómnibus (n.m.) bus

robar (v.) to steal

el ladrón (n.m.) thief

toda la ciudad (exp.) the whole city

los alrededores (n.m.pl.) surroundings

los trayectos del metro (exp.) subway routes

las líneas (n.f.pl.) lines

los horarios del metro (exp.) subway schedule

el tren de cercanías/el tren de trayectos cortos (exp.) short distance train, local train

el AVE (Alta Velocidad Española) o tren de alta velocidad (exp.) high speed train

Tokyo - París - Nueva York - Madrid - Ciudad de México o México D.F. (Distrito Federal de México) - Lima - Santiago de Chile - Buenos Aires

Otras posibilidades

_____

_____

_____

_____

_____

_____

_____

_____

_____

_____

_____

_____

_____

_____

_____

_____

_____

_____

_____

Gramática oral

Presente de subjuntivo – verbos regulares		Verbos (-ar)	-e, -es, -e , -emos, -éis, - en
		Verbos (-er, -ir)	-a, -as, -a, -amos, -áis, -an

	hablar	comer	**vivir**
que yo	hable	**coma**	viva
que tú	**hables**	comas	**vivas**
que él	hable	**coma**	viva
que ella	**hable**	coma	**viva**
que usted	hable	**coma**	viva
que nosotros	**hablemos**	comamos	**vivamos**
que nosotras	hablemos	**comamos**	vivamos
que vosotros	**habléis**	comáis	**viváis**
que vosotras	habléis	**comáis**	viváis
que ellos	**hablen**	coman	**vivan**
que ellas	hablen	**coman**	vivan
que ustedes	**hablen**	coman	**vivan**

Los viajes *(conversación entre dos)*

1. ¿Cuál fue tu viaje más largo y cómo viajaste?
2. ¿Te gustó este viaje? ¿Cuánto tiempo duró?
3. En este viaje, ¿te encontraste con gente interesante o con gente fastidiosa/pesada?
4. ¿Cuál fue la parte más agradable del viaje? ¿Por qué?
5. ¿Qué aspecto del viaje fue el menos agradable? ¿Por qué?
6. ¿Cuál fue la última recomendación que tus padres te hicieron antes del viaje?
7. ¿Cambiaste de huso horario en ese viaje?
8. ¿Sentiste el efecto del desajuste/desfase horario?
9. ¿Qué comiste y bebiste durante el viaje?

Reciclaje

1. Pregunta a tu compañero/a cuál fue su viaje más largo y cómo viajó.
2. Tienes curiosidad de saber si le gustó este viaje y cuánto tiempo duró. Hazle dos preguntas.
3. Te gustaría saber si en este viaje él/ella se encontró con gente interesante o con gente fastidiosa/pesada. Elabora la pregunta.
4. Pregúntale cuál fue la parte más agradable del viaje y por qué.
5. Quisieras saber qué aspecto del viaje fue el menos agradable y por qué. Hazle dos preguntas.
6. Deseas saber cuál fue la última recomendación que sus padres le hicieron antes del viaje. Pregúntale.
7. Averigua si él/ella cambió de huso horario en ese viaje.
8. Te gustaría saber si él/ella sintió el efecto del desajuste/desfase horario. Formula la pregunta.
9. Pregúntale qué comió y bebió él/ella durante el viaje.

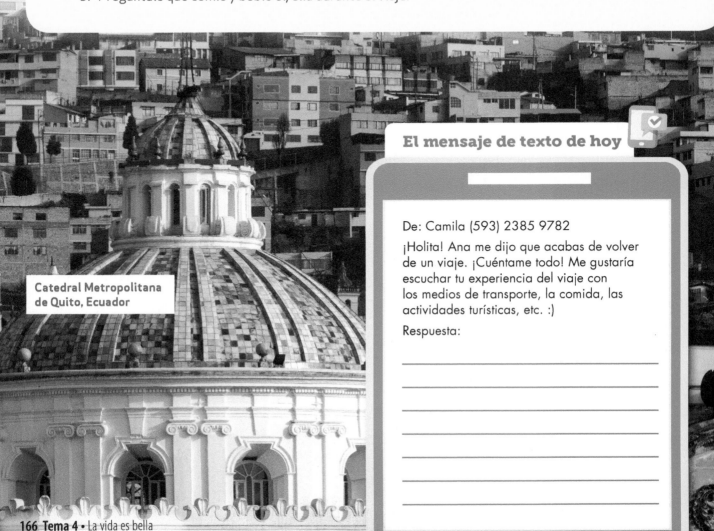

Catedral Metropolitana
de Quito, Ecuador

El mensaje de texto de hoy

De: Camila (593) 2385 9782

¡Holita! Ana me dijo que acabas de volver de un viaje. ¡Cuéntame todo! Me gustaría escuchar tu experiencia del viaje con los medios de transporte, la comida, las actividades turísticas, etc. :)

Respuesta:

_____

_____

_____

_____

_____

_____

Vocabulario: Los viajes

Comprensión

un viaje (n.m.) a trip
más largo (adj.) longest
¿te gustó? (v. gustar) did you like
el tiempo (n.m.) time
durar (v.) to last
encontrarse (con) (v.) to meet
la gente (n.f.) people
fastidioso (adj.) bothersome
pesado (adj.) boring, tiresome
el más (adv.) the most
interesante (adj.) interesting
agradable (adj.) pleasant
el menos (adv.) the least
último (adj.) last
cambiar (v.) to change
la zona horaria (n.f.) time zone
el huso horario (n.m.) time zone
¿sentiste? (v.) did you feel?
el efecto (n.m.) effect
el desajuste/desfase horario (n.m.) jet lag
la comida (n.f.) meal
durante (prep.) during

Sugerencias

en tren (exp.) by train
en avión (exp.) by plane
en autocar (exp.) by bus (intercity)
en coche/automóvil/carro/auto (exp.) by car
en barco (exp.) by boat
Eso me gustó. That pleased me. I liked that.
Cuidado con tu dinero. Be careful with your money.
No hables con extraños. Don't talk to strangers.
No te olvides de dar las gracias. Don't forget to say thank you.
Sé bueno. Pórtate bien. Be good. Behave yourself.
No toques nada. Don't touch anything.
la fatiga (n.f.) fatigue
el cansancio (n.m.) exhaustion, tiredness
la confusión (n.f.) confusion
la indigestión (n.f.) indigestion
tener mal de estómago (exp.) to have an upset stomach

Otras posibilidades

_____
_____
_____
_____
_____
_____
_____
_____
_____
_____
_____
_____
_____
_____
_____
_____
_____
_____
_____

Gramática oral

Imperfecto de subjuntivo
Pretérito de la tercera persona plural (ellos/ellas) menos "-ron" + las terminaciones
(-ra, -ras, -ra, ´ramos, -rais, -ran)

	hablar	comer	**escribir**
yo	hablara	**comiera**	escribiera
tú	**hablaras**	comieras	**escribieras**
él	hablara	**comiera**	escribiera
ella	**hablara**	comiera	**escribiera**
usted	hablara	**comiera**	escribiera
nosotros	**habláramos**	comiéramos	**escribiéramos**
nosotras	habláramos	**comiéramos**	escribiéramos
vosotros	**hablarais**	comierais	**escribierais**
vosotras	hablarais	**comierais**	escribierais
ellos	**hablaran**	comieran	**escribieran**
ellas	hablaran	**comieran**	escribieran
ustedes	**hablaran**	comieran	**escribieran**

Los viajes *(conversación entre dos)*

1. ¿Prefieres viajar en tren o en avión? ¿Por qué?
2. ¿Has hecho alguna vez un viaje en barco o en crucero? ¿Cómo estuvo el viaje?
3. ¿Qué olvidaste de llevar en tu viaje?
4. ¿Ocurrió algo divertido durante el viaje?
5. ¿Dormiste bien durante el viaje o te era imposible conciliar el sueño?
6. ¿Estabas fatigado(a)/cansado(a) después del viaje? ¿Qué hiciste para descansar?
7. ¿Tienes un pasaporte? ¿En qué lugar lo guardas cuando viajas?
8. ¿Te gustaría volver a un sitio que ya visitaste?
9. Si pudieras ir a cualquier parte del mundo, ¿adónde irías?

Reciclaje

1. Pregunta a tu compañero/a si él/ella prefiere viajar en tren o en avión y por qué.
2. Tienes curiosidad de saber si él/ella ha hecho alguna vez un viaje en barco o en crucero y cómo estuvo el viaje. Hazle las preguntas.
3. Averigua qué olvidó de llevar en su viaje.
4. Te gustaría saber si ocurrió algo divertido durante el viaje. Pregúntale.
5. Pregúntale si durmió bien durante el viaje o si le era imposible conciliar el sueño. Elabora la pregunta.
6. Quisieras saber si él/ella estaba fatigado(a)/cansado(a) después del viaje y qué hizo para descansar. Formula dos preguntas.
7. Te gustaría saber si él/ella tiene un pasaporte y en qué lugar lo guarda cuando viaja. Hazle dos preguntas.
8. Averigua si le gustaría volver a un sitio que ya visitó.
9. Te gustaría saber adónde iría él/ella si pudiera ir a cualquier parte del mundo. Pregúntale.

El correo electrónico de hoy

Mensaje recibido

Respuesta

| De: | mariana@conversemosjuntos.ec |
| Para: | tú@conversemosjuntos.ec |

Escuché decir que uno debe viajar para poder apreciar de verdad su propio país natal. ¿Has hecho un viaje que te ha ayudado a valorar más tu país? ¿Adónde te gustaría ir de viaje un día?

| De: | tú@conversemosjuntos.ec |
| Para: | mariana@conversemosjuntos.ec |

Respuesta:

_____

_____

_____

_____

_____

_____

Vocabulario: Los viajes

Comprensión

el crucero (n.m.) cruise
olvidarse (de) (v.) to forget
llevar (v.) to take
dormir (v.) to sleep
el sueño (n.m.) sleep
era (v. ser, imperfecto de indicativo) was
descansar (v.) to rest
guardar (v.) to keep
te gustaría (v. gustar, condicional) would you like
un sitio (n.m.) a place
a cualquier parte (exp.) no matter where, anywhere
irías (v. ir) would you go
valorar (v.) value

Sugerencias

el pijama (n.m.) pyjama
el cepillo de dientes (n.m.) toothbrush
la ropa interior (n.f.) underwear
me falta una almohada. I need a pillow
el bolso (n.m.) purse, bag, handbag, overnight bag
la cartera (n.f.) wallet, purse, handbag
la valija/maleta (n.f.) suitcase
el bolsillo (n.m.) pocket
el dinero en efectivo (n.m.) cash money
la tarjeta de crédito (n.f.) credit card
el billete de embarque (n.m.) boarding pass, ticket
el itinerario (n.m.) itinerary
el plano de la ciudad (n.m.) city map
la dirección del hotel (n.f.) hotel address
perdido (adj.) lost

Otras posibilidades

_____
_____
_____
_____
_____
_____
_____
_____
_____
_____
_____
_____
_____
_____

Gramática oral

"como si" + imperfecto de subjuntivo

María compra la ropa como si tuviera una fortuna.
Ellos hablan como si supieran todas las respuestas.
Tú gastas el dinero como si fueras rico.
Ella se porta como si fuera la reina del país.
Nosotros nos divertimos como si no tuviéramos problemas.
Él trabaja como si no estuviera cansado.
El professor habla como si jamás cometiera errores.
Vosotros os portáis como si quisierais salir inmediatamente.
Yo trabajo como si pudiera continuar todo el día sin cansarme.

espacio wifi
avión
celular
empacar
auxiliares de vuelo
aterrizar
electrodomésticos
piloto
internet
cielo
planeta
próximo
viaje
pantalla
futuro
navegar
aterrizaje
despegar
teclado táctil

línea aérea

tableta digital azafata
ordenador
bolsa de mano
portátil
tecnología
aparatos electrónicos
computadora
teléfono móvil
equipaje facturado
despegue

Calle céntrica de
Madrid, España

LOS AVANCES TECNOLÓGICOS

PREGUNTAS ESENCIALES

1. ¿Cómo han cambiado los avances tecnológicos nuestro modo de viajar en los siglos XX y XXI?

2. ¿Qué avance tecnológico esperamos se realice en el futuro?

3. ¿Cómo ha cambiado internet nuestro modo de vida?

4. ¿Cuáles son las ventajas y los inconvenientes de todos los aparatos electrónicos?

5. ¿Aceptan todas las generaciones la tecnología de la misma manera?

6. ¿Podrías tú vivir sin la tecnología?

El avión *(conversación entre dos)*

1. ¿Viajaste en avión alguna vez? ¿Adónde fuiste?
2. ¿En qué momento o estación del año viajaste?
3. ¿Cuál fue la línea aérea que empleaste para el viaje?
4. ¿Qué has podido ver desde el avión al despegar, durante el vuelo y al aterrizar?
5. ¿Cuánto tiempo duró el trayecto?
6. ¿Qué hiciste durante el viaje para distraerte?
7. ¿Fueron amables las azafatas y los otros auxiliares de vuelo?
8. ¿Qué se sirvió de comer y de beber durante el vuelo? ¿Estaba rica la comida?
9. Por lo general, ¿prefieres viajar en coche/auto/carro o en avión?

Reciclaje

1. Pregunta a tu compañero/a si él/ella viajó en avión alguna vez y adónde fue.
2. Te gustaría saber en qué momento o estación del año viajó él/ella. Hazle la pregunta.
3. Averigua cuál fue la línea aérea que él/ella empleó para el viaje.
4. Pregúntale qué ha podido ver él/ella desde el avión al despegar, durante el vuelo y al aterrizar.
5. Deseas saber cuánto tiempo duró el trayecto. Formula la pregunta.
6. Quisieras saber qué hizo él/ella durante el viaje para distraerse. Elabora la pregunta.
7. Pregúntale si las azafatas y los otros auxiliares de vuelo fueron amables.
8. Te gustaría saber qué se sirvió de comer y de beber durante el vuelo y si estaba rica la comida. Hazle estas dos preguntas.
9. Quisieras saber si, por lo general, él/ella prefiere viajar en coche/auto/carro o en avión. Elabora la pregunta.

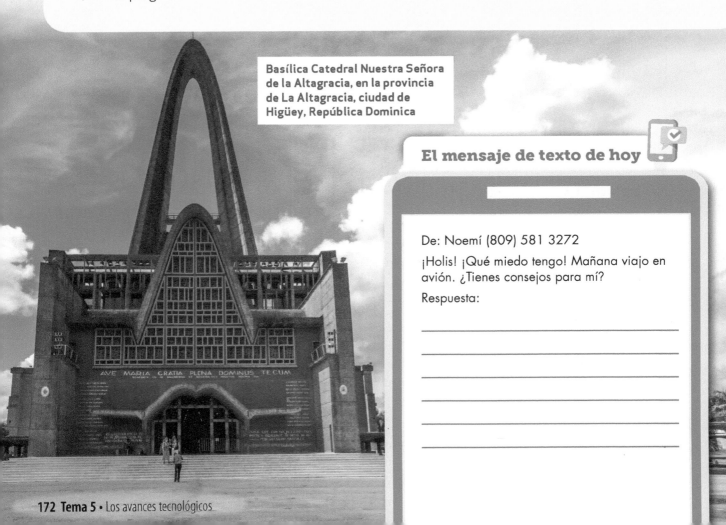

Basílica Catedral Nuestra Señora de la Altagracia, en la provincia de La Altagracia, ciudad de Higüey, República Dominica

El mensaje de texto de hoy

De: Noemí (809) 581 3272

¡Holis! ¡Qué miedo tengo! Mañana viajo en avión. ¿Tienes consejos para mí?

Respuesta:

_____

_____

_____

_____

_____

_____

Vocabulario: El avión

Comprensión

viajar (v.) to travel

el avión (n.m.) plane

alguna vez (exp.) sometime

¿adónde? (adv.) where?

la estación (n.f.) season

la línea aérea (n.f.) airline

despegar (v.) to take off

aterrizar (v.) to land

durante el vuelo (exp.) during the flight

el trayecto (n.m.) journey, duration of the trip

distraerse (v.) to amuse oneself, entertain (yo me distraigo, nosotros nos distraemos)

la azafata (n.f.) female flight attendant

el/la auxiliar de vuelo (n.m./f.) male or female member of the flight crew

rica (adj.) delicious, tasty, good

el coche/auto/carro/automóvil (n.m.) car

Sugerencias

jamás (adv.) ever, never

tomar el avión (exp.) to take the plane

la escala (n.f.) layover

durante (prep.) during

la primavera (n.f.) spring

el verano (n.m.) summer

el otoño (n.m.) autumn

el invierno (n.m.) winter

el personal de a bordo (n.m.) crew staff

la tripulación (n.f.) crew staff

simpático/agradable (adj.) nice, pleasant

desagradable (adj.) unpleasant, not nice

amable (adj.) polite, kind, nice

antipático (adj.) unkind, rude, odious

la vista (n.f.) view

los edificios altos (n.m.) tall buildings

las montañas (n.f.) mountains

el cielo (n.m.) sky

el mar (n.m.) sea

las nubes (n.f.) clouds

el paisaje (n.m.) countryside, scenery

Otras posibilidades

_____

_____

_____

_____

_____

_____

_____

_____

_____

_____

_____

_____

_____

_____

_____

_____

_____

_____

_____

Gramática oral

Si + imperfecto de subjuntivo (contrary to fact) + condicional

Si tú estuvieras aquí, nosotros estaríamos contentos.
Si los cerdos tuvieran alas, ¡podrían volar!
Si no hubiera clases hoy, nosotros jugaríamos al fútbol.
Si él fuera inteligente, no diría nada.
Si nosotros comiéramos siempre en los restaurantes, seríamos pobres.
Si yo tuviera mucho dinero, te daría un poco.
Si Juan y Ana estuvieran aquí, ellos irían con nosotros.
Si tú fueras más cuidadosa, no romperías las cosas.
Si él hablara claramente, nosotros lo comprenderíamos.
Si la falda fuera menos cara, ella la compraría.
Si este ejercicio continuara, nosotros nos cansaríamos.

El avión *(conversación entre dos)*

1. Cuando se viaja en avión, ¿cuántas maletas/valijas se permite llevar? Si tú viajaras en avión y llevaras tres valijas, ¿cuánto te costaría?
2. ¿Qué objetos llevas en tu bolso/bolsa de mano cuando viajas en avión? ¿Y qué llevas en el equipaje que será facturado? ¿Por qué?
3. ¿Empacas tú mismo(a) tus maletas/valijas cuando viajas con tu familia?
4. Durante el vuelo, ¿quién da los informes pertinentes a los pasajeros?
5. ¿Cuáles son las cosas que se prohíben hacer en el avión?
6. ¿Prefieres sentarte en la parte delantera, trasera o en el medio del avión? ¿Por qué?
7. En caso de accidente, ¿qué deben hacer los pasajeros?
8. ¿Has alguna vez utilizado la conexión wifi o inalámbrica dentro de un avión?
9. ¿Qué se hace luego del aterrizaje?

Reciclaje

1. Pregunta a tu compañero/a cuántas maletas/valijas se permite llevar cuando se viaja en avión. Además, pregúntale cuánto le costaría si él/ella viajara en avión y llevara tres valijas.
2. Quisieras saber qué objetos lleva él/ella en su bolso/bolsa de mano cuando viaja en avión y qué lleva en el equipaje que será facturado. Además pregúntale por qué.
3. Deseas saber si él/ella mismo(a) empaca sus maletas/valijas cuando viaja con su familia. Hazle la pregunta.
4. Averigua quién da los informes pertinentes a los pasajeros durante el vuelo.
5. Te gustaría saber cuáles son las cosas que se prohíben hacer en el avión. Elabora la pregunta.
6. Pregúntale si él/ella prefiere sentarse en la parte delantera, trasera o en el medio del avión y por qué.
7. Quisieras saber qué deben hacer los pasajeros en caso de accidente. Formula la pregunta.
8. Pregúntale si él/ella ha utilizado la conexión wifi o inalámbrica alguna vez dentro de un avión.
9. Te gustaría saber qué se hace luego del aterrizaje. Pregúntale.

El correo electrónico de hoy

Mensaje recibido

Respuesta

De:	malena@conversemosjuntos.do
Para:	tú@conversemosjuntos.do

¡Buenos días! El mes que viene parto para Madrid con mi clase :) ¿Sabes cuántas maletas puedo llevar sin pagar un monto adicional? Cuando llegue el momento de empacar, ¿me ayudarías a organizar mis cosas? No estoy segura qué poner en el bolso de mano y qué meter en la valija. ¡Necesito una mano por fa!

De:	tú@conversemosjuntos.do
Para:	malena@conversemosjuntos.do

Respuesta:

_____

_____

_____

_____

_____

_____

Vocabulario: El avión

Comprensión

el equipaje (n.m.) luggage, baggage

si tuvieras (exp.) if you had

si viajaras (exp.) if you had traveled

llevaras (v. llevar, imperfecto de subjuntivo, 2nda persona singular) you were to take, carry

costaría (v. costar, condicional) would cost

un bolso de mano (n.m.) a carry on, handbag

una bolsa de mano (n.f.) a carry on, handbag

una valija/maleta (n.f.) a suitcase

empacar (v.) to pack

llevar (v.) to carry, take

el equipaje facturado (n.m.) checked baggage

un informe (v.) a report, announcement

pertinente (adj.) corresponding, relevant

los pasajeros (n.m.pl.) passengers

prohibido (adj.) forbidden

sentarse (v.) to sit (yo me siento, nosotros nos sentamos)

la parte (n.f.) part, place, area

delantero (adj.) front

trasero (adj.) rear

deber (v.) must, to have to

inalámbrica (adj.) wireless

aterrizar (v.) land

Sugerencias

una prenda de vestir (n.f.) an article of clothing, garment

los artículos de aseo personal/de tocador (n.m.pl.) toiletries, hygiene products

el equipaje de mano (n.m.) carry on luggage

el aterrizaje (n.m.) landing

el despegue (n.m.) take off

los líquidos (n.m.pl.) liquids

la bodega del avión (n.f.) cargo hold, cargo compartment

el/la piloto (n.m./f.) pilot

fumar (v.) to smoke

navegar por internet (v.) to surf the internet

utilizar (v.) to use

al lado de (prep.) next to

el pasillo (n.m.) aisle

la ventanilla (n.f.) window

meter/poner (v.) to put, place

buscar (v.) to pick up, get, look for

Otras posibilidades

_____
_____
_____
_____
_____
_____
_____
_____
_____
_____
_____
_____
_____
_____
_____
_____
_____
_____
_____
_____
_____

Gramática oral

Secuencia verbal con el subjuntivo: presente, presente perfecto, futuro, futuro perfecto de indicativo, imperativo + presente o presente perfecto de subjuntivo

María quiere que vayamos con ella.

Es imposible que los niños se hayan lavado las manos tan rápidamente.

Yo les he pedido a los estudiantes que me traten con respeto.

Ellos han insistido que los trabajadores terminen a las cinco.

Saldremos para la ciudad después de que nos entreguen nuestro dinero.

Espero que sus vacaciones por el Brasil hayan sido placenteras.

Lee este libro tan pronto que como puedas.

Dámelo cuando hayas terminado de leerlo.

Nosotros esperamos que todo el mundo comprenda ese ejercicio.

El futuro (conversación entre dos)

1. ¿Estarás listo(a) para esta clase la próxima vez que nos veamos?
2. ¿Qué electrodomésticos habrás utilizado en tu casa antes de que nos volvamos a ver?
3. En el futuro, ¿piensas trabajar en el área de electrónicos?
4. ¿Cuáles son los aparatos electrodomésticos más modernos hoy en día? ¿Los tienes en tu casa?
5. ¿Qué aparato eléctrico te gustaría inventar para facilitar los quehaceres domésticos?
6. ¿Qué miembro de tu familia se siente más cómodo con los aparatos electrónicos en general?
7. ¿Qué aparatos electrónicos utilizas tú en tu vida?
8. ¿Qué es un robot? ¿De qué maneras se utilizan los robots hoy en día?
9. ¿Pueden los robots comunicarse con los seres humanos? ¿Cómo serán los robots del futuro?

Reciclaje

1. Pregunta a tu compañero/a si él/ella estará listo(a) para esta clase la próxima vez que Uds. se vean.
2. Te gustaría saber qué electrodomésticos habrá utilizado en su casa él/ella antes de que Uds. se vuelvan a ver. Hazle la pregunta.
3. Deseas saber si él/ella piensa trabajar en el área de electrónicos en el futuro. Pregúntale.
4. Averigua cuáles son los aparatos electrodomésticos más modernos hoy en día y si él/ella los tiene en su casa.
5. Quisieras saber qué aparato eléctrico le gustaría inventar a él/ella para facilitar los quehaceres domésticos. Elabora la pregunta.
6. Pregúntale qué miembro de su familia se siente más cómodo con los aparatos electrónicos en general.
7. Averigua qué aparatos electrónicos utiliza él/ella en su vida.
8. Te gustaría saber qué es un robot y de qué maneras se utilizan los robots hoy en día. Formula la pregunta.
9. Pregúntale si los robots pueden comunicarse con los seres humanos y cómo serán los robots del futuro.

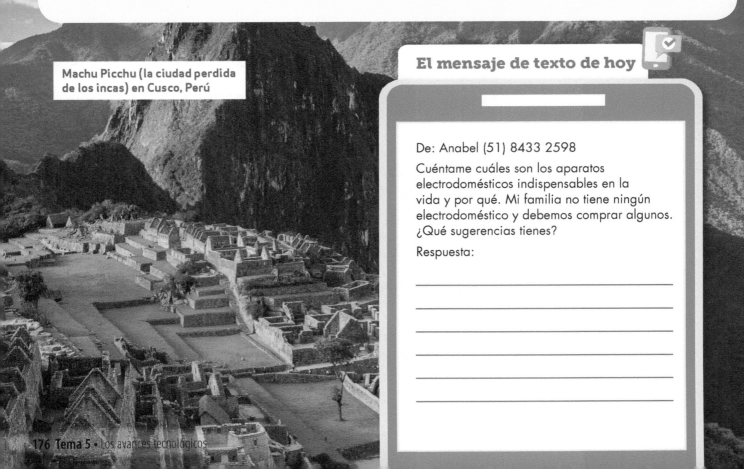

Machu Picchu (la ciudad perdida de los incas) en Cusco, Perú

El mensaje de texto de hoy

De: Anabel (51) 8433 2598

Cuéntame cuáles son los aparatos electrodomésticos indispensables en la vida y por qué. Mi familia no tiene ningún electrodoméstico y debemos comprar algunos. ¿Qué sugerencias tienes?

Respuesta:

_____

_____

_____

_____

_____

_____

Vocabulario: El futuro

Comprensión

listo (adj.) ready

La próxima vez que nos veamos.
The next time we see each other.

habrás utilizado (exp.) you will have used

volverse a ver (v.) to see each other again

antes de que (conj.) before (+ subjuntivo)

un aparato (n.m.) a device, machine, appliance

un electrodoméstico (n.m.) an electrical household appliance

electrónico (adj.) electric, electrical, electronic

los quehaceres domésticos (n.m.pl.) household chores

hoy en día (exp.) nowadays, today

inventar (v.) to invent, create

cómodo (adj.) comfortable

serán (v. ser, futuro) will be

Sugerencias

una computadora (n.f.) a computer

un ordenador/computador (n.m.) a computer

una tableta digital (n.f.) a digital tablet

un celular/móvil (n.m.) a cell phone

un horno de microondas (n.m.) a microwave oven

una cocina eléctrica/de gas (n.f.) an electric stove, gas stove

un refrigerador/frigorífico (n.m.) a fridge

una refrigeradora/heladera/nevera (n.f.) a fridge

un lavaplatos (n.m.) a dishwasher

una aspiradora (n.f.) a vacuum cleaner

hacer la cama (exp.) to make the bed

preparar las comidas (exp.) to prepare meals

lavar el coche (exp.) to wash the car

un coche/auto/automóvil/carro (n.m.) a car

actualmente (adv.) nowadays, currently, these days

la tecnología digital (exp.) digital technology

Otras posibilidades

_____

_____

_____

_____

_____

_____

_____

_____

_____

_____

_____

_____

_____

_____

_____

_____

_____

Gramática oral

Indicativo con realidad	Subjuntivo con duda
que baila, que canta, que coma	*que baile, que cante, que coma*
que se baña, que vive, que escribe	*que se bañe, que viva, que escriba*

Es verdad...	**No es obvio...**
Es cierto…	No es seguro…
Es evidente...	**No es claro...**
No hay duda de…	Hay duda de…
Es claro...	**No es evidente...**
Es seguro…	No es cierto…
Es obvio...	**No es verdad...**

El futuro *(conversación entre dos)*

1. ¿Cómo te imaginas que serán los próximos cinco años de tu vida?
2. ¿Qué profesiones despiertan tu interés actualmente?
3. ¿Dónde piensas continuar tus estudios? ¿Qué piensas estudiar?
4. ¿Te gustaría viajar al espacio o visitar otro planeta? ¿Por qué?
5. ¿Qué habrás hecho antes de tu próximo cumpleaños? ¿Dónde estarás tú a los treinta o cuarenta años?
6. ¿Qué idiomas hablarás en el futuro? ¿Será útil en el futuro saber hablar varios idiomas?
7. En el futuro, ¿cómo ayudarás a las personas más necesitadas? ¿De qué maneras se puede ayudar a los demás sin utilizar la tecnología?
8. ¿Qué avances tecnológicos serán los más importantes de tu futuro?
9. ¿Eres optimista o pesimista al pensar en el papel que desempeñará la tecnología en el futuro?

Reciclaje

1. Pregunta a tu compañero/a cómo se imagina que serán los próximos cinco años de su vida.
2. Quisieras saber qué profesiones despiertan su interés actualmente. Hazle la pregunta.
3. Te gustaría saber dónde piensa continuar sus estudios él/ella y qué piensa estudiar. Elabora dos preguntas.
4. Pregúntale si a él/ella le gustaría viajar al espacio o visitar otro planeta y por qué.
5. Deseas saber qué habrá hecho él/ella antes de su próximo cumpleaños y dónde estará a los treinta o cuarenta años. Formula dos preguntas.
6. Averigua qué idiomas hablará él/ella en el futuro y si en el futuro será útil saber hablar varios idiomas.
7. Pregúntale cómo ayudará en el futuro él/ella a las personas más necesitadas. Además, pregúntale de qué maneras se puede ayudar a los demás sin utilizar la tecnología.
8. Te gustaría saber qué avances tecnológicos serán los más importantes de su futuro. Elabora la pregunta.
9. Quisieras saber si él/ella es optimista o pesimista al pensar en el papel que desempeñará la tecnología en el futuro. Hazle la pregunta.

El correo electrónico de hoy

Mensaje recibido

Respuesta

| De: | odilio@conversemosjuntos.pe |
| Para: | tú@conversemosjuntos.pe |

¿Qué te dicen las personas a quienes respetas y admiras sobre tu futura formación profesional? Yo siempre ando buscando consejos útiles para mí.

| De: | tú@conversemosjuntos.pe |
| Para: | odilio@conversemosjuntos.pe |

Respuesta:

_____

_____

_____

_____

_____

_____

Vocabulario: El futuro

próximo (adj.) next

las profesiones (n.f.pl.) professions

despertar un interés (exp.) to awaken
  an interest

actualmente (adv.) currently, at present

en (pron.) in

serán (v. ser, futuro) they will be

estarás (v. estar, futuro) you will be

el espacio (n.m.) space, outer space

el futuro (n.m.) future

otro (adj.) other

un planeta (n.m.) a planet

útil (adj.) useful, helpful

los idiomas (n.m.pl.) languages

habrás hecho (v. haber, futuro perfecto,
  v. hacer como participio) you will have
  done

el cumpleaños (n.m.) birthday

los avances tecnológicos (n.m.pl.)
  technological advances

los demás (n.m.pl.) others

el papel (n.m.) role, part, function

desempeñar (v.) to perform, carry out,
  fulfill

andar buscando (exp.) to be looking for

Sugerencias

me interesan (v. interesar) they interest
  me (a mí me interesa, a ti te interesa)

llamar la atención (v.) to call one's
  attention

la medicina (n.f.) medicine

la ingeniería (n.f.) engineering

los estudios de derecho (exp.) law
  studies

la informática (n.f.) computer science, IT

la universidad (n.f.) university, college

la facultad (n.f.) school, university
  department or school corresponding
  to a specific career

  de derecho (n.m.) law school

  de ingeniería (n.f.) engineering school

  de arquitectura (n.f.) architecture
  school

  de veterinaria (n.f.) veterinary school

  de medicina (n.f.) medical school

  de negocios (n.f.) business school

menos (adv.) less

hacer voluntariado (exp.) to do
  volunteer work

donar dinero (exp.) to give money,
  donate

dar lecciones (exp.) to give lessons,
  tutor

Otras posibilidades

_____

_____

_____

_____

_____

_____

_____

_____

_____

_____

_____

_____

_____

_____

_____

_____

_____

Gramática oral ?

El subjuntivo con expresiones impersonales

él, ella, usted (+ otros pronombres sujetos)

que baile	que cante	que viva
que coma	que escriba	que hable
que duerma	que sea	que quiera
que piense	que vaya	que estudie
que se bañe	que se lave	que se prepare

Es bueno...	**Es extraordinario...**	**Es importante...**
Es malo...	**Es sorprendente...**	Es necesario...
Es mejor...	Es triste...	**Es terrible...**
Es difícil...	**Es dudoso...**	Es ridículo...
Es probable...	Es imposible...	**Es posible...**

Internet *(conversación entre dos)*

1. ¿Tienes conexión a internet en tu casa? ¿Es esta conexión lenta o rápida?
2. ¿Utilizas internet en tu casa y en la institución educativa?
3. ¿Dónde prefieres navegar por internet, en tu casa o en la escuela (en el colegio o en la universidad)? ¿Por qué?
4. ¿Cuánto tiempo pasas en internet por día? ¿Cuál es tu sitio preferido/favorito? ¿Por qué?
5. ¿Prefieres utilizar un teclado táctil o uno común acompañado del ratón?
6. ¿Con qué frecuencia utilizas internet?
7. ¿Realizas tus deberes/tareas con la ayuda de internet?
8. ¿Cuál es tu dirección de correo electrónico?
9. ¿En qué sitios podemos mirar videoclips? ¿Tienes sugerencias?

Reciclaje

1. Pregunta a tu compañero/a si él/ella tiene conexión a internet en su casa y si esta conexión es lenta o rápida.
2. Te gustaría saber si él/ella utiliza internet en su casa y en la institución educativa. Hazle la pregunta.
3. Pregúntale dónde prefiere él/ella navegar por internet, en su casa o en la escuela (en el colegio o en la universidad) y por qué.
4. Averigua cuánto tiempo pasa él/ella en internet por día, cuál es su sitio preferido/favorito y por qué.
5. Deseas saber si él/ella prefiere utilizar un teclado táctil o uno común acompañado del ratón. Elabora la pregunta.
6. Pregúntale con qué frecuencia utiliza él/ella internet.
7. Te gustaría saber si él/ella realiza sus deberes/tareas con la ayuda de internet. Formula la pregunta.
8. Pregúntale cuál es su dirección de correo electrónico.
9. Quisieras saber en qué sitios podemos mirar videoclips y si él/ella tiene sugerencias. Formula dos preguntas.

Ruinas mayas de El Tazumal en el departamento de Santa Ana, El Salvador

El mensaje de texto de hoy

De: Rosana (503) 2975 8366

¡Hola! Necesito consejos. Cargas tu celular, tableta y compu todos los días, ¿verdad? ¿En qué momento lo haces? ¿Durante la noche? ¡No logro organizarme con todos estos aparatos! :o

Respuesta:

_____

_____

_____

_____

_____

_____

Vocabulario: Internet

Comprensión

un sitio/sitio web (n.m.) a site, website

navegar por (v.) to surf (the internet)

el teclado táctil (n.m.) a touchscreen keyboard

común (adj.) common, regular, ordinary

pasar tiempo (exp.) to spend time

utilizar (v.) to use

un ratón (n.m.) a mouse

realizar (v.) to do

los deberes (n.m.pl.) homework

las tareas (n.f.pl.) homework

con la ayuda de (exp.) with the help of

lento (adj.) slow

la dirección (n.f.) address

un correo electrónico (n.m.) an e-mail

organizarse (v.) to get organized

el celular (n.m.) cell phone

la tableta digital (n.f.) digital tablet

la compu/computadora (n.f.) computer

cargar (v.) to charge (a battery)

Sugerencias

una búsqueda (n.f.) a research, search

buscar (v.) to look for

encontrar (v.) to find

hacer clic (v.) to click (for computers)

traducir (v.) to translate

copiar (v.) to copy

pegar (v.) to paste

corregir (v.) to correct

verificar/chequear/examinar (v.) to check/verify

escribir a computadora (exp.) to write by computer, type

una computadora portátil (n.f.) a laptop

el ordenador/computador (n.m.) computer

una pantalla táctil (n.f.) a touchscreen

escribir a mano (exp.) to write by hand

enviar (v.) to send (yo envío, nosotros enviamos)

mandar (v.) to send

recibir (v.) to receive (yo recibo, nosotros recibimos)

normalmente (adv.) normally

jugar (v.) to play

relajarse (v.) to relax

atascado/atorado/trancado/ congelado (adj.) stuck, frozen

bajar/descargar (v.) to download

bajo construcción (exp.) under construction

Otras posibilidades

_____

_____

_____

_____

_____

_____

_____

_____

_____

_____

_____

_____

_____

_____

_____

_____

_____

_____

_____

_____

Gramática oral

El subjuntivo con ojalá (hopefully), **quizá(s)** *(perhaps)* **y tal vez** *(perhaps)*

Ojalá (que) vengan las chicas a la fiesta.

Tal vez comamos en el restaurante hoy.

Quizás salgamos este fin de semana con los amigos.

Ojalá que el profesor esté de buen humor hoy.

Tal vez los estudiates ausentes estén enfermos.

Quizá mis padres visiten la escuela y hablen con los profesores.

Ojalá (que) nosotros podamos comprender este ejercicio.

Tal vez ustedes estudien con nosotros.

Quizás tú prefieras descansar ahora para poder continuar más tarde.

Internet *(conversación entre dos)*

1. ¿Con qué objetivo utilizas internet?
2. ¿Utilizas internet para distraerte?
3. ¿Conoces a gente mayor que usa internet tanto como tú? ¿Para qué usan esas personas este medio tecnológico?
4. ¿Posees una tableta, una computadora, o las dos? ¿Cuál prefieres?
5. ¿Cuáles son tus aplicaciones preferidas/favoritas? ¿Por qué?
6. ¿A qué hora enciendes/prendes tu ordenador/computador/computadora cada día? ¿Y a qué hora lo/la apagas?
7. Cuando estás en tu casa, ¿está tu compu conectada a la electricidad/enchufada? ¿Por qué?
8. Después de haber escrito a computadora un ensayo, una composición u otro trabajo, ¿imprimes tu trabajo? ¿Por qué?
9. ¿Cuántas veces al día cargas la batería de tus aparatos electrónicos?

Reciclaje

1. Pregunta a tu compañero/a con qué objetivo utiliza internet él/ella.
2. Quisieras saber si él/ella utiliza internet para distraerse. Formula la pregunta.
3. Te gustaría saber si él/ella conoce a gente mayor que usa internet tanto como él/ella. Además, pregúntale para qué usan este medio tecnológico esas personas.
4. Averigua si él/ella posee una tableta, una computadora, o las dos y cuál prefiere.
5. Pregúntale cuáles son sus aplicaciones preferidas/favoritas y por qué.
6. Te gustaría saber a qué hora él/ella enciende/prende su ordenador/computador/computadora y a qué hora lo/la apaga. Hazle dos preguntas.
7. Averigua si cuando él/ella está en su casa, su compu está conectada a la electricidad/enchufada y por qué.
8. Pregúntale si después de haber escrito a computadora un ensayo, una composición u otro trabajo, él/ella imprime su trabajo y por qué.
9. Quisieras saber cuántas veces al día carga él/ella la batería de sus aparatos electrónicos. Elabora la pregunta.

El correo electrónico de hoy

Mensaje recibido

| De: | mario@conversemosjuntos.sv |
| Para: | tú@conversemosjuntos.sv |

¡Buenos días! ¡Mis padres acaban de comprar una computadora último modelo/de alta tecnología para toda la familia! Ahora podré entretenerme por las tardes y noches. ¿Conoces algunos juegos, aplicaciones o sitios divertidos?

Respuesta

| De: | tú@conversemosjuntos.sv |
| Para: | mario@conversemosjuntos.sv |

Respuesta:

_____

_____

_____

_____

_____

Vocabulario: Internet

Comprensión

útil (adj.) useful

distraerse (v.) to amuse, entertain, distract

la gente (n.f.) people

mayor (adj.) older

tanto como (exp.) just as, like

el medio (n.m.) means

el ordenador/computador (n.m.) computer

la computadora (n.f.) computer

hacer clic (exp.) to click

una tableta (n.f.) a tablet

un aparato (n.m.) a device

encender/prender (v.) to turn on

apagar (v.) to turn off (yo apago, nosotros apagamos)

conectar (v.) to connect

enchufar (v.) to plug in

después de haber escrito (exp.) after having written

imprimir (v.) to print

cargar (v.) to charge (an electronic device)

la batería (n.f.) battery

entretenerse (adj.) to entertain oneself, be entertained

último modelo (exp.) newest kind, latest model

Sugerencias

jugar a los videojuegos (exp.) to play videogames

ser parte de un grupo de la red social (exp.) to be on a social network

participar en un blog (exp.) to participate on a blog

escribir un comentario (exp.) to write a comment

publicar un video/una foto (exp.) to post a video or photo

crear un documento (exp.) to make, create a document

el trabajo escrito (n.m.) written work

abrir (v.) to open

el ícono/icono (n.m.) icon

encendido/prendido (adj.) turned on

desenchufar (v.) to unplug

salvar los árboles (v.) to save the trees

preocuparse por el medio ambiente (exp.) to worry about, care for the environment

una vez (n.f.) one time, once (dos veces, tres veces...)

Otras posibilidades

Gramática oral

El subjuntivo para expresar un deseo *(will, desire, preference, order, request)*

que (ustedes) vengan	que coman	que estudien
que trabajen	que escriban	que descansen
que piensen	que aprendan	que hablen español

desear	**yo deseo**	pedir	yo pido
esperar	yo espero	**preferir**	**yo prefiero**
exigir	**yo exijo**	querer	yo quiero
insitir	yo insisto	**rogar**	**yo ruego**
mandar	**yo mando**	necesitar	yo necesito

Buscar con Google

El celular y la computadora portátil *(conversación entre dos)*

1. ¿Tienes un teléfono celular/teléfono móvil? ¿Hace cuánto tiempo que lo tienes?
2. ¿Tiene tu familia un teléfono fijo/teléfono de línea baja?
3. ¿Cuántos miembros de tu familia tienen un teléfono celular/móvil?
4. ¿Quién paga la cuenta de tu celular? ¿A cuánto llega el monto de la cuota mensual?
5. ¿Qué otras cosas puedes hacer con tu móvil además de hacer llamadas?
6. ¿De qué marca es tu teléfono? ¿Prefieres esta marca en vez de otras? ¿Por qué?
7. ¿Cuáles son las ventajas de un teléfono móvil/celular?
8. ¿Qué problemas, desventajas o riesgos existen con un teléfono móvil?
9. ¿Cuáles son las diferencias entre un teléfono celular tradicional y un *smartphone* o teléfono inteligente?

Reciclaje

1. Pregunta a tu compañero/a si él/ella tiene un teléfono celular/teléfono móvil y hace cuánto tiempo que lo tiene.
2. Quisieras saber si su familia tiene un teléfono fijo/teléfono de línea baja. Hazle la pregunta.
3. Pregúntale cuántos miembros de su familia tienen un teléfono celular/móvil.
4. Deseas saber quién paga la cuenta de su celular y a cuánto llega el monto de la cuota mensual. Elabora dos preguntas.
5. Averigua qué otras cosas puede hacer él/ella con su móvil además de hacer llamadas. Formula la pregunta.
6. Te gustaría saber de qué marca es su teléfono, si prefiere esta marca en vez de otras y por qué. Elabora tres preguntas.
7. Deseas saber cuáles son las ventajas de un teléfono móvil/celular. Pregúntale.
8. Te gustaría saber qué problemas, desventajas o riesgos existen con un teléfono móvil. Hazle la pregunta.
9. Pregúntale cuáles son las diferencias entre un teléfono celular tradicional y un *smartphone* o teléfono inteligente.

El mensaje de texto de hoy

*Algunas abreviaturas que se usan en los mensajes de texto – estas abreviaturas pueden variar dependiendo del país en el que se las utilice

qtal = ¿qué tal?	xq = porque/por qué
tb = también	salu2 = saludos
k = ca -- ksa (casa), ksi (casi)	5 mentarios = no comment
mvl = móvil	xfa = por fa/por favor
cel = celular	bso/bss = beso/besos
cn = con	tq = te quiero
dnd = dónde/ de nada	tqm = te quiero mucho
cnd = cuándo	zzz = me duermo
toy, tas, ta = estoy, estás, está	msj = mensaje
	xD = reírse a carcajadas
grax = gracias	

De: Leticia (787) 352 8970

¡Holis! ¿Me puedes decir cuánto pagas mensualmente por las llamadas que realizas y los mensajes de texto? Tengo ganas de cambiar de prestador de servicio. ¡Mándame un mensaje al celu! :)

Respuesta:

_____

_____

_____

_____

_____

_____

Vocabulario: El celular y la computadora portátil

Comprensión

un teléfono celular/teléfono móvil/celular (n.m.) a cell phone

¿hace cuánto tiempo? (exp.) how long ago?

lo (pron.) it (the phone)

un teléfono fijo/un teléfono de línea baja (n.m.) a land line

la cuenta (n.f.) bill

la cuota mensual (n.f.) monthly bill

mensualmente (adv.) monthly

el monto (n.m.) amount

costar (v.) to cost

aparte (adv.) aside

poder (v.) to be able, can (yo puedo, nosotros podemos)

la marca (n.f.) brand

en vez de otras (exp.) instead of others

las ventajas (n.f.pl.) advantages

un riesgo (n.m.) a risk

el celu (n.m.) cell phone

Sugerencias

navegar por internet (exp.) to surf the internet

hacer una llamada (v.) to make a call, place a call

sacar una foto (v.) to take a picture

mantenerse en contacto (v.) to be in contact, stay in touch

sentirse seguro (v.) to feel safe (yo me siento, nosotros nos sentimos)

perder el tiempo (v.) to waste time

posponer/diferir/aplazar/procrastinar actividades importantes (exp.) to put off, procrastinate

enviar un mensaje de texto (v.) to send a text message

Otras posibilidades

_____
_____
_____
_____
_____
_____
_____
_____
_____
_____
_____
_____
_____
_____
_____

Gramática oral

El subjuntivo para expresar una emoción _(expectation, emotion, feeling)_

Yo me alegro de que ustedes vengan.
Me gusta mucho que mis amigos puedan venir a la fiesta.
Me impacienta que el español tenga tantas formas verbales.
Yo siento mucho que tu madre esté enferma.
Yo temo que el perro malo vaya donde están los niños.
Yo tengo miedo de que nosotros no tengamos suficiente dinero.
Yo me alegro que hayamos hecho este ejercicio tan rápidamente.

Ponce, Puerto Rico

El celular y la computadora portátil *(conversación entre dos)*

1. ¿Tienes una computadora/un ordenador portátil? ¿Cuánta gente que conoces la/lo posee?
2. ¿Qué marca de ordenador prefieres y por qué?
3. ¿Por qué son prácticos los ordenadores portátiles?
4. ¿En qué lugares se pueden utilizar las computadoras portátiles?
5. ¿Con qué frecuencia hace falta cargar la batería de las computadoras portátiles?
6. ¿Qué se debe hacer para que la batería de las computadoras/los ordenadores portátiles duren/rindan más tiempo?
7. ¿Qué es lo que no hay que hacer con un ordenador/una computadora portátil?
8. ¿Tienes aparatos portátiles como una tableta u otros similares?
9. Describe la primera vez que enviaste un mensaje de correo electrónico utilizando un ordenador portátil o una tableta.

Reciclaje

1. Pregunta a tu compañero/a si tiene una computadora/un ordenador portátil y cuánta gente que conoce la/lo posee.
2. Deseas saber qué marca de ordenador prefiere él/ella y por qué. Hazle la pregunta.
3. Averigua por qué son prácticos los ordenadores portátiles.
4. Te gustaría saber en qué lugares se pueden utilizar las computadoras portátiles. Formula la pregunta.
5. Quisieras saber con qué frecuencia hace falta cargar la batería de las computadoras portátiles. Elabora la pregunta.
6. Averigua qué se debe hacer para que la batería de las computadoras/los ordenadores portátiles duren/rindan más tiempo.
7. Pregúntale qué es lo que no hay que hacer con un ordenador/una computadora portátil.
8. Te gustaría saber si él/ella tiene aparatos portátiles como una tableta u otros similares. Formula la pregunta.
9. Pídele que te describa la primera vez que él/ella envió un mensaje de correo electrónico utilizando un ordenador portátil o una tableta.

El correo electrónico de hoy

Mensaje recibido

| De: | federico@conversemosjuntos.pr |
| Para: | tú@conversemosjuntos.pr |

¡Buenos días desde Puerto Rico! Estamos visitando la ciudad de Ponce con mi familia y te escribo desde mi compu portátil. ¡Hay wifi, conexión inalámbrica, en el hotel! Recuérdame dónde estás pasando tus vacaciones...y una cosita más, ¡olvidé el cargador! A tu parecer, ¿cuánto tiempo más le queda a mi computadora hasta que se le acabe su batería?

Respuesta

| De: | tú@conversemosjuntos.pr |
| Para: | federico@conversemosjuntos.pr |

Respuesta:

_____

_____

_____

_____

_____

_____

Vocabulario: El celular y la computadora portátil

Comprensión

la (pron.) it (the computer)

poseer (v.) to own, possess, have

¿cuánta gente? (exp.) how many people?

conocer (v.) to know

los lugares (n.m.pl.) places

utilizar (v.) to use

práctico (adj.) practical

la primera vez (n.f.) first time

hacer falta (exp.) to be necessary

cargar (v.) to charge

durar/rendir (v.) to last, work

un aparato (n.m.) a device

una tableta (n.f.) a tablet

un correo electrónico (n.m.) an e-mail

la conexión inalámbrica/wifi (n.f.) wifi connection

acabar (v.) to end, run out

Sugerencias

una PC (n.f.) a PC

una Mac (n.f.) a Macintosh

transportar/llevar/acarrear (v.) to carry around, transport

caber (v.) to fit

meter/poner/colocar (v.) to put, place

guardar (v.) to keep, put away

una bolsa (n.f.) a bag, sack

un bolso (n.m.) a bag, handbag, purse

una mochila (n.f.) a backpack

la biblioteca (n.f.) library

la confitería (n.f.) pastry store, sweet shop

la cafetería (n.f.) coffee shop, cafe

adaptar (v.) to adapt

la luz (n.f.) light

la iluminación (n.f.) lighting

apagar (v.) to turn off

la pantalla (n.f.) screen

evitar (v.) to avoid

Otras posibilidades

_____

_____

_____

_____

_____

_____

_____

_____

_____

_____

_____

_____

_____

_____

_____

_____

_____

_____

Gramática oral

El subjuntivo para expresar una opinión *(approval, advice, permission, prohibition, prevention)*

Yo les aconsejo que ustedes estudien el subjuntivo.

Yo exijo que los niños estén silenciosos.

Yo impido que el perro malo salga solo.

Yo les permito que ustedes vayan al cine esta tarde.

Yo recomiendo que ella compre un vestido para la fiesta.

Yo prohíbo que los niños beban bebidas alcohólicas.

Yo quiero que tú seas mi amigo/a.

TEMA
6

Isla de Corón, provincia de Paragua, República de Filipinas

sano
dolor
cura
cuidar
proteger
plata
billete
dinero
sangre
régimen
consumir
enfermedad
exigir
donación
costoso
profesión
naturaleza
mortalidad
semanal
placer
evitar
ayudar
urgencia
amenazar
vacunar
taller
bolso
salud
bebida
recursos

mundo
vida
oficio
medicina
plomero
negar
hacer ejercicios
medio ambiente

mensual

robar

188

EL MUNDO COMPLEJO

PREGUNTAS ESENCIALES

1. ¿Qué se debe hacer para llevar una vida sana?

2. ¿Qué puedes hacer tú para conservar el medio ambiente?

3. ¿Cómo puede una persona lograr una vida plena para sí y para los demás a través de su profesión?

4. ¿Cuáles son las necesidades básicas de un ser humano?

5. ¿Cómo se puede ayudar a combatir las enfermedades en los países en vías de desarrollo?

6. ¿Cuáles son los desafíos más grandes de tu generación?

Los accidentes *(conversación entre dos)*

1. ¿Has tenido muchos accidentes en tu vida?
2. ¿Te caíste alguna vez de un árbol o de una bicicleta?
3. ¿Te rompiste un hueso alguna vez? ¿Qué hueso te rompiste y cómo?
4. ¿Te suturaron una herida alguna vez? ¿Cuántos puntos te hicieron y por qué?
5. ¿Te lastimaste/lesionaste alguna vez practicando deportes? ¿Qué deporte estabas haciendo en ese momento?
6. ¿Te transportaron alguna vez en una camilla o en una ambulancia? ¿Adónde?¿Por qué?
7. ¿Ingresaste a la sala de emergencia de un hospital alguna vez?
8. ¿Perdiste el conocimiento en un accidente alguna vez? ¿Sufriste algún tipo de trauma?
9. ¿Lastimaste a otro(a) jugador(a) sin querer hacerlo?

Reciclaje

1. Pregunta a tu compañero/a si él/ella ha tenido muchos accidentes en su vida.
2. Te gustaría saber si él/ella se cayó alguna vez de un árbol o de una bicicleta. Hazle la pregunta.
3. Averigua si él/ella se rompió un hueso alguna vez, qué hueso se rompió y cómo.
4. Quisieras saber si a él/ella le suturaron una herida alguna vez, cuántos puntos le hicieron y por qué. Formula dos preguntas.
5. Pregúntale si él/ella se lastimó/lesionó alguna vez practicando deportes y qué deporte estaba haciendo en ese momento.
6. Te gustaría saber si a él/ella le transportaron alguna vez en una camilla o en una ambulancia, adónde y por qué. Elabora tres preguntas.
7. Quisieras saber si él/ella ingresó a la sala de emergencia de un hospital alguna vez. Hazle la pregunta.
8. Averigua si él/ella perdió el conocimiento en un accidente alguna vez y si sufrió algún tipo de trauma.
9. Pregúntale si él/ella lastimó a otro(a) jugador(a) sin querer hacerlo.

Misión Jesuítica Guaraní de la Santísima Trinidad del Paraná en la ciudad de Trinidad, Departamento de Itapúa, Paraguay

El mensaje de texto de hoy

De: Mirta (595) 81 258 435

¿Qué tal estás vos? ¡Yo estoy acá en el sanatorio! No te asustes, no es nada grave. Me corté el dedo mientras preparaba la carne para hacer un asado. ¿Tuviste alguna vez un accidente tan tonto? ¡Contame!

Respuesta:

_____

_____

_____

_____

_____

_____

Vocabulario: Los accidentes

Comprensión

caerse (v.) to fall (me caí, te caíste)

romperse (v.) to break

un hueso (n.m.) a bone

suturar (v.) to stitch, suture

un punto (n.m.) a stitch

lastimarse/lesionarse (v.) to get hurt, hurt oneself

transportar/llevar/trasladar (v.) to move, carry, transfer

una camilla (n.f.) a stretcher

ingresar (v.) to get in, be admitted, be hospitalized

la sala de urgencia/emergencia (n.f.) emergency room

perder (v.) to lose

sufrir (v.) to suffer, undergo, sustain

el conocimiento (n.m.) consciousness

un trauma/traumatismo (n.m.) a trauma

sin querer/sin intención (exp.) without meaning, without wanting to

un jugador (n.m.) a player

asustarse (v.) to get scared, frightened

el sanatorio/hospital (v.) clinic, hospital

cortarse (v.) to cut oneself

Sugerencias

nunca jamás (adv.) never ever

muchas veces (exp.) many times

una fractura (n.f.) a fracture, break

una torcedura (n.f.) a sprain

un traumatismo de cráneo (exp.) a brain or skull injury

el dedo (n.m.) finger

el brazo (n.m.) arm

la pierna (n.f.) leg

la muñeca (n.f.) wrist

el tobillo (n.m.) ankle

la costilla (n.f.) rib

la clavícula (n.f.) collarbone

la nariz (n.f.) nose

jugando al fútbol americano (exp.) while playing football

esquiando (v. esquiar) skiing

saltando (v. saltar) jumping

montar a caballo (exp.) to go horseback riding

el adversario (n.m.) opponent

Otras posibilidades

_____

_____

_____

_____

_____

_____

_____

_____

_____

_____

_____

_____

_____

_____

_____

_____

_____

Gramática oral ?

El subjuntivo con conjunciones adverbiales

unless	Voy a ir solo <u>a menos que</u> tú quieras ir conmigo.
before	Terminemos <u>antes de que</u> los profesores vengan.
provided that	Podemos viajar <u>con tal de que</u> tengamos suficiente dinero.
in case	<u>En caso de que</u> tú tengas hambre, ven a mi casa.
so that	El professor enseña bien <u>para que</u> tengamos éxito en clase.
without	Ella sale <u>sin que</u> sus padres lo sepan.
so that, in order that	Repitamos este ejercicio <u>a fin de que</u> todos entiendan bien.

Los accidentes *(conversación entre dos)*

1. ¿Cómo se llama tu médico clínico/general? ¿Cómo te sientes durante la consulta con el médico?
2. ¿De qué especialidad es el médico que te ayudó con la recuperación después del accidente?
3. ¿Te operaste alguna vez?¿De qué?
4. ¿Cuánto tiempo te quedaste en el hospital?
5. ¿En el accidente más grave que tuviste, chocaste contra algo o el objeto vino hacia ti?
6. ¿Tienes cicatrices de tu accidente más grave o de una operación? ¿Me las podrías enseñar/mostrar?
7. ¿Cuál es la mejor manera de evitar un accidente?
8. ¿Qué te dicen tus padres acerca de los accidentes?
9. ¿Qué tipo de accidentes son los más comunes entre los adolescentes?

Reciclaje

1. Pregunta a tu compañero/a cómo se llama su médico clínico/general y cómo se siente durante la consulta con el médico.
2. Quisieras saber de qué especialidad es el médico que le ayudó a él/ella con la recuperación después del accidente. Elabora la pregunta.
3. Averigua si él/ella se operó alguna vez y de qué. Formula dos preguntas.
4. Quisieras saber cuánto tiempo se quedó él/ella en el hospital. Hazle la pregunta.
5. Te gustaría saber si en el accidente más grave que tuvo, él/ella chocó contra algo o si el objeto vino hacia él/ella. Hazle la pregunta.
6. Pregúntale si él/ella tiene cicatrices de su accidente más grave o de una operación. Además, pregúntale si te las puede enseñar/mostrar.
7. Averigua cuál es la mejor manera de evitar un accidente.
8. Te gustaría saber qué le dicen sus padres acerca de los accidentes. Hazle la pregunta.
9. Quisieras saber qué tipo de accidentes son los más comunes entre los adolescentes. Formula la pregunta.

El correo electrónico de hoy

Mensaje recibido

De: rodrigo@conversemosjuntos.py
Para: tú@conversemosjuntos.py

Nuestra Abu tuvo un accidente. Se cayó por las escaleras. Ahora estamos en el hospital y nos vamos a quedar con ella. ¿Podés venir a ayudarnos? Salimos de la casa apurados y no tuvimos tiempo de asegurarnos de que todas las puertas estuvieran cerradas con llave. Encima el perro se quedó solo y se le tiene que dar de comer y llenar su recipiente de agua. Mil gracias.

Respuesta

De: tú@conversemosjuntos.py
Para: rodrigo@conversemosjuntos.py

Respuesta:

_____
_____
_____
_____
_____
_____

Vocabulario: Los accidentes

Comprensión

el médico/doctor (n.m.) doctor
la consulta (n.f.) consultation
pertenecer (v.) to belong
ayudar (v.) to help
la recuperación (n.f.) recovery
la operación (n.f.) operation, surgery
cuidar (v.) to look after, care for
quedarse/permanecer (v.) to stay, remain
grave (adj.) serious
una cicatriz (n.f.) a scar (pl. cicatrices)
las manos (n.f.pl.) hands
¿podrías? (v. poder) could you?
mostrar/enseñar (v.) to show
la manera (n.f.) way
mejor (adj.) best
evitar (v.) to avoid
acerca de (prep.) about
los adolescentes (n.m.pl.) teenagers
apurado (adj.) rushed, hurried
encima (adv.) besides that, not only that

Sugerencias

sentirse (v.) to feel
me siento mal (exp.) I feel badly
me siento bien (exp.) I feel well
el consultorio (n.m.) doctor's office, practice
un día (n.m.) a day
hace algunos días (exp.) some days ago
ocho días (exp.) eight days
un cirujano (n.m.) a surgeon
un yeso (n.m.) a plaster, cast
una semana (n.f.) a week
me dicen que (+ subjuntivo) (exp.) They tell me to . . .
prestar atención (exp.) to pay attention
¡ten cuidado! (exp.) be careful! (imperativo/mandato)
¡pórtate bien! (exp.) behave yourself!
un accidente de coche/auto/carro (n.m.) a car accident
tropezar con algo (exp.) to trip or stumble over something
curarse (v.) to recover, get better

Otras posibilidades

_____
_____
_____
_____
_____
_____
_____
_____
_____
_____
_____
_____
_____
_____

Gramática oral

Pretérito perfecto/presente perfecto de subjuntivo
Presente de subjuntivo del verbo auxiliar "haber" (*-a, -as, -a, -amos, -áis, -an*) **+ participio pasado**

	hablar	comer	vivir
yo	haya hablado	**haya comido**	haya vivido
tú	**hayas hablado**	hayas comido	**hayas vivido**
él	haya hablado	**haya comido**	haya vivido
ella	**haya hablado**	haya comido	**haya vivido**
usted	haya hablado	**haya comido**	haya vivido
nosotros	**hayamos hablado**	hayamos comido	**hayamos vivido**
nosotras	hayamos hablado	**hayamos comido**	hayamos vivido
vosotros	**hayáis hablado**	hayáis comido	**hayáis vivido**
vosotras	hayáis hablado	**hayáis comido**	hayáis vivido
ellos	**hayan hablado**	hayan comido	**hayan vivido**
ellas	hayan hablado	**hayan comido**	hayan vivido
ustedes	**hayan hablado**	hayan comido	**hayan vivido**

Las bebidas alcohólicas *(conversación entre dos)*

1. ¿Beben/toman los jóvenes bebidas alcohólicas?
2. ¿Dónde consiguen el alcohol que beben?
3. ¿Cuándo beben/toman/ingieren los jóvenes bebidas alcohólicas?
4. ¿Quiénes consumen más bebidas alcohólicas, los muchachos/chicos o las muchachas/chicas?
5. ¿Cuál es la causa principal de mortalidad entre los jóvenes? ¿Y la segunda causa?
6. Por lo general, ¿beben los jóvenes alcohol en grupo o lo beben solos?
7. ¿Cuáles son las razones por las que uno bebe? ¿Son estas razones buenas o malas?
8. En el Tratado primero de **La vida de Lazarillo de Tormes**, Lázaro bebe a escondidas el vino del ciego. ¿Por qué hacía esto Lázaro? ¿Era eso suficiente para satisfacer el hambre y la sed que el pobre muchacho tenía?
9. ¿Bebe uno para divertirse o se divierte gracias a la bebida? ¿Qué conexión existe entre estas dos acciones: beber y divertirse?

Reciclaje

1. Pregunta a tu compañero/a si los jóvenes beben/toman bebidas alcohólicas.
2. Averigua dónde consiguen el alcohol que beben.
3. Te gustaría saber cuándo beben/toman/ingieren los jóvenes bebidas alcohólicas. Hazle la pregunta.
4. Quisieras saber quiénes consumen más bebidas alcohólicas, los muchachos/chicos o las muchachas/chicas. Elabora la pregunta.
5. Pregúntale cuál es la causa principal de mortalidad entre los jóvenes y cuál es la segunda causa.
6. Te gustaría saber si, por lo general, los jóvenes beben alcohol en grupo o lo beben solos. Formula la pregunta.
7. Averigua cuáles son las razones por las que uno bebe y si estas razones son buenas o malas.
8. En el Tratado primero de **La vida de Lazarillo de Tormes**, Lázaro bebe a escondidas el vino del ciego. Pregúntale por qué hacía esto Lázaro y si era eso suficiente para satisfacer el hambre y la sed que el pobre muchacho tenía.
9. Deseas saber si uno bebe para divertirse o si se divierte gracias a la bebida. Además, pregúntale qué conexión existe entre estas dos acciones: beber y divertirse.

Varadero, Cuba

El mensaje de texto de hoy

De: Raúl (53) 4571 8722

¡Saludos desde Varadero! ¡Viajaré a los Estados Unidos el próximo semestre! Me dijeron que en ese país, en comparación a otros, tienen reglas más estrictas en cuanto a la consumición de bebidas alcohólicas por parte de los jóvenes. ¿A que edad se permite beber en tu país?

Respuesta:

_____

_____

_____

_____

_____

Vocabulario: Las bebidas alcohólicas

Comprensión

beber/tomar(v.) to drink

ingerir/consumir (v.) to ingest, consume, drink

conseguir (v.) to get, obtain (yo consigo, nosotros conseguimos)

la mortalidad (n.f.) mortality, death

lo (pron.) it (el alcohol)

solo (adj.) alone

una razón (n.f.) a reason (pl. razones)

entre (prep.) between

a escondidas (exp.) in hiding

el ciego (n.m.) blind man

las reglas (n.f.) rules

en cuanto a (adv.) regarding, in regard to

la edad (n.f.) age

divertirse (v.) to have a good time, have fun (me divierto, nos divertimos)

la conexión (n.f.) connection

Sugerencias

un amigo mayor (n.m.) an older friend

un adulto (n.m.) an adult

una persona mayor de edad (exp.) a person of legal age, adult

una persona menor de edad (exp.) a minor

un bar (n.m.) a bar

el supermercado (n.m.) supermarket

un accidente de coche/auto/carro (n.m.) a car accident

la depresión (n.f.) depression

el suicidio (n.m.) suicide

para (prep.) in order

alegrarse (v.) to be happy

relajarse (v.) to relax

sentirse cómodo/relajado (exp.) to feel comfortable, relaxed

estar a gusto (exp.) to be at ease

no estar nervioso (exp.) to not be nervous

Él tiene vergüenza. He is ashamed.

Él tiene vergüenza de beber. He is ashamed of drinking.

Otras posibilidades

_____

_____

_____

_____

_____

_____

_____

_____

_____

_____

_____

_____

_____

_____

_____

Gramática oral

Pluscuamperfecto de subjuntivo: Imperfecto de subjuntivo del verbo auxiliar "haber"
(-ra, -ras, -ra, -´ramos, -rais, -ran) + *participio pasado*

	hablar	comer	**escribir**
yo	hubiera hablado	**hubiera comido**	hubiera escrito
tú	**hubieras hablado**	hubieras comido	**hubieras escrito**
él	hubiera hablado	**hubiera comido**	hubiera escrito
ella	**hubiera hablado**	hubiera comido	**hubiera escrito**
usted	hubiera hablado	**hubiera comido**	hubiera escrito
nosotros	**hubiéramos hablado**	hubiéramos comido	**hubiéramos escrito**
nosotras	hubiéramos hablado	**hubiéramos comido**	hubiéramos escrito
vosotros	**hubierais hablado**	hubierais comido	**hubierais escrito**
vosotras	hubierais hablado	**hubierais comido**	hubierais escrito
ellos	**hubieran hablado**	hubieran comido	**hubieran escrito**
ellas	hubieran hablado	**hubieran comido**	hubieran escrito
ustedes	**hubieran hablado**	hubieran comido	**hubieran escrito**

(En España es común el uso de: hubiese, hubieses, hubiese, hubiésemos, hubieseis, hubiesen)

Las bebidas alcohólicas *(conversación entre dos)*

1. En la publicidad estadounidense, ¿qué tipo de advertencias se dan con respecto a la ingesta/al consumo de alcohol?
2. ¿El alcoholismo es una enfermedad o es una cuestión de voluntad? ¿Tiene relación con la bioquímica o la moral?
3. Cuando se desarrolla una mayor tolerancia para asimilar el alcohol, ¿disminuye o aumenta el riesgo del alcoholismo?
4. ¿Qué influencias familiares disminuyen o aumentan el riesgo del alcoholismo?
5. ¿Qué se agrava cuando uno se empeña en negar este problema?
6. ¿Pueden resolverse los problemas consumiendo alcohol?
7. ¿Qué no debe hacer una persona después de tomar mucho?
8. ¿Qué haces para divertirte con tus amigos? ¿Y con la gente que no conoces?
9. ¿Qué harás el sábado por la noche? A tu parecer, ¿cuáles son los verdaderos placeres de la vida?

Reciclaje

1. Pregunta a tu compañero/a qué tipo de advertencias se dan con respecto a la ingesta/al consumo de alcohol en la publicidad estadounidense.
2. Averigua si el alcoholismo es una enfermedad o una cuestión de voluntad y si tiene relación con la bioquímica o la moral.
3. Quisieras saber si el riesgo del alcoholismo disminuye o aumenta cuando se desarrolla una mayor tolerancia para asimilar el alcohol. Hazle la pregunta.
4. Deseas saber qué influencias familiares disminuyen o aumentan el riesgo del alcoholismo. Formula la pregunta.
5. Pregúntale qué se agrava cuando uno se empeña en negar este problema.
6. Te gustaría saber si los problemas pueden resolverse consumiendo alcohol. Hazle la pregunta.
7. Quisieras saber qué no debe hacer una persona después de tomar mucho. Elabora la pregunta.
8. Averigua qué hace él/ella para divertirse con sus amigos y qué hace para divertirse con la gente que no conoce.
9. Pregúntale qué hará él/ella el sábado por la noche y cuáles son los verdaderos placeres de la vida a su parecer.

El correo electrónico de hoy

Mensaje recibido

Respuesta

De: adelaida@conversemosjuntos.cu
Para: tú@conversemosjuntos.cu

Me gustaría que me contaras si tus amigos son conscientes de los peligros que conlleva el consumo de bebidas alcohólicas o si ellos se sienten inmortales. Me gustaría que me informes sobre este punto.

De: tú@conversemosjuntos.cu
Para: adelaida@conversemosjuntos.cu

Respuesta:

_____

_____

_____

_____

_____

_____

Vocabulario: Las bebidas alcohólicas

Comprensión

la publicidad/propaganda (n.f.) advertising, commercials

los anuncios (n.m.pl.) advertising, commercials

un aviso (n.m.) warning

una advertencia (n.f.) warning

una enfermedad (n.f.) an illness

la voluntad (n.f.) willpower, will

empeñar (v.) to insist on

disminuir (v.) to lessen, diminish

disminuye (v. disminuir) it is reduced, decreased

aumentar (v.) to increase

agravarse (v.) to become more serious, worsen

negar (v.) to deny (niego, negamos)

el placer (n.m.) pleasure

la gente (n.f.) people

verdadero (adj.) true, real

el placer (n.m.) pleasure

a tu parecer (exp.) in your opinion

conllevar (v.) to entail, bring

Sugerencias

Es una enfermedad. It's an illness.

La tolerencia aumenta el riesgo. Tolerance increases the risk.

un pariente alcohólico (n.m.) an alcoholic relative

la herencia (n.f.) heredity

en mi opinión/a mi parecer (exp.) in my opinion

el grupo del cual uno se rodea (exp.) the group one surrounds oneself with

No se resuelve ningún problema. No problem is solved.

la amistad (n.f.) friendship

el amor (n.m.) love

el empleo/trabajo (n.m.) work

esconder (v.) to hide

mentir (v.) to lie

jugar (v.) to play (juego, jugamos)

la fiesta (n.f.) party

al día siguiente (exp.) the next day

Otras posibilidades

_____
_____
_____
_____
_____
_____
_____
_____
_____
_____
_____
_____
_____
_____
_____
_____
_____

Gramática oral

Secuencia verbal con el subjuntivo: pretérito, imperfecto, condicional, condicional perfecto, pluscuamperfecto de indicativo, imperativo + imperfecto o pluscuamperfecto de subjuntivo.

¿No me pediste que te comprara un libro?
Dudé que tú hubieras aprendido toda la lección.
Siempre le pedía a su novio que le comprara un anillo.
No sabíamos que ustedes hubieran visitado nuestra casa.
El professor había esperado que los estudiantes tuvieran éxito.
El padre insistía en que su hijo no malgastara su dinero.
Me sorprendería que ustedes comprendieran este ejercicio.
Quería que tú hubieras terminado más temprano.
¡Nos gustaría que el español fuera/fuese más fácil!

El dinero *(conversación entre dos)*

1. ¿Recibes una mesada/paga semanal o mensual? ¿De quién?
2. ¿Ganas dinero/plata durante el año académico/escolar? ¿Trabajas en el verano?
3. ¿Te es suficiente la suma de dinero que recibes?
4. Durante la semana, ¿qué compras para comer y para beber?
5. Normalmente, ¿cuál es el mayor gasto de la semana?
6. ¿Pagas tú mismo(a) tus llamadas telefónicas? ¿Pagas también tu transporte?
7. ¿Debes comprar el almuerzo durante la semana?
8. ¿Compras música por internet?
9. Actualmente, ¿cuánto cuesta un disco compacto? ¿Cuánto cuesta bajar una canción de internet? Y, ¿cuánto cuesta una pizza pequeña en tu ciudad?

Reciclaje

1. Pregunta a tu compañero/a si él/ella recibe una mesada/paga semanal o mensual y de quién.
2. Averigua si él/ella gana dinero/plata durante el año académico/escolar y si trabaja en el verano.
3. Quisieras saber si a él/ella le es suficiente la suma de dinero que recibe. Pregúntale.
4. Te gustaría saber si qué compra él/ella para comer y para beber durante la semana. Hazle la pregunta.
5. Pregúntale cuál es el mayor gasto de la semana normalmente.
6. Averigua si él/ella mismo(a) paga sus llamadas telefónicas y si paga también su transporte.
7. Te gustaría saber si él/ella debe comprar el almuerzo durante la semana. Formula la pregunta.
8. Deseas saber si él/ella compra música por internet. Elabora la pregunta.
9. Pregúntale cuánto cuesta actualmente un disco compacto, cuánto cuesta bajar una canción de internet y cuánto cuesta una pizza pequeña en su ciudad.

Lago Petén Itzá, Flores, Guatemala

El mensaje de texto de hoy

De: Sebastián (502) 7359 8062

¡Ya está! Voy a ir a visitarte por una semana en junio. ¿Cuánto dinero debería llevar? Mi mamá quiere saber cuánto dinero necesito y qué gastos tendré que cubrir.

Respuesta:

_____

_____

_____

_____

_____

_____

Vocabulario: El dinero

Comprensión

el dinero (n.m.) money

la plata (n.f.) money

paga/mesada (n.f.) pocket change, spending money

ganar (v.) to earn

durante (prep.) during

el año académico/escolar (n.m.) academic year

trabajar (v.) to work

recibir (v.) to receive

mensualmente (adv.) monthly

semanalmente (adv.) weekly

la suma (n.m.) sum

suficiente/bastante (adj.) enough, sufficient

el gasto (n.m.) expense

las llamadas telefónicas (n.f.pl.) phone calls

deber (v.) to have to, owe

gastar (v.) to spend

actualmente (adv.) these days, nowadays

costar (v.) to cost

una canción que se baja de internet (exp.) a downloaded song

¿qué gastos debería cubrir? (exp.) which expenses should I cover?

Sugerencias

Tengo bastante dinero. I have enough money.

No tengo bastante. I don't have enough.

Nunca tengo bastante. I never have enough.

Me basta con eso. That is enough for me.

la comida (n.f.) food

cada (adj.) each

el entretenimiento (n.m.) entertainment

el transporte (n.m.) transportation

los libros (n.m.) books

los útiles escolares (n.m.pl.) school supplies

Otras posibilidades

_____

_____

_____

_____

_____

_____

_____

_____

_____

_____

_____

_____

_____

_____

_____

_____

_____

_____

Gramática oral ⬇ ?

Algunas formas del verbo (andar – continuar)

inglés	infinitivo	presente de indicativo/yo	participio pasado	gerundio
to walk	andar	**ando**	andado	**andando**
to embarrass	**avergonzar**	avergüenzo	**avergonzado**	avergonzando
to find out	averiguar	**averiguo**	averiguado	**averiguando**
to look for	**buscar**	busco	**buscado**	buscando
to fall	caer	**caigo**	caído	**cayendo**
to catch	**coger**	cojo	**cogido**	cogiendo
to drive	conducir	**conduzco**	conducido	**conduciendo**
to know	**conocer**	conozco	**conocido**	conociendo
to build	construir	**construyo**	construido	**construyendo**
to tell	**contar**	cuento	**contado**	contando
to continue	continuar	**continúo**	continuado	**continuando**

El dinero *(conversación entre dos)*

1. ¿Cuál es la cosa más costosa/cara que compraste en tu vida?
2. ¿Cómo conseguiste el dinero para esta compra?
3. ¿Tienes ahora dinero/plata contigo? ¿Cuánto tienes?
4. ¿Guardas tu dinero en una billetera o en un bolso/una bolsa?
5. ¿Alguna vez perdiste dinero o te lo robaron? ¿Cuánto? ¿Cómo ocurrió?
6. Con tu dinero, ¿eres ahorrador(a) o gastador(a)?
7. A tu parecer, ¿es un billete de lotería un gasto razonable?
8. ¿Prefieres ganar dinero o gastar dinero? ¿Qué cantidad de dinero es suficiente para ti?
9. ¿De qué color son los billetes de banco estadounidenses? ¿Has visto alguna vez el dinero de otro país? ¿De qué color era el billete y cómo eran las monedas?

Reciclaje

1. Pregunta a tu compañero/a cuál es la cosa más costosa/cara que él/ella compró en su vida.
2. Averigua cómo consiguió él/ella el dinero para esta compra.
3. Pregúntale si él/ella tiene ahora dinero/plata consigo y cuánto tiene.
4. Deseas saber si él/ella guarda su dinero en una billetera o en un bolso/una bolsa. Hazle la pregunta.
5. Pregúntale si alguna vez él/ella perdió dinero o si se lo robaron, cuánto y cómo ocurrió.
6. Te gustaría saber si él/ella es ahorrador(a) o gastador(a) con su dinero. Elabora la pregunta.
7. Quisieras saber si a su parecer un billete de lotería es un gasto razonable. Formula la pregunta.
8. Te gustaría saber si él/ella prefiere ganar dinero o gastar dinero. Pregúntale además qué cantidad de dinero es suficiente para él/ella.
9. Pregúntale de qué color son los billetes de banco estadounidenses y si él/ella ha visto alguna vez el dinero de otro país, de qué color era el billete y cómo eran las monedas.

El correo electrónico de hoy

Mensaje recibido

| De: | enrique@conversemosjuntos.gt |
| Para: | tú@conversemosjuntos.gt |

¿Tienes suficiente dinero para pagar una estadía en la Ciudad de México? Sería genial verte acá en nuestro país. ¿Cómo harías para solventar los gastos de este viaje?

Respuesta

| De: | tú@conversemosjuntos.gt |
| Para: | enrique@conversemosjuntos.gt |

Respuesta:

_____

_____

_____

_____

_____

_____

Vocabulario: El dinero

Comprensión

costoso/caro (adj.) expensive

conseguir (v.) to obtain (yo consigo, nosotros conseguimos)

contigo (pron.) with yourself

consigo (pron.) with himself/herself

más o menos (adv.) more or less, approximately

una billetera/cartera (n.f.) a wallet

un bolso (n.m) a handbag, purse

una bolsa/cartera (n.f.) a handbag, purse

perder (v. perder) to lose

robar (v.) to steal

ahorrador (adj.) saver

despilfarrador/gastador (adj.) extravagant, big spender, spendthrift

gastar (v.) to spend

un billete de lotería (n.m.) a lottery ticket

el billete de banco (n.m.) a banknote, bill

sería suficiente (exp.) would be enough

la estadía (n.f.) stay

solventar los gastos (exp.) to pay the expenses

el viaje (n.m.) trip

Sugerencias

un portamonedas/monedero (n.m.) a coin purse, change purse

una computadora (n.f.) a computer

un ordenador (n.m.) a computer

los auriculares/audífonos (n.m.) headphones, earbuds

un teléfono celular/móvil (n.m.) a cell phone

un coche/auto/carro (n.m.) a car

una joya (n.f.) a jewel, piece of jewelry

una prenda de vestir (n.f.) an article of clothing

verde (adj.) green

de todos los colores (exp.) of all colors

multicolor (adj.) multicolored

Me hace falta mucho dinero./Necesito mucho dinero. I need lots of money.

Necesito muchísimo dinero. I need lots and lots of money.

Me hace falta _____.

Necesito _____.

Otras posibilidades

_____

_____

_____

_____

_____

_____

_____

_____

_____

_____

_____

_____

_____

_____

_____

_____

_____

_____

_____

_____

Gramática oral ⬇ ?

Algunas formas del verbo (ir – saber)

inglés	infinitivo	presente de indicativo/yo	participio pasado	gerundio
to go	**ir**	voy	**ido**	yendo
to hear	oír	**oigo**	oído	**oyendo**
to pay	**pagar**	pago	**pagado**	pagando
to request	pedir	**pido**	pedido	**pidiendo**
to think	**pensar**	pienso	**pensado**	pensando
to lose	perder	**pierdo**	perdido	**perdiendo**
to be able	**poder**	puedo	**podido**	pudiendo
to put	poner	**pongo**	puesto	**poniendo**
to prohibit	**prohibir**	prohíbo	**prohibido**	prohibiendo
to want, love	querer	**quiero**	querido	**queriendo**
to know	**saber**	sé	**sabido**	sabiendo

El medio ambiente *(conversación entre dos)*

1. ¿Qué aspectos de la naturaleza aprecias más?
2. ¿Sabes los nombres de algunas plantas y de algunas flores? ¿Puedes decírmelos?
3. ¿Tienes plantas, un patio o un jardín en tu casa? ¿Quién se encarga de su cuidado?
4. ¿Cómo se llama el objeto con el que regamos las plantas?
5. ¿Tienes un huerto/una huerta en tu casa? ¿Qué verduras/vegetales/hortalizas cultivas?
6. ¿Prefiere tu familia comprar las verduras de los supermercados o de los mercados al aire libre?
7. ¿Ves a menudo algunos animales en tu patio o jardín? ¿Qué animales ves?
8. ¿Tiene tu familia una mascota y qué tipo de animal doméstico es? ¿Quién lo/la cuida?
9. ¿Cuáles son los animales en peligro de extinción y qué se puede hacer para protegerlos?

Reciclaje

1. Pregunta a tu compañero/a qué aspectos de la naturaleza él/ella aprecia más.
2. Averigua si él/ella sabe los nombres de algunas plantas y de algunas flores y pídele que te los diga.
3. Te gustaría saber si él/ella tiene plantas, un patio o un jardín en su casa y quién se encarga de su cuidado. Elabora dos preguntas.
4. Pregúntale cómo se llama el objeto con el que regamos las plantas.
5. Quisieras saber si él/ella tiene un huerto/una huerta en su casa y qué verduras/vegetales/hortalizas cultiva él/ella. Formula dos preguntas.
6. Averigua si su familia prefiere comprar las verduras de los supermercados o de los mercados al aire libre.
7. Deseas saber si él/ella ve a menudo algunos animales en su patio o jardín y qué animales ve. Hazle dos preguntas.
8. Pregúntale si su familia tiene una mascota y qué tipo de animal doméstico es. Además, pregúntale quién lo/la cuida.
9. Te gustaría saber cuáles son los animales en peligro de extinción y qué se puede hacer para protegerlos. Hazle dos preguntas.

Botes de dragón de la marina filipina en la bahía de Manila, Filipinas

El mensaje de texto de hoy

De: Abuelita (63) 2885 4361

¿Me puedes ayudar en mi huerto este fin de semana? Como muestra de agradecimiento, ¡te puedo dar un cesto de verduras frescas! ¿Cuáles son las verduras que más te gustan?

Respuesta:

_____

_____

_____

_____

_____

Vocabulario: El medio ambiente

Comprensión

el medio ambiente (n.m.) environment

la planta (n.f.) plant

el jardín (n.m.) garden

el patio (n.m.) courtyard, patio

encargarse (de) (v.) to be in charge of, be responsible for

a menudo (adv.) often

regar (v.) to water

el huerto (n.m.) vegetable garden

la huerta (n.f.) vegetable garden

una verdura/hortaliza (n.f.) a vegetable

un vegetal (n.m.) a vegetable

un mercado al aire libre (n.m.) an open air market

una mascota (n.f.) a pet

un animal doméstico (n.m.) a pet

cuidar (v.) to take care of

lo/la (pron.) him/her

en peligro de extinción (exp.) endangered

proteger (v.) protect

Sugerencias

la flora (n.f.) flora, plant life

la fauna (n.f.) fauna, animal life

el pasto/césped (n.m.) grass

una margarita (n.f.) a daisy

un girasol (n.m.) a sunflower

un tulipán (n.m.) a tulip

un clavel (n.m.) a carnation

un roble (n.m.) an oak tree

una regadera (n.f.) a watering can

una zanahoria (n.f.) a carrot

un pimentón/pimiento/morrón (n.m.) a bell pepper

la albahaca (n.f.) basil

un conejo (n.m.) a rabbit

un pájaro (n.f.) a bird

un venado/ciervo (n.m.) a deer

los peces ornamentales (n.m.pl.) tropical fish

dar de comer (exp.) to feed

pasear (v.) to go for a walk, stroll

realizar/hacer una donación (exp.) to make a donation

pasar a la acción/actuar (v.) to act, take action

realizar trabajo voluntario (exp.) to do volunteer work

una especie animal (n.f.) an animal species

Otras posibilidades

_____

_____

_____

_____

_____

_____

_____

_____

_____

_____

_____

_____

_____

_____

_____

_____

_____

_____

_____

_____

Gramática oral ⬇ ?

Algunas formas del verbo (convencer – jugar)

inglés	infinitivo	presente de indicativo/yo	participio pasado	gerundio
to convince	**convencer**	convenzo	**convencido**	convenciendo
to believe	creer	**creo**	creído	**creyendo**
to give	**dar**	doy	**dado**	dando
to say	decir	**digo**	dicho	**diciendo**
to sleep	**dormir**	duermo	**dormido**	durmiendo
to begin	empezar	**empiezo**	empezado	**empezando**
to ski	**esquiar**	esquío	**esquiado**	esquiando
to be	estar	**estoy**	estado	**estando**
to have (auxiliary)	**haber**	he	**habido**	habiendo
to make, do	hacer	**hago**	hecho	**haciendo**
to play	**jugar**	juego	**jugado**	jugando

El medio ambiente *(conversación entre dos)*

1. ¿Piensas con frecuencia en el medio ambiente?
2. ¿Cuáles son algunas cosas que las personas hacen para proteger el medio ambiente? ¿Qué puedes hacer tú para contribuir a la conservación del medio ambiente?
3. ¿Qué recursos naturales utilizas en tu vida diaria?
4. ¿De qué manera puedes reducir/disminuir la cantidad de recursos naturales que consumes?
5. ¿Hay cosas que utilizas y vuelves a utilizar antes de descartarlas por completo? Explica.
6. ¿Puedes brindar un ejemplo de una costumbre irresponsable que la gente tiene hacia el medio ambiente?
7. ¿Qué materiales pueden reciclarse? ¿Reciclas siempre, de vez en cuando o nunca?
8. ¿Tiene tu ciudad un programa de reciclaje?
9. ¿Son los habitantes de tu ciudad respetuosos hacia el medio ambiente?

Reciclaje

1. Pregunta a tu compañero/a si él/ella piensa con frecuencia en el medio ambiente.
2. Pregúntale si, por lo general, cuáles son algunas cosas que las personas hacen para proteger el medio ambiente y qué puede hacer él/ella para contribuir a la conservación del medio ambiente.
3. Averigua qué recursos naturales utiliza él/ella en su vida diaria.
4. Te gustaría saber de qué manera puede él/ella reducir/disminuir la cantidad de recursos naturales que consume. Hazle la pregunta.
5. Pregúntale si hay cosas que él/ella utiliza y vuelve a utilizar antes de descartarlas por completo. Además, pídele que te lo explique.
6. Quisieras saber si él/ella te puede brindar un ejemplo de una costumbre irresponsable que la gente tiene hacia el medio ambiente. Formula la pregunta.
7. Deseas saber qué materiales pueden reciclarse y si él/ella recicla siempre, de vez en cuando o nunca. Elabora la pregunta.
8. Te gustaría saber si su ciudad tiene un programa de reciclaje. Pregúntale.
9. Pregúntale si los habitantes de su ciudad son respetuosos hacia el medio ambiente

El correo electrónico de hoy

Mensaje recibido

De:	ernesto@conversemosjuntos.ph
Para:	tú@conversemosjuntos.ph

¡Buenos días! Te escribo para pedirte un favor. En mi colegio, hay un concurso entre todos los cursos para ver cuál de ellos puede reunir la mayor cantidad de materiales reciclables. Esta es la última semana y quisiera que mi curso sea el ganador. ¿Tienes tú objetos reciclables? ¿De qué material? Dime por favor si puedo pasar a recogerlos. ¡Mil gracias!

Respuesta

De:	tú@conversemosjuntos.ph
Para:	ernesto@conversemosjuntos.ph

Respuesta:

_____

_____

_____

_____

_____

_____

Vocabulario: El medio ambiente

Comprensión

con frecuencia (adv.) often

brindar (v.) to offer, provide

la conservación (n.f.) conservation, preservation

los recursos naturales (n.m.pl.) natural resources

reducir (v.) to reduce (yo reduzco, nosotros reducimos)

disminuir (v.) to decrease, reduce (yo disminuyo, nosotros disminuimos)

consumir (v.) to consume

una costumbre (n.f.) a habit

un programa de reciclaje (exp.) a recycling program

descartar (v.) discard

de vez en cuando (adv.) once in a while, from time to time

un ciudadano (n.m.) a citizen

Sugerencias

el ecólogo (n.m.) ecologist, environmentalist

el agua (n.f.) water (las aguas)

el carbón (n.m.) coal

el gas natural (n.m.) natural gas

el viento (n.m.) wind

la madera (n.m.) wood

una bolsa (n.m.) a bag

un frasco/tarro/bote (n.m.) a jar

una lata (n.f.) a can

una botella (n.f.) a bottle

desperdiciar (v.) to waste

tirar/arrojar (v.) to throw away

el plástico (n.m.) plastic

el aluminio (n.m.) aluminum

el vidrio (n.m.) glass

el papel (n.m.) paper

el metal (n.m.) metal

un coche/auto/carro híbrido (n.m.) a hybrid car

Otras posibilidades

_____

_____

_____

_____

_____

_____

_____

_____

_____

_____

_____

_____

_____

_____

_____

Gramática oral

Algunas formas del verbo (salir – volver)

inglés	infinitivo	presente de indicativo/yo	participio pasado	gerundio
to go out	salir	**salgo**	salido	**saliendo**
to follow	**seguir**	sigo	**seguido**	siguiendo
to feel	sentir	**siento**	sentido	**sintiendo**
to be	**ser**	soy	**sido**	siendo
to smile	sonreír	**sonrío**	sonreído	**sonriendo**
to hold	**tener**	tengo	**tenido**	teniendo
to bring	traer	**traigo**	traído	**trayendo**
to be worth	**valer**	valgo	**valido**	valiendo
to come	venir	**vengo**	venido	**viniendo**
to see	**ver**	veo	**visto**	viendo
to return	volver	**vuelvo**	vuelto	**volviendo**

Las profesiones *(conversación entre dos)*

1. ¿Piensas mucho en tu porvenir/futuro?
2. ¿Qué profesión/oficio te gustaría ejercer?
3. ¿Preferirías ser abogado(a), artista, arquitecto(a) o profesor(a)?
4. ¿Te gustaría ser médico? ¿Por qué?
5. ¿Se paga bien a los cirujanos? ¿Quieres ser cirujano(a)?
6. ¿Piensas hacerte dentista? ¿Por qué?
7. ¿Cuáles son los aspectos positivos y negativos de ser un(a) bibliotecario(a)?
8. ¿Te atrae la profesión de periodista?
9. ¿Cuál es el oficio o la profesión de tu padre? ¿Y de tu madre? ¿Y qué profesiones tienen tus abuelos?

Reciclaje

1. Pregunta a tu compañero/a si él/ella piensa mucho en su porvenir/futuro.
2. Averigua qué profesión/oficio le gustaría ejercer a él/ella.
3. Pregúntale si él/ella preferiría ser abogado(a), artista, arquitecto(a) o profesor(a).
4. Deseas saber si a él/ella le gustaría ser médico y por qué. Hazle dos preguntas.
5. Te gustaría saber si se paga bien a los cirujanos y si él/ella quiere ser cirujano(a). Formula dos preguntas.
6. Averigua si él/ella piensa hacerse dentista y por qué.
7. Pregúntale cuáles son los aspectos positivos y negativos de ser un(a) bibliotecario(a).
8. Quisieras saber si a él/ella le atrae la profesión de periodista. Elabora la pregunta.
9. Te gustaría saber cuál es el oficio o la profesión de su padre y de su madre y qué profesiones tienen sus abuelos. Hazle tres preguntas.

El Salto Ángel, Parque Nacional Canaima en Bolívar, Venezuela

El mensaje de texto de hoy

De: Gabriela (58) 261 789 2652

¿Qué quieres ser cuando seas grande? ¿Cuáles son tus intereses?

Respuesta:

_____

_____

_____

_____

_____

_____

Vocabulario: Las profesiones

Comprensión

pensar en (exp.) to think about

el porvenir/futuro (n.m.) future

el oficio (n.m.) trade, profession, job

la profesión (n.f.) profession, occupation, job

ejercer (v.) to practice, do

preferirías (v. preferir, condicional) you would prefer

un(a) abogado(a) (n.m./f.) a lawyer

el/la artista (n.m.f.) artist

el/la arquitecto(a) (n.m./f.) architect

el/la profesor(a) (n.m./f.) teacher, professor

un(a) médico(a) (n.m./f.) a doctor

el/la periodista (n.m./f.) journalist, reporter

el/la dentista (n.m./f.) dentist

hacerse (v.) to become

atraer (v.) to attract, draw

un(a) bibliotecario(a) (n.m./f.) a librarian

se paga (v. pagar) one pays, are paid

un(a) cirujano(a) (n.m./f.) a surgeon

en (prep.) in

¿cuál? (pron.) which one?

cuando seas grande (exp.) when you are older

Sugerencias

el salario/sueldo (n.m.) salary

la formación (n.f.) training, preparation

las horas (n.f.pl.) hours

el/la enfermo(a) (n.m./f.) patient, sick person

el/la paciente (n.m./f.) patient

la salud (n.f.) health

un(a) doctor(a)/médico(a) (n.m./f.) a doctor

el/la cliente (n. m./f.) client

la relación (n.f.) relationship

Otras posibilidades

_____

_____

_____

_____

_____

_____

_____

_____

_____

_____

_____

_____

_____

_____

_____

_____

_____

_____

_____

_____

_____

Gramática oral

¡A conjugar! – Presente de indicativo (andar – continuar)

andar	ando, **andas**, anda,	**andamos**, andáis, **andan**
avergonzar	**avergüenzo**, avergüenzas, **avergüenza**,	avergonzamos, **avergonzáis**, avergüenzan
averiguar	averiguo, **averiguas**, averigua,	**averiguamos**, averiguáis, **averiguan**
buscar	**busco**, buscas, **busca**,	buscamos, **buscáis**, buscan
caer(se)	caigo, **caes**, cae,	**caemos**, caéis, **caen**
coger	**cojo**, coges, **coge**,	cogemos, **cogéis**, cogen
conducir	conduzco, **conduces**, conduce,	**conducimos**, conducís, **conducen**
conocer	**conozco**, conoces, **conoce**,	conocemos, **conocéis**, conocen
construir	construyo, **construyes**, construye,	**construimos**, construís, **construyen**
contar	**cuento**, cuentas, **cuenta**,	contamos, **contáis**, cuentan
continuar	continúo, **continúas**, continúa,	**continuamos**, continuáis, **continúan**

(201)

Las profesiones *(conversación entre dos)*

1. ¿Piensas continuar tus estudios con un posgrado o con otro tipo de formación profesional después de la universidad?
2. ¿Qué profesión exige el mayor número de años de estudio?
3. ¿Preferirías ser electricista, carpintero(a), plomero(a) o mecánico(a)?
4. ¿Te gustaría más ser comerciante o banquero(a)?
5. ¿Qué profesión/oficio te gusta más en este momento?
6. ¿Prefieres trabajar en contacto con el público o prefieres trabajar solo(a) en un taller?
7. ¿Tuviste un empleo alguna vez? ¿Qué tipo de empleo?
8. ¿Sabes lo que no quieres hacer en la vida? ¿Por qué?
9. ¿Qué ambiciones tienen tus padres para ti en cuanto a tu futuro?

Reciclaje

1. Pregunta a tu compañero/a si él/ella piensa continuar sus estudios con un posgrado o con otro tipo de formación profesional después de la universidad.
2. Averigua qué profesión exige el mayor número de años de estudio.
3. Te gustaría saber si él/ella preferiría ser electricista, carpintero(a), plomero(a) o mecánico(a). Elabora la pregunta.
4. Pregúntale si a él/ella le gustaría más ser comerciante o banquero(a).
5. Deseas saber qué profesión/oficio le gusta más a él/ella en este momento. Formula la pregunta.
6. Te gustaría saber si él/ella prefiere trabajar en contacto con el público o si prefiere trabajar solo(a) en un taller. Pregúntale.
7. Quisieras saber si él/ella tuvo un empleo alguna vez y qué tipo de empleo. Hazle la pregunta.
8. Averigua si él/ella sabe lo que no quiere hacer en la vida y por qué.
9. Pregúntale qué ambiciones tienen sus padres para él/ella en cuanto a su futuro.

El correo electrónico de hoy

Mensaje recibido

De: abuelo@conversemosjuntos.ve
Para: tú@conversemosjuntos.ve

A tu abuela y a mí nos gustaría ayudarte con los gastos de tu formación profesional siempre y cuando tengas planes de estudio y proyectos profesionales bien definidos. Habla con nosotros sobre el asunto.

Respuesta

De: tú@conversemosjuntos.ve
Para: abuelo@conversemosjuntos.ve

Respuesta:

_____

_____

_____

_____

_____

_____

Vocabulario: Las profesiones

Comprensión

exigir (v.) to demand

un año (n.m.) a year

el estudio (n.m.) study

un(a) carpintero(a) (n.m./f.) a carpenter

un(a) plomero(a) (n.m./f.) a plumber

un(a) mecánico(a) (n.m./f.) a mechanic

un/una electricista (n.m./f.)
an electrician

un/una comerciante (n.m./f.)
a shopkeeper, store owner

un(a) banquero(a) (n.m./f.) a banker

en este momento (exp.) at this moment

solo (adj.) alone

un taller (n.m.) a workshop

en cuanto a (exp.) as for, in regard to

los gastos (n.m.) expenses

el asunto (n.m.) subject, issue

siempre y cuando (conj.) on the
condition that, provided that

Sugerencias

una facultad (de) (n.f.) a school (of)

derecho (n.m.) law

medicina (n.f.) medicine

farmacia (n.f.) pharmacy

negocios (n.m.pl.) business

comercio (n.m.) business

ingeniería (n.f.) engineering

la informática (n.f.) computer science

un(a) músico(a) (n.m./f.) a musician

ganarse la vida (exp.) to earn a living

hombre de negocios (n.m.)
a businessman

una mujer de negocios (n.f.) a business
woman

un(a) cirujano(a) (n.m./f.) a surgeon

un/una astronauta (n. m./f.)
an astronaut

un/una piloto (n.m./f.) a pilot

el/la canguro (n.m./f.) babysitter

el niñero (n.m.) nanny, babysitter

la niñera (n.f.) nanny, babysitter

las tareas domésticas (n.f.pl.)
housework

la jardinería (n.f.) gardening

Otras posibilidades

_____

_____

_____

_____

_____

_____

_____

_____

_____

_____

_____

_____

_____

_____

_____

Gramática oral

¡A conjugar! – Presente de indicativo (convencer – ir)

convencer	convenzo, **convences**, convence,	**convencemos**, convencéis, **convencen**
creer	**creo**, crees, **cree**,	creemos, **creéis**, creen
dar	doy, **das**, da,	**damos**, dais, **dan**
decir	**digo**, dices, **dice**,	decimos, **decís**, dicen
dormir	duermo, **duermes**, duerme,	**dormimos**, dormís, **duermen**
empezar	**empiezo**, empiezas, **empieza**,	empezamos, **empezáis**, empiezan
esquiar	esquío, **esquías**, esquía,	**esquiamos**, esquiáis, **esquían**
estar	**estoy**, estás, **está**,	estamos, **estáis**, están
haber	he, **has**, ha,	**hemos**, habéis, **han**
hacer	**hago**, haces, **hace**,	hacemos, **hacéis**, hacen
ir	voy, **vas**, va,	**vamos**, vais, **van**

La salud *(conversación entre dos)*

1. ¿Estás bien de salud? ¿Te sientes cómodo(a) en el consultorio del médico y en el del dentista?
2. ¿Te suturaron una herida alguna vez? ¿Te operaste alguna vez?
3. ¿Cuál es la temperatura normal de una persona en grado centígrado? ¿Y en Fahrenheit?
4. ¿Sabes tomarte el pulso? ¿Cuántas pulsaciones por minuto tienes en este momento?
5. ¿Qué haces cuando tienes dolor de cabeza? ¿Tienes dolor de cabeza a menudo?
6. ¿Puedes tragar fácilmente un comprimido/una pastilla?
7. ¿Consideras que tienes un peso saludable? ¿Estás a dieta? ¿Te es fácil o difícil seguir un régimen alimenticio?
8. ¿Qué haces cuando tienes un resfrío/catarro? ¿Te resfrías a menudo en invierno?
9. Cuando te limpias la nariz, ¿utilizas un pañuelo de tela o de papel? ¿Qué se dice cuando alguien estornuda?

Reciclaje

1. Pregunta a tu compañero/a si él/ella está bien de salud y si se siente cómodo(a) en el consultorio del médico y en el del dentista.
2. Quisieras saber si alguna vez le suturaron una herida y si alguna vez se operó. Hazle dos preguntas.
3. Te gustaría saber cuál es la temperatura normal de una persona en grado centígrado y en Fahrenheit. Formula dos preguntas.
4. Pregúntale si él/ella sabe tomarse el pulso y cuántas pulsaciones por minuto tiene en este momento.
5. Averigua qué hace él/ella cuando tiene dolor de cabeza y si tiene dolor de cabeza a menudo.
6. Pregúntale si puede tragar fácilmente un comprimido/una pastilla.
7. Quisieras saber si él/ella considera que tiene un peso saludable, si está a dieta y si le es fácil o difícil seguir un régimen alimenticio. Elabora tres preguntas.
8. Deseas saber qué hace él/ella cuando tiene un resfrío/catarro y si se resfría a menudo en invierno. Formula dos preguntas.
9. Averigua si él/ella utiliza un pañuelo de tela o de papel cuando se limpia la nariz y qué se dice cuando alguien estornuda.

Plaza de la Fortuna en
La Fortuna, Costa Rica

El mensaje de texto de hoy

De: Valentina (506) 3249 6752

¡Holita! ¡Me enteré que estás enfermo(a)!
¿Qué síntomas tienes?

Respuesta:

_____

_____

_____

_____

_____

_____

Vocabulario: La salud

Comprensión

la salud (n.f.) health

el médico (n.m.) doctor

una sutura (n.f.) a stitch

suturar (v.) to stitch, suture

operar (v.) to operate

tomar el pulso (exp.) to take the pulse

las pulsaciones (n.f.pl.) pulses, beats

tener dolor de cabeza (exp.) to have a headache

tragar (v.) to swallow

el comprimido (n.m.) pill, tablet

la pastilla/cápsula/gragea/píldora (n.f.) pill, tablet

pesar (v.) to weigh

estar a dieta (exp.) to be on a diet

un régimen alimenticio/plan alimentario (n.m.) a diet, nutrition plan

la dieta (n.f.) diet

un resfriado/catarro (n.m.) a cold

limpiarse la nariz (exp.) to wipe one's nose

un pañuelo de tela (n.m.) a handkerchief

un pañuelo de papel (n.m.) a tissue

estornudar (v.) to sneeze

Sugerencias

37 grados centígrados = 98,6 grados Fahrenheit

acostarse (v.) to go to bed (me acuesto, nos acostamos)

tomar una aspirina (exp.) to take an aspirin

el remedio/medicamento (n.m.) medicine

la medicina (n.f.) medicine

descansar/reposar (v.) to rest

toser (v.) to cough

sonarse la nariz (exp.) to blow one's nose

escupir (v.) to spit

un cirujano (n.m.) a surgeon

¡Salud!/¡Jesús! (int.) Bless you!

Otras posibilidades

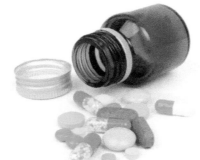

Gramática oral

¡A conjugar! - Presente de indicativo (jugar – saber)

jugar	juego, **juegas**, juega,	**jugamos**, jugáis, **juegan**
oír	**oigo**, oyes, **oye**,	oímos, **oís**, oyen
pagar	pago, **pagas**. paga,	**pagamos**, pagáis, **pagan**
pedir	**pido**, pides, **pide**,	pedimos, **pedís**, piden
pensar	pienso, **piensas**, piensa,	**pensamos**, pensáis, **piensan**
perder	**pierdo**, pierdes, **pierde**,	perdemos, **perdéis**, pierden
poder	puedo, **puedes**, puede,	**podemos**, podéis, **pueden**
poner	**pongo**, pones, **pone**,	ponemos, **ponéis**, ponen
prohibir	prohíbo, **prohíbes**, prohíbe,	**prohibimos**, prohibís, **prohíben**
querer	quiero, **quieres**, quiere,	**queremos**, queréis, **quieren**
saber	sé, **sabes**, sabe,	**sabemos**, sabéis, **saben**

La salud (conversación entre dos)

1. ¿Te pones nervioso(a) antes de que te pongan una inyección? ¿Por qué? ¿Fuiste vacunado(a) contra la viruela?
2. ¿Usaste alguna vez muletas para caminar? ¿Por qué?
3. ¿Te desmayas fácilmente cuando ves sangre?
4. Cuando eras pequeño(a), ¿tuviste sarampión, varicela o paperas?
5. ¿Te gusta que te empasten un diente cariado? ¿Le pides al dentista que utilice un anestésico?
6. ¿Cómo vendas una herida? ¿Cómo sabes cuando tienes fiebre?
7. ¿Para qué enfermedades buscan los médicos una cura?
8. ¿Cuáles son las enfermedades que amenazan a la juventud hoy en día?
9. ¿Qué haces para mantenerte saludable?

Reciclaje

1. Pregunta a tu compañero/a si se pone nervioso(a) antes de que le pongan una inyección, por qué y si fue vacunado(a) contra la viruela.
2. Te gustaría saber si él/ella usó alguna vez muletas para caminar y por qué. Hazle dos preguntas.
3. Averigua si él/ella se desmaya fácilmente cuando ve sangre.
4. Pregúntale si, cuando eras pequeño(a), tuvo sarampión, varicela o paperas.
5. Quisieras saber si a él/ella le gusta que le empasten un diente cariado y si le pide al dentista que utilice un anestésico. Formula dos preguntas.
6. Te gustaría saber cómo venda él/ella una herida y cómo sabe cuando tiene fiebre. Elabora dos preguntas.
7. Averigua para qué enfermedades buscan los médicos una cura.
8. Deseas saber cuáles son las enfermedades que amenazan a la juventud hoy en día. Pregúntale.
9. Quisieras saber qué hace él/ella para mantenerse saludable. Hazle la pregunta.

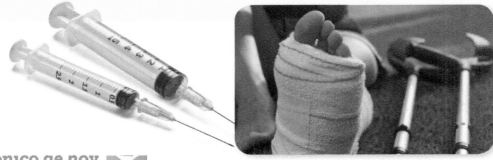

El correo electronico ae noy

Mensaje recibido	Respuesta
De: tíoAndrés@conversemosjuntos.cr **Para:** tú@conversemosjuntos.cr	**De:** tú@conversemosjuntos.cr **Para:** tíoAndrés@conversemosjuntos.cr
Cuando uno goza de buena salud no piensa en esto pero, ¿qué haces para estar de buena salud? ¡Es más importante de lo que crees!	Respuesta: _____ _____ _____ _____ _____ _____

Vocabulario: La salud

Comprensión

ponerse nervioso (exp.) to get nervous

una vacuna/inyección (n.f.) a vaccine, innoculation, shot

vacunado (adj.) vaccinated

la muleta (n.f.) crutch

desmayarse (v.) to faint

la sangre (n.f.) blood

la viruela (n.m.) smallpox

las viruelas locas (n.f.pl.) chicken pox

la varicela (n.f.) chicken pox

el sarampión (n.m.) measles

las paperas (n.f.pl.) mumps

empastar (v.) to fill (tooth)

un diente (n.m.) a tooth

cariado (adj.) decayed, with a cavity

un anestésico (n.m.) an anesthetic

vendar (v.) to bandage

una herida (n.f.) a wound

una enfermedad (n.f.) an illness, disease, sickness

una cura (n.f.) a cure

amenazar (v.) to threaten

evitar (v.) to avoid

gozar (v.) to enjoy, have fun

Sugerencias

sentirse (v.) to feel

romperse (v.) to break

una fractura (n.f.) a break

el relleno (n.m.) filling (dental)

una caries (n.f.) a cavity

la anestesia (n.f.) anesthesia

torcerse (v.) to twist (me tuerzo, nos torcemos)

una torcedura (n.f.) a sprain

un esguince (n.m.) a sprain

el tobillo (n.m.) ankle

la pierna (n.f.) leg

la rodilla (n.f.) knee

curar (v.) to heal

una venda (n.f.) a bandage

un vendaje/apósito (n.m.) a bandage, dressing

la gasa (n.f.) gauze

la curita/tirita (n.f.) Band-Aid®

la fiebre (n.f.) fever

el cáncer (n.m.) cancer

el sida (n.m.) AIDS

ejercitarse/hacer ejerccio (v.) to exercise

hacer deportes (exp.) to do/play sports

una alimentación equilibrada/ balanceada (exp.) a balanced diet

fumar (v.) to smoke

Otras posibilidades

_____
_____
_____
_____
_____
_____
_____
_____
_____
_____
_____
_____
_____
_____
_____
_____
_____
_____
_____
_____
_____
_____

Gramática oral

¡A conjugar! - Presente de indicativo (salir – volver)

salir	salgo, **sales**, sale,	**salimos**, salís, **salen**
seguir	**sigo**, sigues, **sigue**,	seguimos, **seguís**, siguen
sentir	siento, **sientes**, siento,	**sentimos**, sentís, **sienten**
ser	**soy**, eres, **es**,	somos, **sois**, son
sonreír	sonrío, **sonríes**, sonríe,	**sonreímos**, sonreís, **sonríen**
tener	**tengo**, tienes, **tiene**,	tenemos, **tenéis**, tienen
traer	traigo, **traes**, trae,	**traemos**, traéis, **traen**
valer	**valgo**, vales, **vale**,	valemos, **valéis**, valen
venir	vengo, **vienes**, viene,	**venimos**, venís, **vienen**
ver	**veo**, ves, **ve**,	vemos, **veis**, ven
volver	vuelvo, **vuelves**, vuelve,	**volvemos**, volvéis, **vuelven**

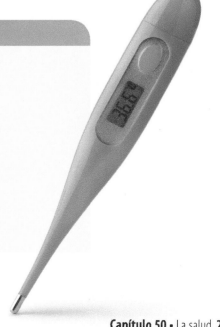

Gramática Oral por Página

xv *días y meses* . . . . .Conversación diaria *1*
xvii *abecedario / alfabeto* . . . . .Conversación diaria (continuación 1) *1*
xix *pronunciación de las vocales* . . . . .Conversación diaria (continuación 2) *1*
xxi *números* . . . . .Conversación diaria (continuación 3) *1*

Tema 1 - La gente que nos rodea

5 *pronunciación y velocidad* . . . . La amistad *1–2*
7 *números ordinales* . . . . La amistad (continuación)
9 *acento prosódico y acento ortográfico* . . . . El amor *2–3*
11 *pronombres indefinidos* . . . . El amor (continuación)
13 *¿verdad? ¿no? ¿de acuerdo? ¿cierto?* . . . . La etiqueta *2–3*
15 *cómo responder* . . . . La etiqueta (continuación)
17 *expresiones variadas* . . . . La familia *1–2*
19 *sustantivos con artículo indefinido* . . . . La familia (continuación)
21 *omisión de artículos indefinidos* . . . . Los encuentros *1–2*
23 *preposiciones y artículos / to and from people* . . . . .Los encuentros (continuación)
25 *preposiciones y artículos / to and from places* . . . . Las fiestas nocturnas *2–3*
27 *la hora* . . . . Las fiestas nocturnas (cont.)

Tema 2 - Mi vida

31 *¿A qué hora llegan todos?* . . . . Después de los exámenes *2–3*
33 *repaso alfabético con adjetivos* . . . . Después de los exámenes (cont.)
35 *adjetivos y pronombres posesivos* . . . . Después de las vacaciones *1–2*
37 *adjetivos comparativos* . . . . Después de las vacaciones (cont.)
39 *adjetivos calificativos* . . . . Antes de las vacaciones *1–2*
41 *adjetivos superlativos absolutos* . . . . Antes de las vacaciones (cont.)
43 *adjetivos demostrativos* . . . . Las clases *1–2*
45 *adverbios y expresiones adverbiales* . . . . Las clases (continuación)
47 *comparaciones con adverbios bien, mejor y peor* . . . . La escuela *1–2*
49 *comparaciones con adverbios de modo* . . . . La escuela (continuación)
51 *comparaciones de igualdad* . . . . La universidad *2–3*
53 *adverbios interrogativos* . . . . La universidad (continuación)

Tema 3 - La vida diaria

57 *expresiones negativas* . . . . Las compras *2–3*
59 *conjunciones "y" "o"* . . . . Las compras (continuación)
61 *repaso alfabético con sustantivos* . . . . El otoño *1–2*
63 *artículos definidos (el, los, la, las)* . . . . El otoño (continuación)
65 *plurales* . . . . Las bebidas *2–3*
67 *diminutivos* . . . . Las bebidas (continuación)

69 preposiciones . . . . Los números *1-2*

71 pronombres preposicionales . . . . Los números (continuación)

73 por y para . . . . Una cena inolvidable *2-3*

75 "a" personal . . . . Una cena inolvidable (cont.)

77 pronombres sujetos y verbo regular (-ar) . . . . El verano *1-2*

79 pronombres de objeto directo . . . . El verano (continuación)

81 pronombres de objeto directo . . . . La hora *1-2*

83 pronombres de objeto indirecto . . . . La hora (continuación)

85 pronombres de objeto directo y de objeto indirecto . . . . . . El invierno *1-2*

87 pronombres de objeto indirecto y complementos indirectos . . El invierno (continuación)

89 pronombre "lo" y pronombres preposicionales . . . . El día *1-2*

91 Yo lo soy. Yo no lo soy. . . . . El día (continuación)

93 pronombres posesivos de número singular . . . . La nieve *1-2*

95 pronombres posesivos de número plural . . . . La nieve (continuación)

97 pronombres relativos . . . . La noche *2-3*

99 pronombre relativo con función de objeto . . . . La noche (continuación)

101 pronombres de objeto indirecto . . . . La lluvia *1-2*

103 gustar . . . . La lluvia (continuación)

105 saber / conocer y pronombres de objeto directo . . . . La primavera *1-2*

107 acabar de+infinitivo / estar+gerundio / ir a+infinitivo . . . . La primavera (continuación)

109 expresiones con "tener" . . . . El restaurante *2-3*

111 presente de indicativo - verbos regulares . . . . El restaurante (continuación)

113 presente de indicativo - verbos reflexivos . . . . El fin de semana *2-3*

115 pretérito de indicativo - verbos regulares . . . . El fin de semana (continuación)

Tema 4 - La vida es bella

119 pretérito de indicativo - verbos irregulares . . . . El campo *2-3*

121 pretérito de indicativo - algunas conjugaciones . . . . El campo (continuación)

123 pretérito de indicativo - algunas conjugaciones. . . . . El cine *1-2*

125 participios pasados . . . . El cine (continuación)

127 pretérito perfecto / presente perfecto de indicativo . . . . . La cocina *2-3*

129 imperfecto de indicativo . . . . La cocina (continuación)

131 imperfecto de indicativo - verbos irregulares . . . . Los juegos de mesa *2-3*

133 futuro de indicativo . . . . Los juegos de mesa (cont.)

135 futuro de indicativo - verbos irregulares . . . . El mejor momento *2-3*

137 futuro perfecto de indicativo . . . . El mejor momento (cont.)

139 condicional . . . . El pícnic *1-2*

141 condicional perfecto . . . . El pícnic (continuación)

143 pluscuamperfecto de indicativo . . . . La playa *1-2*

145 voz pasiva . . . . La playa (continuación)

147 infinitivo compuesto . . . . Las estaciones y las fiestas *1-2*

149 pasado continuo o progresivo . . . . Las estaciones y las fiestas (cont.)

151 imperativo de tú . . . . Los deportes *1-2*

153 mandatos de usted y ustedes . . . . Los deportes (continuación)

155 mandatos de nosotros . . . . La televisión *2-3*

157 imperativos / mandatos - verbos reflexivos . . . . La televisión (continuación)

159 *ser* . . . . El teatro *2–3*

161 *estar* . . . . El teatro (continuación)

163 *haber* . . . . La ciudad *2–3*

165 *presente de subjuntivo – verbos regulares* . . . . La ciudad (continuación)

167 *imperfecto de subjuntivo* . . . . Los viajes *1–2*

169 *"como si" + imperfecto de subjuntivo* . . . . Los viajes (continuación)

Tema 5 - Los avances tecnológicos

173 *si + imperfecto de subjuntivo + condicional*. . . . . El avión *2–3*

175 *secuencia verbal con el subjuntivo* . . . . El avión (continuación)

177 *indicativo con realidad - subjuntivo con duda* . . . . El futuro *2–3*

179 *subjuntivo con expresiones impersonales*. . . . . El futuro (continuación)

181 *subjuntivo con ojalá, quizá(s) y tal vez* . . . . Internet *2–3*

183 *subjuntivo para expresar un deseo*. . . . . Internet (continuación)

185 *subjuntivo para expresar una emoción* . . . . El celular y la computadora portátil *2–3*

187 *subjuntivo para expresar una opinión*. . . . . El celular y la computadora portátil (continuación)

Tema 6 - El mundo complejo

191 *subjuntivo con conjunciones adverbiales* . . . . Los accidentes *2–3*

193 *pretérito perfecto / presente perfecto de subjuntivo*. . . . . . Los accidentes (continuación)

195 *pluscuamperfecto de subjuntivo* . . . . Las bebidas alcohólicas *2–3*

197 *secuencia verbal con el subjuntivo (segunda parte)* . . . . . . Las bebidas alcohólicas (cont.)

199 *algunas formas del verbo (andar – continuar)* . . . . El dinero *2–3*

201 *algunas formas del verbo (ir – saber)* . . . . El dinero (continuación)

203 *algunas formas del verbo (convencer – jugar)* . . . . El medio ambiente *2–3*

205 *algunas formas del verbo (salir – volver)*. . . . . El medio ambiente (cont.)

207 *presente de indicativo (andar – continuar)* . . . . Las profesiones *2–3*

209 *presente de indicativo (convencer – ir)* . . . . Las profesiones (continuación)

211 *presente de indicativo (jugar – saber)*. . . . . La salud *2–3*

213 *presente de indicativo (salir – volver)*. . . . . La salud (continuación)

Gramática Oral por Tema

accents

accents, written, spoken **9**

adjectives

adjectives, alphabetical review / *repaso alfabético* **33**
adjectives, comparatives / *comparativos* **37**
comparative adjectives **37**
adjectives, demonstratives / *demostrativos* **43**
demonstrative adjectives. **43**
ordinal numbers / *números ordinales*. **7**
numbers, ordinal **7**
adjectives, possessives / *posesivos* **35**
possessive adjectives **35**
adjectives, superlatives / *superlativos absolutos* **41**
superlative adjectives **41**
adjectives, qualifying / *calificativos* **39**

adverbs

comparisons / *bien, mejor, peor* **47**
    of equality / *de igualdad* **51**
    adverbs of manner **49**
negative / *expresiones negativas* **57**
interrogatives / *interrogativos*. **15, 53**
questions / *preguntas* **15**
expressions / *expresiones adverbiales* **45**

articles

definite articles / *artículos definidos* **63**
indefinite article with nouns. **19**
omission of indefinite article **21**
preposiciones y artículos. **23, 25**

conjunctions

"y" "o". **59**

interjections

expresiones variadas **17**
¿verdad? ¿no?¿de acuerdo?¿cierto? **13**

nouns

alphabetical review / *repaso alfabético* **61**
days and months / *días y meses* . . . . **xv**
diminutives / *diminutivos* **67**
plurals / *plurales* **65**

numbers

cardinal numbers . . . . **xxi**
ordinal numbers **7**
telling time / *la hora* **27**
At what time does everyone arrive? *¿A qué hora llegan todos?* . . . **31**

prepositions

"a" personal **75**
por y para **73**
prepositions / *preposiciones variadas* **69**
to and from people **23**
to and from places **25**
with relative pronouns **97**

pronouns

direct object / *objeto directo* **79, 81**
direct and indirect objects **85**
indefinite / *indefinidos* **11**
indirect objects **101**
indirect and direct objects **85**
"lo" and prepositional pronouns **89**
"lo" Yo lo soy. Yo no lo soy. **91**
possessives / *posesivos* **35**
possessives – singular possession **93**
possessives – plural possessions **95**
relative (subject) (+ preposition) **97**
relative (object) **99**
subject / *sujeto y verbo regular* **77**
with indirect complements **87**
with prepositions / *preposicionales* **71**

pronunciation

alphabet / *alfabeto, abecedario* . . . . **xvii**
speed and accuracy **5, 9**
vowels . . . . **xix**

verbs

acabar de + infinitivo. **107**
conditional / *condicional* **139**
    past / *condicional perfecto* **141**
conocer y saber **105**
estar. **161**
estar + gerundio **107**
algunas formas del verbo (40 verbos) **199, 201, 203, 205**
future / *futuro de indicativo*. **133**
    verbos irregulares (futuro) **135**
future perfect / *futuro perfecto* **137**
gustar **103**
haber. **163**
imperfect / *imperfecto de indicativo*. **129**
    verbos irregulares / imperfecto de indicativo **131**

imperatives

imperativos – tú **151**
imperativos – usted y ustedes **153**
    Let's / *mandatos de nosotros* **155**
    reflexive verbs / *verbos reflexivos* **157**
indicative with reality **177**
infinitive – acabar de / ir a + infinitivo **107**
infinitive, past / *infinitivo compuesto* **147**
ir a + infinitivo **107**
verb conjugations – present indicative. **207, 209, 211, 213**
past infinitive / *infinitivo compuesto*. **147**
past participles / *participios pasados* **125**
past progressive / *pasado continuo*. **149**
passive voice / *voz pasiva* **145**
pluperfect / *pluscuamperfecto de indicativo* **143**

present indicative

regular verbs **111**
reflexive verbs **113**
verb conjugations (40). **207, 209, 211, 213**

preterit (past) / *pretérito*

regular verbs **115**
irregular verbs **119**
perfecto / presente perfecto **127**
some conjugations **121, 123**
principle parts / *algunas formas del verbo* (40). **199, 201, 203, 205**
saber y conocer **105**
ser **159**

subjunctive formation

imperfect / *imperfecto* **167**
pluperfect / *pluscuamperfecto*. **195**
present / *verbos regulares*. **165**
present perfect / *pretérito perfecto* **193**

subjunctive usage

con duda / with doubt **177**
con expresiones impersonales **179**
con ojalá, quizá(s) y tal vez. **181**
como si + imperfecto de subjuntivo. **169**
sequence of tenses (*primera parte*). **175**
sequence of tenses (*segunda parte*) **197**
to express desire / *un deseo*. **183**
to express emotion / *una emoción*. **185**
to express opinion / *una opinión* **187**
si + imperfect + condicional **173**
tener y expresiones. **109**

Índice General

"a" personal **75**

¿A qué hora llegan todos? **31**

abecedario/alfabeto . . . . **xvii**

acabar de + infinitivo **107**

accents, written, spoken **9**

accidentes **190**

adjectives, alphabetical review / repaso alfabético **33**

adjectives, possessives / posesivos **35**

adjectives, qualifying / calificativos **39**

adjetivos comparativos **37**

adjetivos demostrativos **43**

adjetivos superlativos absolutos **41**

adverbios interrogativos **53**

adverbios y expresiones adverbiales **45**

adverbs of equality / de igualdad **51**

adverbs of manner **49**

adverbs, comparisons / bien, mejor, peor **47**

adverbs, expressions / expresiones adverbiales **45**

adverbs, interrogatives / interrogativos **15, 53**

adverbs, negative / expresiones negativas **57**

adverbs, questions / preguntas **15**

alphabet . . . . **xvii**

amistad **4**

amor **8**

antes de las vacaciones **38**

articles and prepositions **23, 25**

articles, definite / artículos definidos **63**

articles, indefinite with nouns **19**

articles, omission of indefinite **21**

avances tecnológicos **170**

avión **172**

bebidas **64**

bebidas alcohólicas **194**

campo **118**

cardinal numbers . . . . **xxi**

celular **184**

cena inolvidable **72**

cine **122**

ciudad **162**

clases **42**

cocina **126**

cómo responder . . . . **15** *"como si" + imperfecto de subjuntivo* **169**

comparative adjectives **37**

comparisons, adverbs **47, 49, 51**

compras **56**

computadora portátil **184**

conditional / *condicional* **139**

conditional past / *condicional perfecto* **141**

conjunciones "y" "o" **59**

conocer y saber **105**

conversaciones diarias . . . . **xiv, xvi, xviii, xx**

days and months / *días y meses* . . . . **xv**

definite articles **63**

demonstrative adjectives. **43**

deportes **150**

después de las vacaciones. **34**

después de los exámenes. **30**

día **88**

diminutive nouns / *diminutivos* **67**

dinero **198**

direct and indirect objects **85**

direct object pronouns. **79, 81**

encuentros. **20**

escuela **46**

estaciones (y fiestas) **146**

estar. **161**

estar + gerundio **107**

etiqueta. **12**

exámenes (después de) **30**

expresiones con "tener". **109**

expresiones negativas **57**

expresiones variadas **17**

familia. **16**

fiestas (y estaciones) **146**

fiestas nocturnas **24**

fin de semana. **112**

future / *futuro de indicativo*. **133, 135**

futuro **176**

futuro perfecto de indicativo **137**

gente que nos rodea **2**

gustar. **103**

haber. **163**

hora **80**

imperatives, reflexive verbs / *verbos reflexivos* **157**

imperatives / *imperativos - nosotros*. **155**

imperatives / *imperativos - tú* **151**

imperatives / *imperativos - usted y ustedes*. **153**

imperatives / *imperativos/mandatos - verbos reflexivos*. **157**

imperfect / *imperfecto de indicativo* **129, 131**
imperfect subjunctive / *imperfecto de subjuntivo* **167**
indefinite articles with nouns **19**
indefinite pronouns **11**
indicative with reality **177**
indirect and direct objects **85**
indirect object pronouns **83, 101**
infinitive - *acabar de / ir a + infinitivo* **107**
infinitive, past / *infinitivo compuesto* **147**
internet **180**
interrogative adverbs **15, 53**
invierno **84**
ir a + infinitivo **107**
juegos **130**
la hora **27**
"lo" and prepositional pronouns **89**
"lo" *Yo lo soy. Yo no lo soy.* **91**
lluvia **100**
mandatos **151, 153, 155, 157**
medio ambiente **202**
mejor momento **134**
mi vida **28**
months and days . . . . **xv**
mundo complejo **188**
negative adverbs **57**
nieve **92**
noche **96**
nouns, alphabetical review / *repaso alfabético* **61**
nouns, diminutives / *diminutivos* **67**
nouns, plurals / *plurales* **65**
numbers, cardinal . . . . **xxi**
numbers, ordinal **7**
números **68**
números ordinales **7**
omission of indefinite articles **21**
otoño **60**
para y por **73**
participios pasados **125**
pasado continuo o progresivo **149**
passive voice / *voz pasiva* **145**
past infinitive / *infinitivo compuesto* **147**
past participles / *participios pasados* **125**
past progressive / *pasado continuo* **149**
pícnic **138**
playa **142**
pluperfect / *pluscuamperfecto de indicativo* **143**
pluperfect subjunctive **195**

plural nouns **65**

pluscuamperfecto de indicativo **143**

pluscuamperfecto de subjuntivo **195**

por y para **73**

possessive adjectives **35**

possessive pronouns **35, 93, 95**

preposiciones y artículos / to and from people **23**

preposiciones y artículos / to and from places **25**

prepositions / *preposiciones variadas* **69**

prepositions with relative pronouns **97**

prepositions, *"a" personal* **75**

present indicative, reflexive verbs **113**

present indicative, regular verbs **111**

present perfect subjunctive **193**

present subjunctive / *presente de subjuntivo* **165**

presente de indicativo (andar – continuar) **207**

presente de indicativo (convencer – ir) **209**

presente de indicativo (jugar – saber) **211**

presente de indicativo (salir – volver) **213**

preterit, ending in í or é **121, 123**

preterit, irregular verbs **119**

preterit, *pretérito perfecto / presente perfecto* **127**

preterit, regular verbs **115**

pretérito de indicativo - verbos regulares **115**

pretérito perfecto / presente perfecto de subjuntivo **193**

primavera **104**

principle parts / *algunas formas del verbo (40)* **199, 201, 203, 205**

profesiones **206**

pronombre "lo" y pronombres preposicionales **89**

pronombres de objeto indirecto y complementos indirectos **87**

pronombres preposicionales **71**

pronouns with indirect complements **87**

pronouns with prepositions / *preposicionales* **71**

pronouns, direct and indirect objects **85**

pronouns, direct object / *objeto directo* **79, 81**

pronouns, indefinite / *indefinidos* **11**

pronouns, indirect objects **83, 101**

pronouns, possessive / *posesivos* **35, 93, 95**

pronouns, relative (object) **99**

pronouns, relative (subject) (+ preposition) **97**

pronouns, subject / *sujeto y verbo regular* **77**

pronunciation, alphabet / *alfabeto, abecedario* . . . . **xvii**

pronunciation, speed and accuracy **5, 9**

pronunciation, vowels . . . . **xix**

reflexive verbs, imperative **157**

relative pronouns (object) **99**

relative pronouns (subject) . . . . **97** restaurante **108**

saber / conocer y pronombres de objeto directo **105**

salud **210**

ser **159**

si + imperfecto de subjuntivo + condicional **173**

subject pronouns **77**

subjunctive with como si + imperfecto de subjuntivo **169**

subjunctive with ojalá, quizá(s) y tal vez **181**

subjunctive, imperfect / imperfecto **167**

subjunctive, pluperfect / pluscuamperfecto **195**

subjunctive, present / verbos regulares **165**

subjunctive, present perfect / pretérito perfecto **193**

subjunctive, sequence of tenses (primera parte) **175**

subjunctive, sequence of tenses (segunda parte) **197**

subjunctive, si + imperfecto + condicional **173**

subjunctive, with desire **183**

subjunctive, with doubt **177**

subjunctive, with emotion **185**

subjunctive, with impersonal expressions **179**

subjunctive, with opinion **187**

subjuntivo con conjunciones adverbiales **191**

subjuntivo con ojalá, quizá(s) y tal vez **181**

superlative adjectives **41**

teatro **158**

televisión **154**

telling time / la hora **27, 31**

tener y expresiones **109**

universidad **50**

vacaciones (antes de) **38**

vacaciones (después de) **34**

verano **76**

verb conjugations – present indicative **207, 209, 211, 213**

verbs, algunas formas del verbo (40 verbos) **199, 201, 203, 205**

verbs, conditional / condicional **139, 141**

verbs, future / futuro de indicativo **133, 135**

verbs, future perfect / futuro perfecto **137**

verbs, imperfect / imperfecto de indicativo **129, 131**

¿verdad? ¿no? ¿de acuerdo? ¿cierto? **13**

viajes **166**

vida diaria **54**

vida es bella **116**

vowels . . . . **xix**

voz pasiva **145**

"y" "o" conjunctions **59**

Yo lo soy. Yo no lo soy. **91**

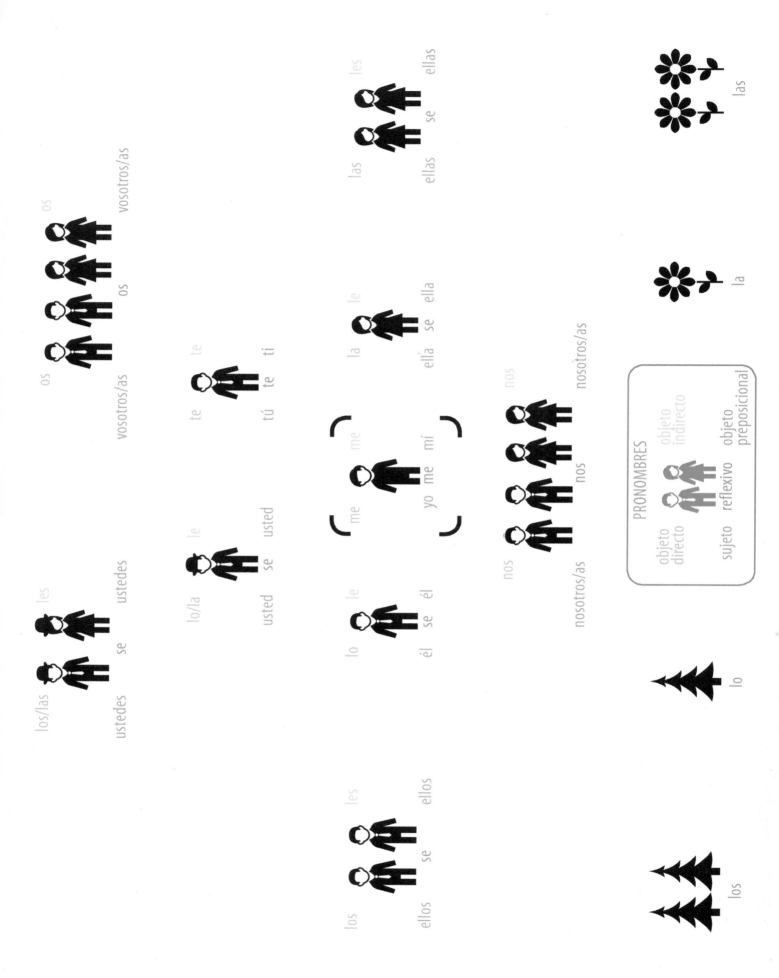

PRONOMBRES

objeto directo · objeto indirecto
sujeto · reflexivo · objeto preposicional